SOMMARIO

INTRODUZIONE

Cari amici lettori,

benvenuti in questo viaggio, lontano dai riflettori dei video shorts di TikTok o reels di Instagram, in un mondo dove la lettura rappresenta un metodo "arcaico" di apprendimento, intrattenimento e riflessione. Con questo studio, analizzeremo i cambiamenti sociali indotti dalle varie tecnologie nel corso del tempo, esaminando gli impatti positivi e negativi nella vita quotidiana. La sfida che sorge dinanzi a noi è il mantenimento dell' quilibrio tra il mondo virtuale e quello reale, preservando l'essenza stessa dell'anima umana.

LA SCOMPARSA DEGLI ABBRACCI

Connessioni e disconnessioni

Lo scorrere del tempo ha sempre portato con sé un mutamento sociale. Questo viene plasmato dalla geografia e dall'epoca storica specifica. Ciò che ha rivoluzionato una cultura in passato non ha automaticamente esercitato la stessa influenza in luoghi diversi. Ed ecco perché oggi esistono così tante società, culture, usanze e tradizioni diverse nel mondo.
Tra tutti gli agenti di questo continuo cambiamento sociale nella storia umana, le rivoluzioni tecnologiche occupano un ruolo chiave. Dall'era della rivoluzione industriale fino all'epoca digitale, le nuove tecnologie hanno costantemente influenzato il nostro modo di vivere, di connetterci e di percepire il mondo che ci circonda.
La società si è plasmata attraverso una serie di eventi, alcuni di grande impatto, altri apparentemente meno significativi, ma che alla fine hanno inciso profondamente sul nostro modo di comunicare, interagire e affrontare la vita quotidiana.
Le prime manifestazioni dello sviluppo tecnologico moderno risalgono alla rivoluzione industriale, quando le macchine hanno iniziato a sostituire il lavoro umano nelle fabbriche. Questo cambiamento ha portato alla crescita delle città industriali, al declino delle comunità rurali e all'emergere di nuove classi sociali.

Proseguendo in questa prima panoramica generale troviamo

poi l'era della radio. Essa ha segnato un'altra svolta epocale nella rivoluzione tecnologica.

La radio ha portato il mondo direttamente nelle case, consentendo di ascoltare notizie, musica e programmi di intrattenimento in tempo reale. Questo strumento ha contribuito a unire nazioni e culture attraverso la condivisione di eventi mondiali, come la diffusione delle notizie durante i periodi di conflitto.

Ha giocato un ruolo fondamentale nella diffusione della lingua e della cultura comune, come è avvenuto in Italia.

Emergendo come una delle innovazioni più influenti del XX secolo, la televisione poi ha trasformato il modo in cui riceviamo e consumiamo informazioni. Negli anni '50, le famiglie si sono riunite attorno al televisore per assistere ad eventi storici, programmi d'intrattenimento e notiziari, creando un nuovo punto di incontro all'interno del nucleo familiare. La televisione ha svolto un ruolo rilevante nella formazione dell'opinione pubblica attraverso programmi politici e dibattiti, noti come talk show, influenzando la percezione degli spettatori su questioni di rilevanza nazionale e internazionale. Durante la guerra del Vietnam, ad esempio, le immagini di combattimenti e proteste trasmesse in televisione, hanno avuto un impatto significativo sull'opinione pubblica, contribuendo al crescente dissenso nei confronti del conflitto.

Stesso esito sui recenti conflitti in Medio-Oriente, Ucraina e i vari attentati terroristici post 11 settembre. Anche se la televisione ha aperto una finestra sul mondo esterno, ha altresì modificato in modo significativo le dinamiche quotidiane delle famiglie.

Le serate trascorse davanti al televisore hanno cominciato a sostituire le conversazioni intime e i momenti di connessione tra i membri della famiglia. Ciò ha portato ad una riduzione delle interazioni familiari. Diversi apparecchi hanno separato ed isolato figli e genitori.

La televisione ha certamente arricchito la vita di molte persone attraverso l'intrattenimento, il potere per certi versi educativo e le informazioni, ma ha anche sollevato interrogativi sul suo impatto sociale all'interno delle relazioni umane.

Il cinema, sin dalle origini, ha rappresentato un mezzo di comunicazione unico. Una nuova esperienza visiva coinvolgente e straordinaria. Con l'evoluzione delle tecnologie digitali e delle nuove piattaforme di streaming, si è posto il dubbio sulla sua sopravvivenza come forma d'arte. Ma il cinema sopravvive tutt'oggi perchè è sempre stato un'esperienza aggregante, per socializzare, rafforzare legami e relazioni o trascorrere con spensieratezza momenti di vita di coppia e amicizia.

L'ascesa degli smartphone, per concludere questa panoramica, rappresenta una svolta definitiva nella rivoluzione tecnologica e nel mutamento sociale. Questi dispositivi, dotati di connessione internet, fotocamere ed un'ampia gamma di app, sono diventati un elemento imprescindibile nella vita quotidiana.
La comunicazione è più immediata e accessibile che mai. Gli SMS (Short Message Service) hanno aperto la strada alla messaggistica istantanea. Quei famosi 200 caratteri su display a 3 stringhe, sono stati i pionieri della comunicazione veloce.
L'eccessivo uso di messaggi rapidi ha spesso generato conversazioni superficiali e sgrammaticate, a discapito di dialoghi profondi e significativi. Gli smartphone hanno agevolato la comunicazione a distanza, ma hanno anche generato una sensazione costante di connettività.
Questo ha portato ad un senso di obbligo nel rispondere istantaneamente ai messaggi. L'ansia da connessione rende

difficile staccare la spina e godere di momenti di tranquillità senza interruzioni digitali.

Le tecnologie digitali non sono intrinsecamente negative per le relazioni umane.

Possono essere strumenti potenti per rimanere in contatto con amici e familiari lontani, facilitando la condivisione di momenti speciali attraverso videochiamate, foto e messaggi. La chiave risiede nella scelta di come utilizzarle. La comunicazione digitale può coesistere con relazioni significative, ma è essenziale trovare un equilibrio per preservare l'essenza delle autentiche interazioni umane.

Social Media: ponti virtuali, distacchi reali

L'era digitale, simbolicamente collocata all'inizio degli anni '90, incarna una svolta epocale nella storia umana nel campo della comunicazione.

L'avvento di internet e delle tecnologie digitali ha prodotto un impatto rivoluzionario su ogni aspetto della società, spaziando dalla comunicazione alla cultura, dall'economia alla politica. Il simbolo distintivo di quest'era può essere ricondotto all'emergere e alla diffusione dei social network.

Un fenomeno che ha ridefinito le relazioni umane, la condivisione di informazioni e persino la percezione individuale. Il mondo ha assistito a un graduale processo di interconnessione. Abbiamo iniziato a comunicare via email, esplorare la vastità del web e partecipare ai primi forum online.

Le prime piattaforme sociali, come Six Degrees (nato nel 1997), Friendster, MySpace (in Italia i primi furono SuperEva e MSN) e, successivamente, Facebook, Twitter, Instagram e molte altre, hanno offerto agli utenti la possibilità di creare profili online, connettersi con amici e sconosciuti e condividere dettagli della propria vita personale.

I social network hanno aperto le porte a nuove forme di interazione, permettendo alle persone di rimanere in contatto con amici e familiari sparsi in tutto il mondo, ma anche di connettersi con individui che condividono interessi o opinioni simili, dando vita a comunità online basate su affinità.

Uno degli aspetti più rivoluzionari dei social network è stato la democratizzazione della voce pubblica. In un'epoca precedente, l'accesso ai canali di comunicazione di massa, come la televisione e la stampa, era limitato e controllato da pochi attori influenti. I social hanno ribaltato questa dinamica, consentendo a chiunque di pubblicare contenuti e partecipare attivamente alle conversazioni. Questo ha aperto nuove opportunità per la partecipazione civica, l'attivismo e la condivisione di esperienze personali.

Questa democratizzazione ha anche portato a un sovraccarico

di informazioni e opinioni online, rendendo difficile distinguere tra verità e falsità. Le notizie false e i contenuti fuorvianti (le cosiddette fake news) possono diffondersi rapidamente sui social, influenzando l'opinione pubblica e distorcendo la percezione della realtà.

Un esempio emblematico è stato l'elezione presidenziale americana del 2016, durante la quale notizie false e propaganda sono state diffuse sui social con l'intento di influenzare gli esiti delle elezioni. Lo scandalo Cambridge Analytica, infatti, ha evidenziato come i dati personali raccolti da Facebook ed altre piattaforme social, siano stati utilizzati per influenzare gli esiti delle elezioni mediante la profilazione degli utenti. Questo ha sollevato preoccupazioni sulla manipolazione dell'opinione pubblica attraverso i social e ha suscitato un dibattito sulla responsabilità delle piattaforme nel promuovere una comunicazione consapevole.

Le più grandi aziende proprietarie delle piattaforme hanno poi ridefinito il concetto di privacy. La condivisione di informazioni personali, fotografie e dettagli sulla vita quotidiana è diventata la norma online, sollevando dubbi sulla sicurezza e sulla protezione dei dati personali raccolti dalle piattaforme. Questi dati possono essere utilizzati per profilare gli utenti, inviare pubblicità mirata per scopi commerciali e, in alcuni casi, a fini discutibili e poco etici.

I social hanno profondamente influenzato le dinamiche sociali e le relazioni umane. Sebbene abbiano agevolato il mantenimento dei contatti con gli amici, hanno anche contribuito a una comunicazione più superficiale e frammentata. Molte interazioni sociali avvengono ora attraverso brevi messaggi, emoji e like. I social hanno introdotto nuove dinamiche nelle relazioni interpersonali, come la pratica comune di monitorare online amici, ex partner o conoscenti, portando a una cultura dell'osservazione costante e del confronto sociale (cosiddetto digital stalking).

Spesso, le persone si confrontano con le vite apparentemente perfette degli altri esposte sui social. Non si considera che spesso, si tratta di rappresentazioni selettive della realtà. Questo genera sentimenti di inadeguatezza, invidia e depressione.

Un altro fenomeno rilevante è la dipendenza social, caratterizzata dalla costante esposizione ai contenuti digitali e dalla ricerca di gratificazione attraverso l'interazione online. Questo comportamento può portare a vari effetti negativi sulla salute mentale, tra cui ansia e depressione. La dipendenza dai social è stata oggetto di numerosi studi e ha spinto le piattaforme a implementare misure per affrontare il problema e limitare il tempo di connessione.

Si tratta di un controsenso ipocrita, poiché i social sono stati progettati per massimizzare l'attenzione e l'interazione degli utenti, per promuovere le pubblicità che i brand comprano.

Lavoro 2.0: le nuove carriere nell'era digitale

L'ascesa delle tecnologie digitali e la diffusione di internet hanno scatenato una rivoluzione nel mondo del lavoro. La trasformazione digitale ha aperto nuove prospettive nelle modalità di impiego. Il lavoro a distanza, un tempo considerato eccezionale, è diventato sempre più diffuso. La possibilità di connettersi al lavoro da qualsiasi luogo con una connessione internet, ha reso obsoleto il concetto tradizionale di ufficio.

Ciò ha permesso ai dipendenti di svolgere il proprio lavoro da casa, da spazi di coworking o da qualsiasi luogo ritengano più adatto. Questo approccio offre una maggiore flessibilità in termini di orari e di logistica.

I lavoratori possono adattare la propria routine lavorativa alle esigenze personali e familiari, riducendo i tempi di pendolarismo e guadagnando tempo libero.

Questa flessibilità è stata particolarmente evidente durante la pandemia di Covid-19, quando molte aziende hanno implementato il lavoro da casa per garantire la sicurezza dei dipendenti e rispettare le leggi nazionali.

Il lavoro remoto ha suscitato riflessioni importanti sul delicato equilibrio tra sfera professionale e vita personale. Grazie alla possibilità di avere l'ufficio a portata di mano tramite dispositivi digitali 24 ore su 24, i confini tra lavoro e sfera privata si sono gradualmente assottigliati. Ci si ritrova a rispondere a email di lavoro durante il tempo libero o a prolungare le ore lavorative ben oltre quanto inizialmente previsto. Questo fenomeno può generare un senso di esaurimento professionale (burnout), riducendo così il tempo dedicato alla famiglia, agli hobby e al relax.

La tecnologia digitale ha altresì rivoluzionato il modo in cui le persone cercano lavoro e costruiscono le proprie carriere. Piattaforme online come LinkedIn, Indeed e Glassdoor hanno trasformato il processo di ricerca e candidatura per le posizioni lavorative. Creare profili professionali online e connettersi in modo più efficiente con potenziali datori di lavoro o clienti, è una realtà ben consolidata. Questo ha anche comportato una crescente competizione e una costante valutazione delle proprie competenze ed esperienze.

L'automazione, i robot, le intelligenze artificiali (AI), hanno ulteriormente influenzato il mondo del lavoro. La produzione, la logistica e la finanza hanno automatizzato parte dei processi generando una rivalutazione delle competenze richieste dal mercato del lavoro. Oggi sono richieste competenze digitali, creatività, content creation e capacità di problem solving. Alcuni nutrono preoccupazioni riguardo alla possibile perdita di posti di lavoro a causa dell'automazione e delle intelligenze artificiali, mentre altri sostengono che queste possano aprire nuove opportunità in settori emergenti.

Il cambiamento tecnologico ha anche sollevato domande sulla sicurezza del lavoro e sulla tutela dei lavoratori. Se da un lato le tecnologie digitali e l'automazione possono incrementare l'efficienza e la produttività, dall'altro possono generare una maggiore precarietà lavorativa. Molti lavoratori freelance e autonomi si affidano a piattaforme digitali per trovare opportunità, ma spesso non dispongono delle tradizionali tutele lavorative come assistenza sanitaria e previdenza/ contribuzione sociale. Il mondo del lavoro è alle prese con una crescente complessità legata alle sfide della comunicazione digitale. La collaborazione tra colleghi e team avviene spesso attraverso strumenti di comunicazione online, piattaforme di condivisione di documenti e software di gestione del lavoro. Questo richiede nuove competenze di comunicazione, di gestione del tempo e di sicurezza informatica.

Curarsi con le app: tecnologica nella medicina

L'evoluzione delle tecnologie digitali ha profondamente trasformato il settore della salute e della medicina. Le diagnosi, i trattamenti, la gestione delle informazioni sanitarie e il benessere individuale sono settori nei quali l'avvento del digitale ha dato un enorme sviluppo. Una delle trasformazioni più significative nel campo della salute è stata l'introduzione della telemedicina. Questo approccio consente ai pazienti di ricevere cure mediche e consulenze da professionisti sanitari attraverso videochiamate, chat online o applicazioni mobili. La telemedicina, particolarmente utile in situazioni di emergenza come la pandemia di Covid-19, ha offerto una soluzione vitale per la continuità delle cure, permettendo una maggiore accessibilità ai servizi sanitari, specialmente per coloro che vivono in aree remote, pazienti con ridotta mobilità o che hanno difficoltà a spostarsi. La telemedicina presenta problematiche quali la garanzia della privacy delle informazioni mediche durante le comunicazioni online e il rischio di diagnosi inesatte o ritardate a causa della mancanza di interazione fisica. In questo sono fondamentali i dispositivi di monitoraggio indossabili, che consentono il monitoraggio continuo delle condizioni di salute. Orologi intelligenti, braccialetti fitness e altri dispositivi possono rilevare parametri vitali come la frequenza cardiaca, il sonno, l'attività fisica e altro ancora. Questi dati possono migliorare la prevenzione e la gestione delle malattie croniche, permettendo ai pazienti e ai professionisti sanitari di monitorare da vicino le condizioni di salute. L'uso di tali dispositivi solleva questioni sulla privacy dei dati. Spesso sono abbinati ad account online e profili social che potrebbero condividere in tempo reale le informazioni a tutto il mondo connesso. I dati generati sono altamente personali e sensibili, quindi la loro raccolta e condivisione con terze parti suscita preoccupazioni sulla sicurezza e protezione dei dati. È essenziale che i pazienti siano informati su come vengono utilizzati i loro dati e abbiano il controllo sulla loro condivisione. Un altro settore in cui la tecnologia ha avuto un impatto significativo è la medicina personalizzata. Nuove tecniche di sequenziamento del DNA e l'analisi dei dati genomici hanno reso possibile identificare marcatori genetici correlati a malattie specifiche. Questo consente ai medici di personalizzare i trattamenti basandosi sul profilo genetico dei pazienti, migliorando l'efficacia delle terapie e riducendo gli effetti collaterali. Un'altra area di crescita significativa per la medicina è l'applicazione dell'intelligenza artificiale (AI). I sistemi di AI possono analizzare grandi quantità di dati medici per identificare diagnosi, prevedere il rischio di malattie e suggerire piani di trattamento. Questi sistemi hanno il potenziale di migliorare la precisione delle diagnosi e ottimizzare la gestione delle risorse sanitarie. L'adozione dell'AI nella medicina genera preoccupazioni sulla trasparenza e l'interpretabilità degli algoritmi. È importante che i risultati dell'AI siano comprensibili e spiegabili ai professionisti sanitari e ai pazienti per garantire decisioni mediche informate.

La tecnologia ha anche rivoluzionato la gestione delle informazioni sanitarie attraverso sistemi di registrazione elettronica delle cartelle cliniche (EHR). Questi sistemi consentono di archiviare in modo digitale le informazioni mediche dei pazienti, migliorando l'accessibilità e la condivisione delle informazioni tra professionisti sanitari. La sicurezza delle informazioni e la protezione della privacy sono questioni critiche quando si tratta di dati medici digitali.

La tecnologia ha giocato un ruolo significativo nel promuovere il benessere individuale attraverso app per la salute mentale, monitoraggio del fitness e applicazioni di meditazione. Questi strumenti offrono supporto per la gestione dello stress, la promozione del benessere emotivo e la creazione di abitudini di vita più sane. È importante notare che questi strumenti non possono sostituire completamente l'assistenza di professionisti della salute mentale e dovrebbero essere utilizzati in modo complementare e ponderato.

Rivoluzione etica e morale: chi è davvero responsabile?

L'evoluzione delle tecnologie digitali ha posto una serie di complesse questioni etiche legate alla privacy, alla sicurezza dei dati personali, alla responsabilità e all'equità. Uno dei problemi etici più attuali riguarda la garanzia della privacy. Con l'aumento esponenziale delle informazioni personali raccolte e archiviate online, la protezione della privacy degli individui è diventata una necessità primaria. Le aziende e le organizzazioni che raccolgono dati devono garantire l'adozione di adeguate misure di sicurezza per proteggere tali informazioni da accessi non autorizzati e usi impropri. Quasi tutti i paesi del mondo sono ormai sensibili a questa tematica. La privacy è diventata una materia di studio ed esistono leggi e regolamenti internazionali che disciplinano rigidamente la raccolta, l'elaborazione e l'archiviazione dei dati personali. Si delineano questioni etiche quando le aziende vendono dati personali a terze parti senza il consenso esplicito degli individui o utilizzano algoritmi di profilazione per determinare il comportamento degli utenti senza il loro consenso informato. L'utilizzo dell'intelligenza artificiale (AI) solleva ulteriori questioni etiche, specialmente quando si tratta di algoritmi di apprendimento automatico. Questi algoritmi possono amplificare pregiudizi preesistenti, generando discriminazioni basate su razza, genere o altre caratteristiche personali. È essenziale che gli sviluppatori di AI lavorino per eliminare o mitigare questi pregiudizi, garantendo la giustizia ed eticità degli algoritmi. Un'altra considerazione etica riguarda la responsabilità nell'era digitale. Con l'automazione e l'AI che prendono decisioni in vari settori, è essenziale determinare chi sia responsabile in caso di malfunzionamenti. Tale responsabilità si estende ai veicoli autonomi, ai robot autonomi e ad altre tecnologie autonome che possono causare danni o errori.

La diffusione delle informazioni online solleva questioni sulla verità e l'accuratezza delle notizie. La disinformazione e le fake news possono avere gravi conseguenze, influenzando l'opinione pubblica e creando confusione. È necessario determinare l'assunzione di responsabilità dei creatori di contenuti online e delle piattaforme che ospitano queste informazioni per garantire veridicità e correttezza. L'equità è un'altra considerazione etica critica nell'era digitale. L'accesso alle tecnologie e ai vantaggi digitali non è uniforme e libero per tutti e può creare divisioni sociali ed economiche. Persone senza accesso a internet o a dispositivi digitali affidabili potrebbero essere escluse da opportunità educative, lavorative e sociali. Ridurre queste disuguaglianze richiede sforzi per garantire un accesso equo alle tecnologie e per ridurre il divario digitale.

Le questioni etiche emergono anche in relazione a sorveglianza e sicurezza. L'ampio utilizzo di telecamere di sicurezza, sorveglianza online e strumenti di monitoraggio solleva domande sulla privacy e sulla prevenzione di abusi. Trovare un equilibrio tra sicurezza pubblica e protezione della privacy individuale è cruciale, anche nell'ambito delle tecnologie militari, compresi i droni armati e l'uso di intelligenza artificiale a scopi militari.

Trasformazione globale: aiutiamo il mondo?

L'evoluzione tecnologica ha assunto un ruolo fondamentale nella risoluzione delle sfide globali del nostro tempo. Settori cruciali come la sostenibilità ambientale e la salute pubblica si affidano sempre più alla tecnologia come alleata determinante per i cambiamenti positivi che stiamo testimoniando.

Il cambiamento climatico, una delle sfide più pressanti del nostro tempo, trova nella tecnologia un alleato cruciale per ridurre le pericolose emissioni di gas serra e favorire la transizione verso un'economia a basse emissioni di CO2. L'avanzamento delle energie rinnovabili, come l'energia solare ed eolica, reso possibile grazie alle innovazioni tecnologiche, rende l'energia pulita più accessibile ed economica. Strumenti come la telemetria, l'internet delle cose (IoT) e la sensoristica avanzata promuovono un utilizzo più efficiente delle risorse, riducendo gli sprechi e migliorando la gestione di risorse vitali come l'acqua, l'elettricità e il calore, contribuendo alla pianificazione urbana sostenibile. La pandemia di Covid-19 ha evidenziato in modo straordinario il ruolo vitale della tecnologia nel tracciamento dei contatti, nella sequenziatura genomica virale e nell'efficace distribuzione dei vaccini per la salute pubblica. In prospettiva, tecnologie biotecniche avanzate e strumenti per il monitoraggio della salute potrebbero individuare e gestire rapidamente minacce globali alla salute pubblica. L'istruzione beneficia enormemente dalla tecnologia, superando le barriere all'accesso all'istruzione a livello mondiale. Le piattaforme di e-learning e le risorse digitali offrono opportunità di apprendimento a persone in tutto il mondo, inclusi coloro che vivono in aree remote o in situazioni di conflitto. La tecnologia personalizza l'apprendimento, adattandolo alle esigenze individuali degli studenti, migliorandone l'efficacia. Nel campo della sanità, la telemedicina si propone di ampliare l'accesso alle cure mediche in aree sottosviluppate o remote, consentendo consulenze mediche a distanza e l'accesso ai servizi sanitari specializzati. La tecnologia migliora anche la gestione delle informazioni sanitarie, garantendo una migliore tracciabilità delle epidemie e una pianificazione più efficiente delle risorse sanitarie. La tecnologia svolge un ruolo cruciale nell'affrontare le sfide legate alla questione alimentare e all'agricoltura sostenibile. La precisione agricola, basata su dati raccolti da droni e sensori, aiuta gli agricoltori a ottimizzare l'uso delle risorse, riducendo gli sprechi e aumentando la produttività. Nel settore energetico, le reti intelligenti e le tecnologie di stoccaggio avanzate contribuiscono a garantire un accesso continuo all'energia elettrica, riducendo le emissioni di gas serra.

Per affrontare tutte queste sfide globali, è vitale adottare un approccio etico e responsabile all'innovazione tecnologica. Considerare gli impatti sociali, ambientali ed etici delle nuove tecnologie è fondamentale. La cooperazione internazionale e la condivisione di conoscenze e risorse saranno essenziali per il successo nell'affrontare queste sfide a livello globale. La tecnologia, accolta in modo etico e responsabile, offre un potenziale decisivo nel rispondere alle sfide globali, dalla sostenibilità ambientale alla salute pubblica e all'istruzione. La collaborazione su scala globale è imprescindibile per costruire un futuro più sostenibile e inclusivo per tutti.

Skuola o Squola? Sta migliorando l'apprendimento?

L'istruzione costituisce un pilastro fondamentale della società e la tecnologia ha rivoluzionato il modo in cui apprendiamo e insegniamo. L'istruzione online si presenta come la nuova frontiera dell'apprendimento, offrendo flessibilità e accessibilità a studenti provenienti da ogni angolo del mondo. Le innovazioni principali nell'ambito dell'istruzione online riguardano l'emergere di piattaforme e corsi virtuali. Università e istituti di istruzione superiore offrono corsi completamente online, consentendo agli studenti di partecipare alle lezioni e completare gli esami da qualsiasi luogo dotato di connessione internet. Questo approccio ha reso l'istruzione superiore accessibile a un pubblico globale e ha aperto le porte all'apprendimento continuo. Contemporaneamente, le tecnologie di apprendimento automatico e intelligenza artificiale stanno ridefinendo l'istruzione. I sistemi di apprendimento basati su algoritmi sono in grado di personalizzare il percorso di apprendimento degli studenti, adattandolo alle loro specifiche esigenze e abilità. L'analisi dei dati può individuare le aree in cui gli studenti incontrano maggiori difficoltà, permettendo agli insegnanti di offrire un supporto mirato. Le tecnologie immersive, come la realtà virtuale e la realtà aumentata, stanno rivoluzionando l'approccio all'apprendimento e alla fruizione dei contenuti. Le simulazioni virtuali possono trasportare gli studenti in ambienti educativi virtuali, consentendo loro di esplorare concetti complessi in modo interattivo. Queste tecnologie aprono nuove porte all'apprendimento esperienziale. L'istruzione online non è priva di questioni problematiche da affrontare, tra cui l'importanza di garantire l'uguaglianza di accesso a internet e dispositivi adeguati, così come l'assicurazione dell'integrità accademica. Bisogna promuovere l'interazione sociale e la collaborazione tra gli studenti, anche all'interno degli ambienti virtuali.

L'evoluzione della tecnologia ha permeato ogni aspetto della nostra vita, influenzando il modo in cui lavoriamo, comunichiamo, apprendiamo e viviamo. Sebbene la tecnologia offra numerose opportunità e vantaggi, è cruciale considerarne anche l'impatto sociale e le sfide che essa comporta. Un significativo cambiamento sociale riguarda la trasformazione delle modalità di comunicazione. Le piattaforme di social media e le applicazioni di messaggistica istantanea hanno rivoluzionato il modo in cui interagiamo con gli altri, agevolando la connessione virtuale, ma sollevando al contempo preoccupazioni riguardo alla privacy e alla dipendenza digitale. L'automazione e l'intelligenza artificiale stanno rivoluzionando il mondo del lavoro, eliminando alcune mansioni tradizionali e richiedendo nuove competenze. È essenziale affrontare il divario di competenze e garantire che le persone possano adattarsi ai cambiamenti tecnologici. L'equità nell'accesso alla tecnologia è diventata una questione sociale di primaria importanza. Mentre alcune comunità prosperano nell'era digitale, altre affrontano il divario digitale, con un limitato accesso a internet e alle opportunità tecnologiche. Combattere queste disuguaglianze richiede sforzi mirati per garantire che la tecnologia sia accessibile a tutti. Infine, l'etica della tecnologia è una preoccupazione crescente. La raccolta e l'uso dei dati personali, l'intelligenza artificiale che amplifica i pregiudizi e le questioni di sicurezza informatica sono solo alcune delle sfide etiche che dobbiamo affrontare.

La tecnologia rappresenta una forza potente che ha trasformato il mondo in modi inimmaginabili. Trovare l'equilibrio tra l'innovazione e l'attenzione alle implicazioni sociali sarà fondamentale per plasmare un futuro in cui la tecnologia migliorerà la nostra società in modi significativi e sostenibili.

LA TELEVISIONE

Nascita del cambiamento

Sin dai suoi primi giorni, la televisione si è rivelata un potente strumento di comunicazione e pubblicità. Le aziende hanno prontamente riconosciuto il suo potenziale nel catturare l'attenzione del pubblico. I messaggi pubblicitari sono diventati una parte essenziale delle trasmissioni televisive, inserendosi con annunci di vario genere.

Questa stretta connessione tra il mondo televisivo e il settore del marketing ha sostenuto la produzione di contenuti attraverso i ricavi pubblicitari. Uno degli impatti più evidenti della pubblicità televisiva è stato il suo ruolo nella formazione delle preferenze di noi consumatori. Gli annunci accattivanti e persuasivi hanno cercato di convincere le famiglie che il possesso di specifici prodotti fosse fondamentale per uno stile di vita soddisfacente. Annunci di automobili suggerivano che un particolare modello avrebbe migliorato la vita familiare, mentre quelli di prodotti alimentari mettevano in evidenza gusto e praticità. Questa costante esposizione ai messaggi pubblicitari ha plasmato le percezioni delle famiglie sulle marche e sui prodotti al punto tale di aver creato immagini iconiche e simboliche. Campagne pubblicitarie di successo hanno dato vita a simboli, icone, personaggi e slogan memorabili che sono diventati parte integrante della cultura popolare. La televisione ha giocato un ruolo significativo nella definizione della cultura del consumo, particolarmente negli anni '50 e '60, quando si enfatizzava la "convenienza". Gli spot pubblicitari promuovevano prodotti come cibi surgelati, fornelli a microonde e altri elettrodomestici che rendevano la spesa familiare più agevole ed economica. Questa enfasi sulla praticità ha plasmato le abitudini di acquisto e i modelli di comportamento delle famiglie, che cercavano prodotti e servizi che semplificassero la vita quotidiana.

Un aspetto controverso della pubblicità televisiva è stato il targeting dei bambini, con annunci progettati per essere divertenti e coinvolgenti al fine di persuadere bambini ed adolescenti a chiedere ai genitori i prodotti pubblicizzati. Questo ha sollevato discussioni sulla regolamentazione della pubblicità per i bambini e sulla necessità di proteggere i giovani da influenze potenzialmente negative. Per affrontare le preoccupazioni sull'influenza della pubblicità, la televisione è stata soggetta a regolamentazioni da parte delle agenzie governative. Linee guida sono state stabilite per garantire che le pubblicità fossero veritiere e non ingannevoli. Ad esempio, le leggi sulla pubblicità comparativa hanno vietato la denigrazione dei concorrenti diretti (cosiddetti competitors). Per ovviare, le aziende hanno continuato a cercare modi creativi (quasi subdoli) per influenzare le scelte dei consumatori, spingendosi ai limiti delle regolamentazioni esistenti. Con l'avvento di internet e dei social media, le aziende hanno ampliato il loro campo d'azione, cercando di coinvolgere le famiglie attraverso nuove piattaforme digitali. Ciò ha portato ad un aumento della pubblicità online e a nuove sfide per la regolamentazione pubblicitaria, poiché i confini tra contenuto e pubblicità sono diventati più sfumati.

Storia della TV

Nel decennio degli anni '50, la televisione ha fatto il suo trionfale ingresso nelle case di milioni di famiglie, portando con sé un cambiamento epocale nella vita familiare. Questo rivoluzionario strumento, capace di trasmettere immagini e suoni direttamente nelle abitazioni delle persone, ha ridefinito le dinamiche familiari in modi inaspettati. L'avvento della televisione rappresenta una delle più grandi trasformazioni culturali e sociologiche del XX secolo. Prima dell'arrivo della televisione, intrattenimento e informazione si basavano principalmente su mezzi come la radio e la stampa, offrendo una comunicazione prevalentemente unidirezionale. La televisione, al contrario, ha introdotto una dimensione visiva e interattiva nell'ambiente domestico, creando un'esperienza completamente nuova per le famiglie. La sua capacità di raccontare storie attraverso immagini in movimento, unendo audio e video per creare un coinvolgente contesto, ha avuto un significativo impatto sul modo in cui le famiglie consumavano contenuti mediatici. Abbiamo trasformato le nostre case, creando dei veri e propri teatri domestici. Il salotto di ogni casa ha un televisore. Forse l'unico ambiente superstite a questo cambiamento resta solamente il bagno (ma non ne sono completamente sicuro).

Nonostante l'entusiasmo iniziale per questa nuova forma di intrattenimento, sono emerse preoccupazioni sull'effetto della televisione sulla vita familiare. Una delle principali domande era come avrebbe influenzato le dinamiche familiari. Dopo decenni, i risultati sono ben evidenti e documentati. Una delle prime preoccupazioni era che la televisione potesse competere con il tempo trascorso insieme come famiglia. Mentre in passato le famiglie si riunivano spesso per attività come giochi da tavolo o conversazioni, la televisione poteva facilmente diventare un'alternativa a queste interazioni. Una vasta gamma di programmi, alcuni dei quali potrebbero non essere adatti a tutte le età. Ciò sollevava questioni riguardo ai programmi che i bambini dovrebbero essere autorizzati a guardare e alla necessità di supervisione genitoriale. Le routine serali delle famiglie. Ad esempio, la programmazione serale ha portato molte famiglie a radunarsi intorno al televisore per guardare programmi popolari, spesso influenzando l'orario di sonno. Impatto sulla socializzazione:

Mentre la televisione forniva intrattenimento all'interno delle mura domestiche, c'era preoccupazione che potesse influenzare la socializzazione delle persone. La possibilità di rimanere a casa e guardare la televisione potrebbe aver ridotto il tempo trascorso in attività sociali all'aperto o in altri contesti. La televisione ha rappresentato un potente strumento educativo, portando innumerevoli opportunità di apprendimento direttamente nelle case delle famiglie. Programmi educativi per bambini sono diventati un elemento fondamentale della programmazione televisiva, fornendo contenuti che cercavano di educare mentre intrattenevano. Al tempo stesso, c'è stata anche la preoccupazione che la quantità di tempo trascorso davanti al televisore potesse sostituire altre forme di apprendimento, come la lettura di libri o l'interazione diretta con gli insegnanti. Con il passare del tempo, la televisione ha contribuito a plasmare le dinamiche familiari. La disponibilità di più dispositivi televisivi in una casa ha permesso a membri diversi della famiglia di guardare programmi diversi contemporaneamente, consentendo una maggiore personalizzazione delle esperienze di intrattenimento. Questo, tuttavia, ha sollevato questioni sulla perdita di momenti condivisi come famiglia e sull'isolamento all'interno della stessa casa. La televisione ha svolto un ruolo significativo nella formazione delle percezioni delle famiglie sul mondo esterno. La rappresentazione di eventi, culture e persone attraverso la televisione ha contribuito a modellare le opinioni e le idee delle famiglie. C'è stato il rischio di creare una visione distorta della realtà, poiché la televisione può selezionare e presentare le informazioni in modi specifici. Con l'avvento di internet e dei servizi di streaming, la televisione ha subito ulteriori cambiamenti. La possibilità di accedere a una vasta gamma di contenuti on-demand ha trasformato il modo in cui le famiglie consumano la televisione, consentendo loro di personalizzare ulteriormente le loro esperienze di intrattenimento. Questo ha anche introdotto nuove sfide, come il controllo genitoriale sui contenuti online e l'eccesso di schermo. Nonostante le preoccupazioni, la televisione ha anche svolto un ruolo unificante nelle famiglie. La possibilità di condividere momenti di intrattenimento o di assistere a eventi speciali insieme ha contribuito a creare legami e ricordi condivisi.

Nella cornice di un crescente impatto tecnologico nelle case, la televisione ora condivide il suo spazio con una vasta gamma di dispositivi elettronici. Smartphone, tablet e computer portatili hanno introdotto nuove dinamiche nella vita familiare. La sfida è trovare un equilibrio tra l'uso della televisione e l'interazione familiare diretta. Le famiglie si trovano ora a prendere decisioni su come gestire il tempo trascorso davanti agli schermi, cercando di garantire che l'uso della tecnologia non soffochi le opportunità di connessione e comunicazione faccia a faccia.

Le piattaforme di streaming hanno ridefinito il modo in cui le famiglie consumano contenuti televisivi. La possibilità di accedere a una vasta libreria di programmi e film in qualsiasi momento ha portato a nuovi modelli di visione, come il binge-watching. Questo nuovo modo di consumare contenuti ha reso la televisione più flessibile, ma ha anche sollevato interrogativi sul suo impatto sulla qualità del tempo trascorso insieme. La programmazione lineare, che richiedeva che le famiglie si riunissero a un determinato orario per guardare uno spettacolo, ha ceduto il passo a una visione più individualizzata e frammentata. Sebbene la televisione abbia storicamente fornito contenuti educativi, le sfide educative rimangono in evoluzione. La qualità e la natura dei programmi disponibili richiedono una valutazione critica. Alcuni contendono che, nonostante l'abbondanza di informazioni accessibili, la televisione possa non essere sufficiente per soddisfare tutte le esigenze educative di una famiglia. Questo solleva la questione di come integrare efficacemente l'apprendimento televisivo con altre forme di educazione, come la lettura e le esperienze pratiche. Nonostante l'evoluzione dei modelli di consumo televisivo, la televisione continua a fungere da facilitatore di conversazioni familiari. La condivisione di esperienze televisive, la discussione sugli sviluppi delle trame e il commento sugli eventi televisivi restano un modo per le famiglie di connettersi e condividere interessi comuni. Anche se le modalità possono essere cambiate, l'importanza della condivisione di storie attraverso lo strumento televisivo persiste. L'evoluzione della televisione nelle famiglie è un processo in corso. Nuove sfide emergono con la rapida crescita della tecnologia e la diversificazione delle opzioni di intrattenimento. La gestione responsabile del tempo trascorso davanti alla televisione e l'adozione di pratiche che favoriscono l'interazione familiare rimangono argomenti chiave. Il futuro della televisione familiare potrebbe vedere ulteriori innovazioni, integrando modalità più interattive e partecipative, creando così nuovi spazi per la connessione e l'esperienza condivisa.

La pubblicità è l'anima del commercio

Fin dal suo debutto nelle case delle famiglie, la televisione si è affermata come un formidabile veicolo pubblicitario. Le aziende hanno tempestivamente riconosciuto il suo potenziale nel catturare l'attenzione di un vasto pubblico e nel promuovere i propri prodotti. Di conseguenza, i messaggi pubblicitari sono divenuti una componente essenziale delle trasmissioni televisive, intervallando la programmazione con annunci di vario genere. Si è così instaurato un legame simbiotico tra il mondo televisivo e il marketing, poiché i ricavi pubblicitari hanno sostenuto la produzione di contenuti televisivi. Uno degli impatti più evidenti della pubblicità televisiva è stato il suo ruolo nella modellazione delle preferenze dei consumatori. Attraverso annunci persuasivi e accattivanti, le aziende hanno cercato di convincere le famiglie che i loro prodotti fossero essenziali per uno stile di vita appagante. Gli spot per automobili, ad esempio, potrebbero suggerire che possedere un determinato modello migliorerebbe la vita familiare, mentre gli annunci di prodotti alimentari mettevano in risalto gusto e praticità. Questa costante esposizione ai messaggi pubblicitari ha il potere di plasmare le percezioni delle famiglie su marchi e prodotti. La televisione ha consentito alle aziende di forgiare icone di marca. Campagne pubblicitarie di successo hanno creato personaggi e slogan memorabili diventati parte integrante della cultura popolare. Ad esempio, il colonnello Sanders di KFC con il suo celebre motto "finger-lickin' good" ha contribuito a definire l'identità del marchio. Queste immagini di marca non solo influenzano le scelte dei consumatori, ma diventano parte del tessuto culturale, creando connessioni emotive con le famiglie che le riconoscono. La televisione ha svolto un ruolo significativo nella definizione della cultura del consumo. Negli anni '50 e '60, l'enfasi era spesso posta sulla "convenienza". Gli spot pubblicitari promuovevano prodotti come cibi surgelati, fornelli a microonde e altri elettrodomestici che semplificavano la vita familiare. Questo focus sulla praticità ha modellato le abitudini d'acquisto e i modelli di comportamento delle famiglie, poiché cercavano prodotti e servizi che semplificassero la loro vita quotidiana. Un aspetto controverso della pubblicità televisiva emerge nel mirare alle giovani menti dei bambini. Gli annunci rivolti ai giovani spettatori spesso cercano di catturare l'attenzione con sorrisi e coinvolgimento, spingendo i piccoli consumatori a chiedere ai genitori i prodotti pubblicizzati. Questo ha generato dibattiti sulla necessità di regolamentare la pubblicità per i bambini al fine di proteggerli da influenze potenzialmente negative. Le crescenti preoccupazioni sull'influenza della pubblicità hanno spinto la televisione sotto il controllo delle regolamentazioni. Le agenzie governative hanno delineato linee guida per garantire la veridicità e l'assenza di inganni nelle pubblicità. Le leggi sulla pubblicità comparativa, ad esempio, hanno vietato la denigrazione dei concorrenti diretti. No, le aziende hanno continuato a cercare modi creativi per influenzare le scelte dei consumatori, spingendo i limiti delle regolamentazioni esistenti. Nel corso degli anni, le strategie pubblicitarie hanno subito significative trasformazioni per adattarsi alle mutevoli tendenze sociali e tecnologiche. L'avvento di internet e dei social media ha ampliato il raggio d'azione delle aziende, cercando di coinvolgere le famiglie attraverso nuove piattaforme digitali. Ciò ha portato a un aumento della pubblicità online e a nuove sfide per la regolamentazione pubblicitaria, poiché i confini tra contenuto e pubblicità sono diventati più sfumati. La pubblicità televisiva diretta ai bambini ha generato un acceso dibattito. Da un lato, gli annunci hanno contribuito a finanziare programmi per bambini di alta qualità, rendendoli accessibili a un pubblico più ampio. Dall'altro, c'erano crescenti preoccupazioni sul fatto che i bambini potessero essere vulnerabili all'influenza pubblicitaria e sviluppare abitudini di consumo poco sane. La pubblicità televisiva ha avuto un impatto significativo sulla vita familiare. Le famiglie spesso si trovano a dover negoziare tra i desideri e le aspettative create dalla pubblicità. Ciò potrebbe influenzare le scelte alimentari, l'acquisto di giocattoli o persino le destinazioni delle vacanze. Le pressioni per aderire agli ideali pubblicitari avevano il potenziale di creare tensioni all'interno delle famiglie. Nel corso degli anni, le famiglie hanno sviluppato una maggiore consapevolezza delle strategie pubblicitarie. I consumatori sono diventati più critici nei confronti degli annunci e più attenti alle tattiche utilizzate dalle aziende. Questa crescente consapevolezza ha portato a una maggiore richiesta di trasparenza e di pubblicità responsabile, poiché le famiglie cercavano di proteggere i propri interessi e valutare le scelte d'acquisto in modo più informato.

La televisione, essendo uno strumento di comunicazione di massa, è stata soggetta a regolamentazioni governative fin dai suoi primi giorni. Queste regolamentazioni hanno avuto un impatto diretto sulla vita familiare, poiché hanno influenzato la disponibilità e il contenuto dei programmi televisivi. Una delle prime forme di regolamentazione televisiva era il controllo dei contenuti. Le agenzie governative, come la Federal Communications Commission (FCC) negli Stati Uniti, avevano il compito di garantire che i programmi televisivi fossero adeguati anche ai bambini. Ciò significava che c'erano limiti alla rappresentazione di contenuti sessuali, violenza e linguaggio inappropriato. L'obiettivo della regolamentazione era proteggere i bambini da contenuti dannosi e garantire che le famiglie potessero sentirsi sicure nel permettere ai propri figli di guardare la televisione. Alcuni sostenevano che limitare i contenuti potesse limitare la libertà di espressione e la creatività artistica. Allo stesso tempo, c'era il costante dilemma di dove tracciare la linea tra ciò che era accettabile e ciò che non lo era. Parallelamente nacque un'altra forma di regolamentazione televisiva diretta alle campagne pubblicitarie. Poiché la televisione era un veicolo per gli annunci pubblicitari, c'erano leggi e regolamenti che stabilivano ciò che poteva essere pubblicizzato e come. Ad esempio, alcune pubblicità per alcolici o sigarette erano limitate o vietate in determinate fasce orarie per proteggere i giovani spettatori. Questa regolamentazione influenzava direttamente la vita familiare, poiché le famiglie erano esposte a messaggi pubblicitari che promuovevano prodotti e stili di vita. La regolamentazione televisiva ha anche influenzato la programmazione per bambini. Per garantire che i programmi educativi e adatti all'età fossero disponibili per i giovani spettatori, le agenzie governative avevano spesso richiesto alle reti televisive di rispettare determinati standard educativi. Questo aveva portato alla creazione di programmi come "Non è mai troppo tardi" che avevano lo scopo di educare, alfabetizzare e intrattenere i bambini. Questi programmi erano diventati una parte importante dell'apprendimento precoce dei bambini, ma anche un'opportunità per le famiglie di interagire con i propri figli in modo educativo, guardando la televisione insieme. La regolamentazione televisiva non era statica e cambiava con il tempo, adattandosi alle mutevoli tendenze sociali e tecnologiche. Basti pensare ai cambiamenti odierni dei contenuti televisivi per giovani e giovanissimi. L'arrivo di nuove piattaforme di streaming e la distribuzione di contenuti online hanno fatto vacillare i sottili confini dell'etica e morale della programmazione televisiva.

TV on demand e Streaming

Con l'avvento delle piattaforme di streaming le dinamiche all'interno delle nostre case sono state sconvolte e ridefinite. I colossi come Netflix, Amazon Prime Video, Disney+ e molte altre, hanno cambiato il nostro modo di consumare contenuti televisivi. La caratteristica più evidente di queste piattaforme è la possibilità di guardare programmi e film su richiesta, abbattendo il concetto di orario fisso per la programmazione televisiva. Ora possiamo scegliere cosa guardare e quando farlo, ognuno ha il proprio account personalizzato. Se da un lato questo ci ha permesso di soddisfare le proprie preferenze ed interessi, dall'altro ha spesso ridotto le occasioni di condivisione di esperienze televisive all'interno della famiglia. Le classiche "serate familiari" dedicate a guardare programmi insieme sono diventate meno frequenti, sostituite da una visione più individuale. La questione del controllo genitoriale è emersa come un aspetto importante in questo nuovo panorama. I genitori ora possono impostare restrizioni basate sulla classificazione d'età e monitorare ciò che i loro figli stanno guardando. Questo livello di controllo è stato accolto positivamente, in quanto aiuta a garantire che i contenuti siano appropriati per l'età dei bambini. Resta il dilemma di come trovare un equilibrio tra l'accesso ai contenuti digitali e le interazioni familiari nella vita quotidiana. Nonostante le piattaforme di streaming offrano una vasta gamma di contenuti di alta qualità, c'è il rischio che i membri della famiglia possano passare troppo tempo da soli a guardare programmi o film, riducendo le opportunità di interazione faccia a faccia. La varietà di contenuti disponibili è positiva, poiché permette alle famiglie di scegliere programmi che rispondono ai loro interessi e alle loro esigenze. Questa vastità può anche portare a una maggiore dipendenza dalla televisione e alla difficoltà di fare scelte informate. La possibilità di "binge-watching," ossia guardare intere stagioni di una serie in un'unica sessione, ha reso necessario porre attenzione alla moderazione nell'uso delle piattaforme di streaming.

IL CINEMA

Prima forma d'arte tecnologica

Il cinema inteso in senso lato, ovvero anche come forma d'arte oltre che intrattenimento, ha inanellato un avvincente viaggio di evoluzione attraverso i decenni. Il grande schermo trascende, penetra nell'intimità della psiche umana e suscita emozioni, connessioni e riflessioni. L'esperienza immersiva offerta dalla proiezione di un film in una sala buia agisce come un incantesimo, catturando gli spettatori e trasportandoli in mondi lontani fatti di pura immaginazione e stimoli visivi e sonori. Questa capacità di evasione psicologica costituisce una delle chiavi dell'irresistibile attrattiva del cinema. I film, con la loro maestria, hanno il potere di suscitare gioia, tristezza, paura, rabbia e un vasto spettro di altre emozioni. La suspense di un thriller, la commozione di un dramma romantico, l'adrenalina di un film d'azione - tutte queste sfumature emozionali possono plasmare in maniera significativa la psiche dello spettatore. Il cinema agisce come uno specchio emotivo, consentendo agli individui di esplorare e comprendere le proprie emozioni in un ambiente sicuro e controllato. La magia cinematografica si intensifica ulteriormente attraverso la creazione di legami psicologici tra gli spettatori e i personaggi sullo schermo. Gli spettatori si identificano con i protagonisti, simpatizzano con le loro lotte e gioiscono dei loro successi. Questi legami, ancorati nell'empatia, possono influenzare profondamente il modo in cui le persone si relazionano agli altri nella vita reale, creando un ponte di comprensione delle esperienze altrui.

Il lato psicologico del cinema si estende anche all'analisi e alla critica cinematografica. L'esame approfondito dei personaggi, delle trame, dei simboli e del messaggio contenuti in un film stimola il pensiero critico e la riflessione profonda, contribuendo a una crescita intellettuale e all'espansione della comprensione dell'arte e della cultura cinematografica.

Ogni era cinematografica si manifesta come un riflesso delle dinamiche sociali, politiche ed economiche del suo tempo. I film italiani come "La dolce vita", "Il Gattopardo", "La vita è bella" e "La grande bellezza" non solo catturano il fervore sociale della loro epoca, ma contribuiscono anche a plasmare l'opinione pubblica e a ispirare azioni di riflessione e cambiamento, creando in alcuni casi, dei veri e propri status quo.

Le tematiche affrontate e riprodotte nei contenuti cinematografici, riflettono i cambiamenti e le sfide che la società moderna affronta. L'evoluzione della rappresentazione di genere e sessualità, le questioni ambientali, la discussione sulla tecnologia e l'automazione sono solo alcune delle tematiche sociali affrontate con maestria dal cinema contemporaneo. Questi film agiscono come catalizzatori per il dialogo pubblico e spesso influenzano i cambiamenti sociali.

Il cinema, oltre a essere un formidabile strumento di intrattenimento, plasma emozioni, relazioni e opinioni, fungendo anche da specchio della società. La rinascita del cinema è un riflesso delle continue sfide e opportunità che la società moderna offre, rappresentando un mezzo di espressione artistica e di analisi critica che continua a plasmare e a riflettere il mondo in cui viviamo.

La fine del Cinema?

Gli anni '50 e '60 rappresentano un periodo di significativi cambiamenti sia nella tecnologia che nelle dinamiche sociali, impattando profondamente il mondo del cinema. L'avvento della televisione segna uno dei primi punti di svolta, portando con sé impatti psicologici e sociologici di vasta portata. La televisione ha trasferito l'intrattenimento direttamente nelle case, riducendo l'esperienza cinematografica nelle sale e incentivando le famiglie a rimanere a casa. Questo cambiamento ha avuto notevoli implicazioni psicologiche, poiché la comodità di fruire di programmi e film da casa ha attenuato la necessità di recarsi al cinema. Gli spettatori potevano godere di contenuti audiovisivi senza vincoli di orari o costi di biglietti, trasformando così la relazione individuo esperienza cinematografica.

Un impatto psicologico rilevante è emerso nella sensazione di controllo e personalizzazione che la televisione e i video on demand hanno introdotto. La possibilità di interrompere, riavvolgere e programmare gli spettacoli ha reso l'intrattenimento più intimo e su misura, influenzando il modo in cui le persone interagivano con le storie, creando legami più profondi con i personaggi e approfondendo la comprensione delle trame. Se da un lato la televisione offre comodità e personalizzazione, dall'altro porta con sé il rischio di isolamento. Il passaggio dalle sale cinematografiche alle esperienze casalinghe ha potenzialmente limitato le interazioni sociali legate all'uscita per vedere un film, impattando sulla costruzione di legami sociali e sulla promozione della discussione e dell'interazione tra individui.

La televisione ha influenzato le dinamiche familiari e le abitudini culturali, frammentando il tempo trascorso in famiglia davanti al piccolo schermo. L'ascesa della televisione ha inciso profondamente sull'industria cinematografica, che ha dovuto evolversi per contrastare la minaccia. Dal punto di vista economico, la televisione e l'ascesa dei video on demand hanno aperto nuove opportunità di distribuzione, generando entrate attraverso la vendita e il noleggio di film in formato VHS, DVD in passato e poi on demand e streaming attualmente. Questa democratizzazione dell'accesso ha anche portato a problematiche come la pirateria e la gestione dei diritti d'autore.

L'ascesa della televisione e dei video streaming ha influito anche sulla narrazione cinematografica, introducendo la suddivisione in episodi delle serie televisive e la visione on-demand, trasformando la struttura narrativa e la fruizione delle storie. Questo cambiamento ha aperto nuove strade per lo sviluppo di narrazioni complesse e l'esplorazione dei personaggi su un arco temporale più lungo. Nonostante tutto ciò, il cinema sopravvive ancora.

La rivoluzione digitale

La rivoluzione digitale ha messo in scena uno show di proporzioni epiche nella storia del cinema, lasciandoci con impatti psicologici e sociologici che hanno completamente rivoluzionato l'esperienza cinematografica. L'ingresso in scena della proiezione digitale non è stato uno scherzo da poco: ha fatto tremare le fondamenta dell'industria, mettendo le mani su tutto, dalla produzione alla distribuzione fino alla visione dei film. La transizione dalla vecchia pellicola alla proiezione digitale è stata come passare da un televisore in bianco e nero ad un moderno Smart TV 8K: un salto incredibile. I film digitali hanno portato chiarezza alle immagini, colori più vividi e dettagli più nitidi, dando una marcia in più all'esperienza visiva. Immaginatevi immersi in mondi virtuali con una definizione così pazzesca da farvi venire i brividi. La rivoluzione digitale ha praticamente spalancato le porte della creatività cinematografica. Le videocamere digitali hanno dato il potere a registi indipendenti e sognatori di realizzare capolavori con budget da pochi spiccioli, facendo crollare le barriere di ingresso dell'industria. Il risultato? Una maggiore diversità di storie e punti di vista che hanno reso la nostra selezione di film più ricca e interessante che mai.

Ma attenzione, c'è uno sviluppo psicologico dietro l'angolo: la cultura dell'abbondanza. Con i servizi di streaming, abbiamo un mondo intero di film a portata di clic. Ma qui entra in gioco la "paralisi da scelta": la montagna di opzioni può rendere difficile decidere cosa guardare, causando un'angosciante frustrazione e insoddisfazione. Grazie ai social media e ai forum online, possiamo condividere le nostre opinioni sui film in tempo reale, partecipare a discussioni e, sorpresa, influenzare il destino di una pellicola. Il potere è nelle nostre mani, o meglio, nelle dita che scorrono sullo schermo. La democratizzazione della produzione cinematografica ha aperto le porte ai cineasti indipendenti, dando voce a storie e prospettive prima ignorate. E con i servizi di streaming che ci permettono di guardare film quando e dove vogliamo, le sale cinematografiche tradizionali stanno cercando di sopravvivere in un mondo che chiede sempre più comodità e flessibilità. E che dire della globalizzazione del cinema? Grazie alla distribuzione digitale, storie e culture di tutto il mondo sono ora accessibili a un pubblico globale. Questo non è solo un cambio di marcia, è una vera e propria accelerazione nella direzione della comprensione interculturale. L'industria cinematografica si è dovuta adattare ai cambiamenti nelle abitudini del pubblico e alla concorrenza delle piattaforme di streaming. Gli accordi con queste piattaforme stanno cambiando il gioco delle entrate e delle opportunità per registi, produttori e attori. La rivoluzione digitale non è stata solo un giro di boa, è stata una vera e propria esplosione nel mondo del cinema e nella società in generale. Ha rivoluzionato tutto, dalla qualità visiva all'accessibilità, coinvolgendo gli spettatori e ridefinendo la produzione, la distribuzione e l'intero business cinematografico.

Le serie TV

Questi mastodontici progetti, spesso basati su libri, fumetti o idee originali, sono divenuti pilastri dell'industria cinematografica, influenzando il modo in cui le persone si relazionano al cinema e alla cultura popolare. Le serie cinematografiche esercitano un profondo impatto psicologico sugli spettatori, spesso attraverso una connessione emotiva e affettiva con i personaggi e le trame. Questi film consentono al pubblico di seguire le vicende dei protagonisti nel corso di anni o persino decenni, creando legami duraturi. Questi personaggi diventano icone culturali, ispirando empatia, affetto e identificazione da parte del pubblico. Un impatto significativo è l'esperienza di immersione. Gli spettatori vengono trascinati in mondi cinematografici complessi e coinvolti in trame avvincenti, spesso con un alto grado di continuità tra i film. Questo livello di immersione può portare a una profonda investitura psicologica, con gli spettatori che sviluppano un forte coinvolgimento emotivo nella storia e nei personaggi. Ciò si traduce in una connessione duratura con il franchise o la serie cinematografica, creando un senso di appartenenza a una comunità di fan. Questi film o serie TV spesso offrono agli spettatori una via di fuga dalla realtà. La possibilità di immergersi in un mondo fantastico o in un universo di fantascienza consente agli spettatori di staccare la spina dai problemi quotidiani e di trovare consolazione nelle storie e negli eroi che amano. Questo impatto psicologico può essere particolarmente evidente nei momenti di difficoltà personale o sociale, quando il cinema può offrire un'ancora di salvezza emotiva. L'impatto psicologico può anche manifestarsi nella forma di affetto e dedizione nei confronti dei personaggi. Gli spettatori possono sviluppare una vera e propria connessione affettiva con i protagonisti, seguendoli attraverso trionfi e tragedie. Questa connessione può influenzare le emozioni e le reazioni degli spettatori, che si sentono coinvolti nei destini dei loro eroi. Dal punto di vista sociologico, i grandi franchising e le serie cinematografiche hanno plasmato la cultura popolare in modi significativi. Questi progetti hanno creato una cultura di fandom, in cui gli appassionati si riuniscono per condividere la loro passione e le loro teorie. I colossal di successo spingono la produzione di giocattoli, abbigliamento, oggetti da collezione e altro ancora. Questi prodotti non solo generano un flusso di entrate significativo, ma creano anche una cultura di consumo legata ai film. Gli spettatori possono manifestare il loro amore per i personaggi delle serie famose attraverso l'acquisto di prodotti correlati, che diventano una parte tangibile dell'identità di un fan. Addirittura hanno un impatto duraturo sulla cultura. Le citazioni, i personaggi e le icone dei franchise diventano parte del tessuto sociale e linguistico. Ad esempio, la serie di film "Star Wars" ha introdotto termini come "forza" e "Jedi" nel linguaggio comune, influenzando la cultura popolare e la mitologia moderna. Molte serie cinematografiche cercano di rappresentare un ampio spettro di personaggi, inclusi quelli di diversi background etnici, di genere e sessualità. Queste rappresentazioni possono avere un impatto significativo sulla percezione sociale e sulla costruzione di modelli positivi. Le serie TV o le serie cinematografiche di successo spesso generano numerosi sequel, prequel, spin-off e prodotti correlati, rischiando di saturare il mercato e indebolire la qualità delle storie. La saturazione del mercato può portare al fenomeno della "franchise fatigue," in cui il pubblico si stanca dei franchise troppo prolissi e privi di innovazione. I grandi titoli e le serie cinematografiche hanno un profondo impatto psicologico e sociologico. Creano legami emotivi tra gli spettatori e i personaggi, promuovono la cultura di fandom, influenzano il consumo di merchandise e contribuiscono a ridefinire la cultura popolare.

Il cambio epocale: il cinema multisala

L'avvento del cinema multisala è come l'ingresso di un supereroe nella storia del cinema, con impatti psicologici e sociologici che non passano inosservati. Queste sale super moderne e tecnologiche, con schermi multipli e opzioni di proiezione per tutti i gusti, hanno trasformato il modo in cui viviamo il cinema, influenzando sia il nostro comportamento individuale che la società nel suo complesso. E non è solo una questione di proiezioni spaziali. Le sale multisala sono il luogo perfetto per socializzare. Spesso ci ritroviamo in gruppo, con amici o familiari, condividendo risate e emozioni di fronte a uno schermo gigante. L'esperienza cinematografica diventa così un'occasione per costruire legami e consolidare relazioni, oltre che per godersi il film. E poi c'è il cibo. Le sale multisala trasformano l'andare al cinema in un'esperienza a tutto tondo, offrendo una varietà di opzioni gastronomiche. Ma attenzione, perché mentre uno snack può rendere la serata ancora più gustosa, l'eccesso potrebbe portare a una sensazione di colpa. Un po' come quando mangi troppa roba davanti alla TV a casa, ma in versione cinematografica. Da un punto di vista sociologico, le uscite al cinema sono diventate un appuntamento fisso nella nostra cultura sociale. Gli amici si riuniscono per un film, le famiglie scelgono il cinema come meta per una serata di intrattenimento condiviso. I cinema multisala hanno contribuito a far salire gli incassi del settore, permettendo di proiettare più film contemporaneamente e di raggiungere un pubblico più vasto. Ma c'è un ma: i costi legati al cinema possono creare divari economici nell'accesso, rendendo necessaria una riflessione sulla partecipazione equa.

Scontro tra titani: Cinema vs Streaming

La competizione tra il cinema tradizionale e le piattaforme di streaming rappresenta uno dei cambiamenti più significativi e controversi nell'industria cinematografica contemporanea. L'avvento delle piattaforme di streaming ha portato a un cambiamento radicale nella psicologia dello spettatore. La comodità di poter guardare film e programmi TV da casa o da dispositivi mobili ha alterato le aspettative dei consumatori e il modo in cui le persone si relazionano ai contenuti audiovisivi. Una delle principali influenze psicologiche è la gratificazione immediata. Le piattaforme di streaming consentono agli spettatori di accedere a una vasta libreria di contenuti in qualsiasi momento e ovunque si trovino. Questo ha creato un desiderio di soddisfazione istantanea, con gli spettatori che si aspettano di trovare un film o una serie TV che corrisponda alle loro preferenze in pochi clic. Questa facilità di accesso ha anche influenzato la pazienza dello spettatore, con la possibilità di saltare avanti o indietro in un video per trovare momenti di maggiore interesse. La competizione dello streaming ha promosso la personalizzazione dell'esperienza. Le piattaforme utilizzano algoritmi avanzati per suggerire contenuti in base alle preferenze dell'utente, creando un'esperienza altamente personalizzata. Questo ha un impatto significativo sulla psiche degli spettatori, che si sentono riconosciuti e ascoltati, ma può anche portare a una chiusura nell'ascolto di nuovi contenuti, poiché le piattaforme tendono a suggerire opzioni simili a quelle già apprezzate. Un'altra importante conseguenza psicologica è l'abitudine alla binge-watching. La possibilità di vedere intere stagioni di una serie in un'unica sessione di visione ha creato una nuova forma di coinvolgimento emotivo. Gli spettatori possono diventare profondamente immersi in una trama, vivendo una sorta di "fuga" dalla realtà attraverso il binge-watching, ossia la maratona televisiva. Questa pratica può anche portare a problemi di salute mentale, come l'isolamento sociale e la sedentarietà e può alterare il ritmo sonno-veglia. Dal punto di vista sociologico, la competizione delle piattaforme di streaming ha cambiato il modo in cui le persone si riuniscono per consumare contenuti audiovisivi. Le famiglie e gli amici spesso si riuniscono per guardare film o serie TV attraverso una varietà di dispositivi, trasformando l'esperienza in un evento sociale. Questa condivisione di contenuti è spesso sostenuta da funzionalità di condivisione online e di streaming su dispositivi multipli. Un cambiamento significativo è la democratizzazione dell'accesso ai contenuti. Le piattaforme di streaming hanno reso l'arte cinematografica e televisiva più accessibile, eliminando le barriere legate al costo dei biglietti e al tempo trascorso al cinema. Questo ha ampliato la platea di spettatori, consentendo a una gamma più ampia di persone di godere di contenuti audiovisivi. Va notato che l'accesso alla connessione a internet e alle piattaforme di streaming può essere diseguale, creando disparità nell'accesso ai contenuti. La competizione dello streaming ha portato a una maggiore diversità di contenuti e voci rappresentate. Le piattaforme producono o acquistano una vasta gamma di contenuti, inclusi film e serie TV di diversi generi e stili. Questo ha aperto le porte a storie provenienti da tutto il mondo e a una maggiore rappresentazione di personaggi di diversi background etnici, di genere e sessualità. Questo impatto sociologico è stato fondamentale nel promuovere una maggiore inclusione e diversità nel mondo dell'intrattenimento. La competizione delle piattaforme di streaming ha anche sollevato questioni legate alla privacy e alla sicurezza. La raccolta di dati da parte delle piattaforme per personalizzare le esperienze degli utenti ha portato a preoccupazioni sulla privacy e sulla sicurezza dei dati personali. Queste questioni sono diventate un argomento di discussione sia sul piano sociale che legale, influenzando il modo in cui le persone si relazionano alle piattaforme di streaming. La competizione delle piattaforme di streaming ha avuto impatti psicologici e sociologici significativi sul modo in cui le persone consumano i contenuti audiovisivi. Ha influenzato le aspettative degli spettatori, promosso la personalizzazione e la pratica della binge-watching e cambiato il modo in cui le persone si riuniscono per condividere l'esperienza cinematografica. Allo stesso tempo, ha contribuito a una maggiore diversità e rappresentazione nelle storie raccontate e sollevato questioni relative alla privacy e alla sicurezza dei dati. La competizione dello streaming continua a ridefinire il panorama dell'industria cinematografica e l'interazione sociale dei suoi spettatori.

L'arte e il cinema d'autore

L'arte e il cinema d'autore rappresentano una parte cruciale della cinematografia, distinguendosi spesso dai blockbuster e dalle serie cinematografiche per la loro visione artistica unica e il loro approccio narrativo e cult nelle società. Queste opere influenzano la percezione individuale e la società nel suo insieme, creando modi di dire, scene indelebili nell'immaginario collettivo. Il cinema d'autore spesso presenta storie complesse e personaggi sfaccettati, richiedendo uno sforzo maggiore da parte degli spettatori. Questo implica una maggiore partecipazione mentale, poiché il pubblico deve essere disposto a immergersi in narrazioni più sottili e articolate. Tale partecipazione mentale può avere un impatto psicologico significativo, poiché gli spettatori sono chiamati a riflettere sul significato e le implicazioni delle opere d'autore. Un impatto rilevante è l'arricchimento cognitivo. Il cinema d'autore spesso affronta temi complessi, sfide esistenziali e dilemmi etici che richiedono una riflessione più profonda da parte degli spettatori. Questa riflessione può portare a una maggiore comprensione e consapevolezza dei problemi umani e sociali, stimolando la crescita mentale e intellettuale. Il cinema d'autore può sfidare le aspettative degli spettatori e spingere i limiti delle convenzioni narrative, creando uno stato psicologico di incertezza in cui gli spettatori sono costantemente tenuti in bilico tra l'aspettativa e la sorpresa. Questa sfida psicologica può portare a un maggiore coinvolgimento emotivo e una connessione più profonda con il film, poiché gli spettatori sono costantemente stimolati a pensare e sentire in modi nuovi e inaspettati.

Dal punto di vista sociologico, il cinema d'autore svolge un ruolo cruciale nel fornire una diversità di voci e prospettive. Queste opere esplorano spesso tematiche culturali, sociali e politiche in modi innovativi, promuovendo una maggiore comprensione e sensibilizzazione. Il cinema d'autore può sollevare questioni importanti e mettere in luce le sfide della società, incoraggiando il dialogo e la riflessione collettiva. Contribuisce anche a una maggiore inclusione e rappresentazione, cercando di dare voce a una gamma più ampia di voci, inclusi personaggi di diverse etnie, orientamenti sessuali e identità di genere. Il cinema d'autore, a causa della sua natura spesso sperimentale e non convenzionale, potrebbe non raggiungere un vasto pubblico, creando fallimenti ed insuccessi. Ecco perchè questo genere di film viene spesso considerato di nicchia. Questo solleva questioni legate al supporto finanziario necessario per portare le loro visioni artistiche sullo schermo. Il cinema d'autore potrebbe richiedere un maggiore coinvolgimento da parte degli spettatori, il che potrebbe non essere adatto a tutti i gusti o a tutte le capacità di fruizione. Il cinema d'autore può essere una fonte di ispirazione per nuovi talenti e registi emergenti, stimolando la creatività e l'innovazione nel cinema. Questo contribuisce a nuove prospettive e stili, arricchendo l'industria cinematografica nel suo insieme. Il cinema d'autore ha impatti psicologici e sociologici significativi, richiedendo uno sforzo maggiore da parte degli spettatori, stimolando la riflessione e l'arricchimento cognitivo. Rimane però, una forma di cinema di nicchia che potrebbe non essere adatta a tutti i pubblici, creando sfide finanziarie per i registi d'autore e richiedendo un livello maggiore di coinvolgimento da parte degli spettatori. La cultura del cinema è come una festa a sorpresa che arriva ogni giorno, con le sue opere, i suoi miti e i suoi rituali che giocano un ruolo significativo nelle nostre vite quotidiane. In questo giro nel dietro le quinte, esamineremo gli impatti psicologici e sociologici di come il cinema si insinui nelle nostre giornate, influenzi le nostre azioni e plasmi il nostro senso di identità e comunità. Il cinema è il maestro dell'intrattenimento e della narrazione, con il potere di scuotere il nostro immaginario individuale e collettivo. Nella danza degli schermi e delle storie, la cultura cinematografica nella vita di tutti i giorni ci regala una serie di effetti speciali. Prima fila, gli impatti psicologici. Il cinema è come la tregua dalla realtà, offrendo un passaporto per mondi fantastici, viaggi nel tempo e esplorazioni in luoghi lontani. Una fuga che è puro sollievo psicologico, un modo per rilassarsi e mettere in pausa lo stress quotidiano. E non dimentichiamoci dell'empatia! Guardare film che esplorano esperienze umane diverse ci rende più empatici, permettendoci di camminare nei panni dei personaggi e condividere le loro sfide e vittorie. Come dire, ci siamo dentro. Il cinema è il regista delle nostre aspirazioni e valori. I personaggi e le storie cinematografiche spesso incarnano eroi e anti-eroi, influenzando così le nostre ambizioni e i nostri principi. Siamo ispirati da personaggi coraggiosi, gentili o innovativi, e chi l'avrebbe detto che un film potrebbe spingerci a esplorare la nostra creatività? Gli spettatori spesso escono dalla sala con la voglia di scrivere, disegnare, recitare o persino realizzare il loro film.

E non dimentichiamoci del potere del cinema sulla nostra identità. I nostri gusti cinematografici spesso diventano parte integrante di chi siamo, contribuendo a definire la nostra identità individuale e il senso di appartenenza a una comunità culturale. In pratica, il cinema è come il trucco che mettiamo per presentarci al mondo. Passiamo ora al set sociologico. Il cinema è più di una lingua: è un linguaggio che crea nuovi termini, frasi e modi di comunicare nella lingua comune. Le citazioni da film sono moneta corrente nelle nostre conversazioni quotidiane, influenzando il modo in cui parliamo e interagiamo. Il cinema crea anche una cultura di fandom, con i fan che si riuniscono online e offline, condividendo passioni, discutendo di trame e creando arte ispirata ai film. Una vera e propria crew di appassionati pronti a difendere il loro film preferito! Ma c'è di più. Il cinema è un regista delle tradizioni e dei rituali sociali. Dai film natalizi alle commedie romantiche che plasmano le nostre aspettative sulle relazioni amorose, il cinema è coinvolto in ogni celebrazione e festa. E non è solo spettacolo, ma anche educazione sociale, affrontando temi importanti come giustizia, discriminazione, guerra e ambiente. Una sorta di professore che ci tiene informati sulla realtà del mondo.

La teoria dello specchio

Il cinema ha sempre giocato un ruolo cruciale nel riflettere, influenzare e commentare gli eventi sociali, politici e culturali del suo tempo. In questa analisi, esamineremo gli impatti psicologici e sociologici di come il cinema funge da specchio della società, influenzando la percezione individuale e la consapevolezza collettiva. Il cinema come specchio della società può avere un profondo impatto psicologico sui suoi spettatori, poiché offre un'opportunità di esplorare temi complessi, questioni sociali e sfide umane. Questo strumento stimola la riflessione sull'identità e sull'appartenenza, portando a una maggiore consapevolezza di sé stessi e del proprio posto nella società. Allo stesso modo, film che affrontano questioni emotive e sociali generano un coinvolgimento emotivo intenso, permettendo agli spettatori di sperimentare una vasta gamma di emozioni, dall'empatia alla rabbia, dalla tristezza alla gioia. Queste emozioni possono avere un impatto duraturo sulla psiche degli spettatori e influenzare la percezione delle questioni sociali. Dal punto di vista della riflessione critica, il cinema può promuovere la consapevolezza delle ingiustizie sociali e delle sfide globali, spingendo gli spettatori a interrogarsi sulle questioni affrontate e a cercare soluzioni o azioni concrete. Il cinema ha il potere di sensibilizzare il pubblico su questioni sociali importanti attraverso film documentari che trattano temi come il cambiamento climatico, i diritti umani o la disuguaglianza economica. La rappresentazione di personaggi cinematografici può anche influenzare le aspettative sociali, modellando le attitudini e i comportamenti nei confronti di diversi gruppi sociali. Dal punto di vista sociologico, il cinema come specchio della società svolge un ruolo chiave nella costruzione della memoria collettiva e nell'influenza sul dibattito pubblico. Contribuisce alla memoria collettiva attraverso la rappresentazione di eventi storici e tragedie significative, plasmando così la percezione di tali avvenimenti e influenzando la narrazione storica. Il cinema può influenzare l'opinione pubblica e l'agenda politica, portando all'attenzione del pubblico questioni sociali rilevanti e spingendo all'azione sociale. La diversità culturale è promossa attraverso il cinema internazionale, che offre una finestra sulle culture di tutto il mondo, favorendo il dialogo interculturale e una maggiore comprensione tra le nazioni. Infine, il cinema può dare voce a gruppi e storie spesso trascurate o sotto rappresentate, contribuendo a una maggiore inclusione e rappresentazione delle minoranze all'interno della società. Va notato che il cinema come specchio della società può essere oggetto di critiche per la sua capacità di distorcere la realtà o perpetuare stereotipi. Pertanto, è importante esercitare la critica e la consapevolezza nell'interpretazione dei messaggi cinematografici. Il cinema ha impatti psicologici e sociologici significativi, influenzando la percezione individuale, la consapevolezza collettiva e l'agenda pubblica. Questo strumento stimola il coinvolgimento emotivo, promuove la riflessione critica e sensibilizza il pubblico su questioni sociali importanti, contribuendo così alla costruzione della società e della cultura in cui viviamo.

Il cinema, con la sua storia ricca e la sua capacità di adattamento, sta vivendo una nuova era nell'ambito digitale. In questa analisi, esamineremo gli impatti psicologici e sociologici del futuro del cinema nella società digitale, tenendo conto delle tendenze emergenti e delle sfide che l'industria cinematografica deve affrontare. Il passaggio all'era digitale ha rivoluzionato il modo in cui il cinema è prodotto, distribuito e consumato, con notevoli impatti psicologici sul pubblico. Le piattaforme di streaming e i servizi on-demand hanno reso il cinema più accessibile e conveniente che mai, integrandolo nella vita quotidiana e influenzando la gestione del tempo libero delle persone. La possibilità di pausare, riavvolgere e guardare su dispositivi mobili ha introdotto una nuova era di accessibilità e comodità. La cultura della gratificazione immediata è stata potenziata dalla facilità di accesso a una vasta libreria di contenuti. Gli spettatori si aspettano di trovare rapidamente i contenuti desiderati, influenzando la loro capacità di concentrazione e pazienza. Al contempo, l'uso eccessivo del binge-watching, ossia guardare più episodi o film in una sola sessione, è diventato comune, portando a un coinvolgimento profondo nella trama ma anche sollevando preoccupazioni riguardo all'isolamento sociale e all'interferenza con il sonno. La personalizzazione offerta dalle piattaforme di streaming attraverso algoritmi avanzati presenta un doppio lato: se da un lato migliora l'esperienza di fruizione, dall'altro può creare una "camera di risonanza", limitando l'esposizione a nuove idee e punti di vista. Le aspettative degli spettatori stanno cambiando, con una crescente richiesta di contenuti di alta qualità, produzione sofisticata e sceneggiatura ben curata. Sotto il profilo sociologico, il futuro del cinema digitale presenta diverse sfide e opportunità. La vasta gamma di contenuti offerti dalle piattaforme di streaming contribuisce alla rappresentazione di storie da tutto il mondo e di personaggi diversificati, promuovendo così l'inclusione e la diversità. E' importante notare che l'accesso a tali piattaforme richiede connessione a internet e dispositivi adeguati, creando disparità nell'accesso che sollevano preoccupazioni sull'equità e l'accessibilità culturale. Il cinema digitale fornisce una piattaforma cruciale per la rappresentazione di minoranze e questioni sociali importanti, contribuendo al dibattito pubblico e alla consapevolezza sociale. L'industria cinematografica tradizionale sta affrontando la concorrenza delle piattaforme digitali, determinando cambiamenti nelle strategie di produzione e distribuzione che influenzano le aspettative degli spettatori. Il cinema digitale ha dato vita a comunità online di appassionati di film, che condividono interessi, discutono trame e partecipano a eventi legati al cinema. Queste comunità favoriscono un senso di appartenenza e identità di gruppo. Il futuro del cinema nella società digitale sta influenzando profondamente sia il piano psicologico che sociologico. Mentre offre maggiori accessibilità, comodità e diversità di contenuti, presenta delle problematiche relative all'uso eccessivo, alle disparità nell'accesso e alla limitata esposizione a punti di vista diversi. L'evoluzione del cinema digitale apre anche nuove possibilità per la rappresentazione delle minoranze e il coinvolgimento del pubblico. L'industria cinematografica deve affrontare queste sfide in modo proattivo per plasmare un futuro in cui il cinema digitale contribuisca in modo positivo alla cultura e alla società.

SMARTPHONE E INTERNET

La connessione costante

Negli ultimi decenni, gli smartphone hanno introdotto una costante connessione con il mondo digitale, portando a profonde e complesse trasformazioni nelle dinamiche delle relazioni interpersonali. Questa costante accessibilità ai mezzi di comunicazione e alle informazioni è un fenomeno senza precedenti nella storia umana, con profondi impatti sia a livello psicologico che sociologico. Un aspetto centrale dei nostri tempi è la dipendenza dagli smartphone. Molte persone, indipendentemente dall'età, hanno sviluppato una sorta di legame quasi simbiotico con i loro dispositivi mobili. La dipendenza dagli smartphone è un fenomeno psicologico ben documentato, con conseguenze che vanno ben oltre la semplice convenienza di essere sempre connessi. L'ansia da separazione da uno smartphone è diventata una condizione psicologica concreta, con individui che sperimentano una vera e propria agitazione quando sono distanti dai loro dispositivi. Questa dipendenza può portare a comportamenti ossessivi, come il costante controllo del telefono, la verifica compulsiva delle notifiche o la difficoltà a spegnere il dispositivo durante situazioni sociali. Tale dipendenza può innescare reazioni fisiologiche, come un aumento dei livelli di cortisolo (l'ormone dello stress) quando una persona si rende conto di aver dimenticato il proprio smartphone a casa o in ufficio. Un altro impatto psicologico notevole è la cosiddetta "FOMO" (Fear of Missing Out, ovvero Paura di Perdere Qualcosa). Questa paura è alimentata dalla possibilità di accedere costantemente ai social media e ai flussi di notizie, e le persone spesso si sentono obbligate a partecipare agli eventi digitali e a condividere ogni aspetto delle loro vite online per evitare di sentirsi escluse. La paura di non essere al passo con ciò che gli altri condividono online e di perdere i trend del momento può aumentare i livelli di stress e ansia, spingendo le persone a dedicare una quantità sproporzionata di tempo alla loro presenza online. Questo comportamento, a lungo termine, può avere un impatto negativo sulla salute mentale, poiché può portare a sensazioni di inadeguatezza, stress e depressione. Oltre alla dipendenza e alla FOMO, l'uso eccessivo degli smartphone ha un impatto sulla percezione del proprio corpo. La costante esposizione a contenuti digitali, che spesso ritraggono immagini idealizzate e ritoccate, può portare a una maggiore insoddisfazione corporea. Gli individui sono costantemente esposti a immagini di bellezza irraggiungibile, che spesso non riflettono la realtà. Questo può innescare un ciclo di autostima bassa e insicurezza, poiché le persone cercano di adattarsi a standard irrealistici. La comparazione con gli altri online può anche alimentare sentimenti di inadeguatezza, in quanto si confrontano costantemente con la vita apparentemente perfetta delle persone sui social media. La ricerca di validazione online attraverso like, commenti e condivisioni può diventare una fonte insidiosa di gratificazione, portando alcune persone a mettere in gioco la propria autenticità per ricevere queste forme di riconoscimento virtuale. Un altro impatto psicologico è il sovraccarico cognitivo e l'ansia da informazione. La costante esposizione a notizie, notifiche, messaggi e altre forme di informazione digitale può portare a una sovraccarico delle capacità cognitive. Gli individui possono sentirsi costantemente stimolati e in allerta, incapaci

di staccarsi dai loro dispositivi per paura di perdere qualcosa.
Questo costante stato di iperconnessione può causare stress e
ansia, oltre a ridurre la capacità di concentrarsi su compiti
importanti o di godere appieno di momenti di relax.
Oltre agli impatti psicologici, la costante connessione
attraverso gli smartphone ha provocato profonde
trasformazioni nelle dinamiche sociali. Un impatto evidente
è l'isolamento digitale, un fenomeno in cui le persone
trascorrono sempre più tempo interagendo con i dispositivi
e meno tempo interagendo faccia a faccia con gli altri.
L'isolamento digitale può compromettere la qualità delle
relazioni personali e la coesione sociale, poiché le interazioni
online spesso mancano del contatto umano diretto, della
comunicazione non verbale e dell'empatia. La comunicazione
digitale può essere efficace per la trasmissione di informazioni,
ma spesso manca della ricchezza delle interazioni faccia a
faccia. Un altro impatto sociale rilevante è la mancanza
di attenzione nelle interazioni sociali. L'uso costante degli
smartphone durante gli incontri sociali può ridurre la qualità
delle conversazioni e diminuire la capacità di ascolto attivo.
Le persone spesso si trovano distratte da notifiche, messaggi
o la tentazione di consultare il proprio dispositivo durante
una conversazione. Ciò può minare la comprensione reciproca
e la connessione emotiva tra gli individui. In un'epoca
in cui la comunicazione è così centrale, la mancanza di
attenzione può avere un impatto significativo sulla qualità
delle relazioni personali, sul successo delle interazioni sociali
e sulla nostra capacità di costruire connessioni significative
con gli altri. Gli smartphone hanno un ruolo complesso
nelle relazioni romantiche. Da un lato, consentono una
comunicazione costante, consentendo alle coppie di rimanere
in contatto anche a distanza. Le chiamate video, i messaggi
istantanei e le app di incontri hanno reso possibile mantenere
relazioni interpersonali significative anche quando le persone
sono fisicamente separate. Dall'altro lato, gli smartphone
possono causare conflitti legati all'uso eccessivo e all'infedeltà

digitale. La trasparenza delle comunicazioni online ha reso più facile scoprire comportamenti sospetti o conversazioni segrete, il che può portare a conflitti e sfiducia nelle relazioni romantiche. Il costante accesso a un mondo di opzioni attraverso le app di incontri può portare a una mentalità "butto il vecchio e provo il nuovo", mettendo a dura prova la stabilità delle relazioni esistenti.

Il ruolo delle app di social media

Le app di social media sui dispositivi mobili sono diventate un aspetto centrale delle relazioni sociali. Queste piattaforme consentono agli individui di connettersi con amici, familiari e colleghi, di esprimere le proprie opinioni e di condividere momenti della propria vita. Il ruolo dei social media va oltre la semplice comunicazione. Queste piattaforme sono diventate luoghi in cui le persone costruiscono e proiettano le proprie identità digitali. Gli utenti curano le loro immagini online, selezionando accuratamente ciò che condividono per presentare una versione idealizzata di sé stessi. Questa costruzione di identità digitale può portare a una disconnessione tra il mondo online e il mondo reale. Le persone possono sentirsi spinte a essere "chi dovrebbero essere" online, piuttosto che esprimere la loro autenticità. Il ruolo dei social media nella diffusione delle notizie e delle informazioni è cruciale. La rapidità con cui le notizie si diffondono attraverso queste piattaforme ha un impatto significativo sull'opinione pubblica e sulla percezione della realtà. Le notizie false e fuorvianti possono facilmente diventare virali, influenzando il pensiero collettivo e generando polarizzazione. La capacità delle persone di creare bolle informative online, circondandosi di contenuti e opinioni che confermano le proprie credenze, ha contribuito a una crescente divisione nella società. Gli smartphone hanno anche sollevato importanti questioni sulla privacy e la sorveglianza digitale. Mentre la connessione costante ci offre un accesso senza precedenti all'informazione e ai servizi, questa connessione ha un prezzo. Le aziende tech raccolgono una vasta quantità di dati sui comportamenti degli utenti, dai siti web visitati alle app utilizzate, alle posizioni geografiche. Questi dati sono spesso utilizzati per scopi di profilazione e mirati, compresa la pubblicità personalizzata. Mentre molte persone apprezzano la personalizzazione delle esperienze online, questa raccolta di dati solleva preoccupazioni significative sulla privacy e la sicurezza delle informazioni personali. La consapevolezza della raccolta di dati da parte delle aziende ha portato molte persone a essere più caute nella condivisione di informazioni online. La sorveglianza digitale da parte delle autorità governative è diventata una questione importante. La capacità di monitorare le comunicazioni digitali ha implicazioni profonde per la privacy e la sicurezza delle persone. Le leggi sulla sorveglianza variano da paese a paese, e ciò solleva domande cruciali sulla bilancia tra la sicurezza nazionale e la tutela delle libertà individuali. La tensione tra la necessità di sicurezza e la protezione della privacy rimane uno dei temi più dibattuti nell'era degli smartphone. In questo contesto complesso di impatti psicologici e sociologici, diventa chiaro che c'è una necessità di bilanciare l'uso degli smartphone con le relazioni interpersonali. La consapevolezza dell'uso e delle sue conseguenze è il primo passo per affrontare queste sfide. Gli individui devono essere in grado di gestire in modo consapevole il proprio tempo e l'uso dei dispositivi, riconoscendo quando la dipendenza o l'uso eccessivo sta avendo un impatto negativo sulla loro vita. Le strategie di gestione del tempo, come il "digital detox" o l'uso consapevole degli smartphone, possono aiutare a ripristinare un equilibrio tra la vita online e offline. Si dovrebbe promuovere l'alfabetizzazione digitale e la consapevolezza dell'uso dei dati personali. Gli individui dovrebbero comprendere come funzionano le app e i servizi online, nonché le implicazioni per la privacy e la sicurezza. L'educazione sulla privacy online dovrebbe diventare parte integrante dell'educazione moderna, preparando le nuove generazioni a navigare in modo sicuro e consapevole nell'era digitale.

Questi esposti sono gli impatti attuali della costante connessione fornita dagli smartphone, ma è importante anche esaminare le prospettive future. Le teorie psicologiche e sociologiche continueranno a evolversi per comprendere meglio questi fenomeni e sviluppare strategie per mitigarne gli impatti negativi. Le ricerche future dovrebbero esaminare in che modo la connessione costante influenzerà il futuro delle relazioni umane, delle dinamiche sociali e della salute mentale. La connessione costante fornita dagli smartphone ha portato a impatti psicologici e sociologici significativi. La dipendenza dagli smartphone, la FOMO, la pressione sulla percezione del corpo, il sovraccarico cognitivo, l'isolamento digitale, l'attenzione ridotta nelle interazioni sociali e molti altri aspetti richiedono un'attenzione particolare. Per affrontare queste sfide, è essenziale sviluppare una maggiore consapevolezza dell'uso degli smartphone e trovare un equilibrio tra la vita online e offline. E' fondamentale continuare a esplorare le implicazioni psicologiche e sociologiche dell'era degli smartphone, in modo da adattarsi in modo costruttivo a questa nuova realtà digitale.

La dipendenza da smartphone

Uno dei principali aspetti psicologici derivanti dalla costante connessione offerta dagli smartphone è la dipendenza da questi dispositivi. La dipendenza da smartphone è diventata una problematica psicologica sempre più rilevante in una società in cui i dispositivi mobili sono onnipresenti. Questo fenomeno ha profondi impatti a livello individuale e sociale, influenzando la qualità delle relazioni personali e la salute mentale delle persone coinvolte. La dipendenza da smartphone è caratterizzata da un irresistibile desiderio di utilizzare il dispositivo in modo incontrollato, spesso a scapito delle responsabilità quotidiane e delle relazioni personali. Gli impatti psicologici di questa dipendenza sono molteplici e sfaccettati. Innanzitutto, l'uso eccessivo degli smartphone può portare a una significativa riduzione della qualità del sonno. La pratica comune di tenere il telefono accanto al letto e controllarlo prima di dormire può influire negativamente sulla quantità e sulla qualità del sonno. La luce blu emessa dai dispositivi mobili può interrompere i ritmi circadiani, rendendo più difficile addormentarsi. Il costante stimolo delle notifiche e la tentazione di controllare il telefono durante la notte possono interrompere il sonno e portare a una riduzione del riposo necessario per il benessere fisico e mentale. La dipendenza da smartphone può anche causare un aumento dei livelli di stress e ansia. La costante preoccupazione di essere sempre connessi e di rispondere immediatamente alle notifiche può generare un senso di iperattivazione e ansia costante. Gli individui possono sentirsi sotto pressione a rispondere a messaggi, email o notifiche sui social media in tempo reale, e questa costante "pressione" può essere fonte di stress cronico. La dipendenza da smartphone può anche portare a sintomi di astinenza quando il dispositivo non è disponibile, tra cui agitazione, irritabilità e ansia. Un altro impatto psicologico significativo è la ridotta capacità di concentrazione e di attenzione. L'uso costante degli smartphone durante le attività quotidiane può compromettere la capacità di concentrazione su compiti importanti. La costante interruzione da parte delle notifiche può minare la profondità dell'attenzione e rendere difficile il completamento di compiti complessi. Questo ha implicazioni per il rendimento lavorativo e accademico, oltre a ridurre la capacità di godere appieno dei momenti di relax e delle interazioni sociali. La dipendenza da smartphone può anche influire sulla salute mentale attraverso l'isolamento sociale. Anche se questi dispositivi sono spesso concepiti per favorire la connessione e la comunicazione, il loro uso eccessivo può portare a un ritiro dalla comunicazione faccia a faccia. Le persone possono preferire le interazioni digitali, che offrono una maggiore controllabilità e distanza emotiva rispetto alle interazioni personali. Questo può portare a sentimenti di solitudine e all'isolamento sociale, con conseguenze negative sulla salute mentale.

A livello sociologico, la dipendenza da smartphone può avere conseguenze notevoli. Questa dipendenza può influenzare in modo significativo la qualità delle relazioni personali e le dinamiche sociali. Uno dei modi in cui la dipendenza da smartphone influisce sulle relazioni sociali è attraverso la mancanza di attenzione nelle interazioni. Quando le persone sono costantemente impegnate a controllare il proprio smartphone durante incontri o conversazioni, la qualità delle interazioni sociali ne risente. La capacità di ascolto attivo è compromessa, e la comunicazione diventa superficiale. Questo mina la comprensione reciproca e la connessione emotiva tra le persone, con un impatto negativo sulle relazioni personali. La dipendenza da smartphone può portare a una forma di isolamento digitale. Le persone possono trascorrere così tanto tempo online, in particolare sui social media, che trascurano le relazioni offline. Questo fenomeno è particolarmente evidente tra i giovani, che possono preferire le interazioni digitali alle interazioni faccia a faccia. L'isolamento digitale può portare a un deterioramento delle competenze sociali e a sentimenti di solitudine, in quanto le relazioni virtuali spesso mancano dell'autenticità e della profondità delle interazioni personali. La dipendenza da smartphone può anche influire negativamente sulla vita familiare. I membri della famiglia possono sentirsi trascurati quando uno o più membri della famiglia sono costantemente assorbiti nei loro dispositivi. Questo può portare a una mancanza di comunicazione all'interno della famiglia, con un impatto negativo sulle relazioni familiari e sulla coesione familiare.

Dipendenza nelle diverse fasce di età

La dipendenza da smartphone non risparmia nessun gruppo di età. Mentre spesso si associa ai giovani, è importante sottolineare che le persone di tutte le età possono sviluppare questa dipendenza. I giovani cresciuti con gli smartphone, come i membri della Generazione Z, possono essere particolarmente vulnerabili, poiché sono cresciuti con questi dispositivi e li utilizzano in modo intensivo fin dall'infanzia. Anche gli adulti possono sviluppare una dipendenza da smartphone, in quanto questi dispositivi sono diventati una parte essenziale della vita quotidiana per molte persone. Per i giovani, la dipendenza da smartphone può influenzare negativamente la loro formazione sociale e cognitiva. La costante connessione può limitare il tempo trascorso all'aperto e l'interazione con i coetanei, con conseguenze per lo sviluppo delle competenze sociali e della creatività. L'uso eccessivo degli smartphone può portare a una minore attenzione in classe e a una riduzione delle prestazioni accademiche. Per gli adulti, la dipendenza da smartphone può influire sulla vita professionale e familiare. L'uso costante del telefono durante le ore di lavoro può portare a una minore produttività e a conflitti con i colleghi e i superiori. In famiglia, la dipendenza da smartphone può portare a una mancanza di tempo trascorso con i propri cari e può creare tensioni nelle relazioni familiari.

Affrontare la dipendenza da smartphone richiede consapevolezza e azione. Esistono diverse strategie che possono aiutare a gestire questa dipendenza e a mitigarne gli impatti psicologici e sociali.

1. Riconoscere il problema: Il primo passo per affrontare la dipendenza da smartphone è riconoscere che esiste un problema. È importante essere onesti con se stessi e valutare quanto tempo si trascorre con il telefono e in che modo ciò influisce sulla vita quotidiana.

2. Impostare limiti: Stabilire limiti sull'uso degli smartphone è fondamentale. Questi limiti possono includere restrizioni sull'uso del telefono durante le ore di lavoro o durante i pasti, nonché limiti di tempo per l'uso dei social media.

3. Utilizzare le funzioni di controllo del tempo: La maggior parte degli smartphone offre funzionalità di controllo del tempo, che consentono di impostare limiti giornalieri sull'uso di determinate app. Utilizzare queste funzioni può aiutare a ridurre l'uso eccessivo.

4. Praticare il "digital detox": Periodicamente, è utile fare un "digital detox" in cui ci si disconnette completamente dai dispositivi per un periodo di tempo. Questo può essere un fine settimana, una giornata o anche solo alcune ore. Questo aiuta a ripristinare un senso di controllo e consapevolezza sull'uso dei dispositivi.

5. Cercare supporto: Se la dipendenza da smartphone è particolarmente grave, può essere utile cercare supporto professionale da uno psicologo o terapeuta specializzato in dipendenze comportamentali.

6. Promuovere l'interazione faccia a faccia: È importante promuovere l'interazione faccia a faccia con amici, familiari e colleghi. Trascorrere del tempo con le persone in modo reale, con conversazioni significative e attenzione reciproca, può contribuire a mitigare l'isolamento digitale e migliorare la qualità delle relazioni.

La dipendenza da smartphone è diventata un fenomeno psicologico e sociale significativo nell'era della costante connessione. Gli impatti psicologici includono problemi di sonno, ansia, ridotta capacità di concentrazione e isolamento sociale. A livello sociale, la dipendenza da smartphone può portare a una mancanza di attenzione nelle interazioni e all'isolamento digitale. Affrontare questa dipendenza richiede consapevolezza e azione, con la necessità di stabilire limiti sull'uso dei dispositivi e promuovere l'interazione faccia a faccia. In futuro, è importante continuare a esplorare come la dipendenza da smartphone influenzi la società e trovare modi per mitigarne gli impatti negativi, in modo da favorire relazioni interpersonali più sane e uno sviluppo psicologico positivo.

Isolamento

L'uso eccessivo degli smartphone ha portato a un fenomeno noto come "isolamento digitale", un termine che descrive una situazione in cui le persone si ritirano dalla comunicazione faccia a faccia a favore di interazioni digitali. Questo fenomeno ha implicazioni significative per la società in termini di coesione sociale e per la salute mentale degli individui coinvolti. Analizziamo dettagliatamente gli impatti psicologici e sociologici dell'isolamento digitale e come esso stia plasmando la nostra vita in un'era di costante connessione. L'isolamento digitale può avere profonde conseguenze sulla salute mentale delle persone coinvolte. Una delle manifestazioni più evidenti di questo impatto è la crescente sensazione di solitudine. Anche se le persone possono essere costantemente connesse attraverso i social media, le relazioni online spesso mancano della profondità e dell'autenticità delle interazioni personali. Gli individui possono sentirsi isolati emotivamente, poiché mancano loro il contatto umano diretto, la comunicazione non verbale e l'empatia. La solitudine può portare a una serie di problemi di salute mentale, tra cui depressione e ansia. Le persone che si sentono solitarie possono sperimentare un senso di vuoto e inadeguatezza, con un impatto negativo sulla loro autostima. L'isolamento digitale può portare a una sensazione di disconnessione dalla realtà, poiché le persone possono ritrovarsi intrappolate in mondi virtuali, lontane dalla vita reale. Un altro impatto psicologico importante è l'incapacità di sviluppare le competenze sociali necessarie per le relazioni personali. Le interazioni digitali possono mancare di molti degli elementi chiave delle comunicazioni personali, come la comunicazione non verbale, l'empatia e la gestione dei conflitti. Questo può portare a una generazione di individui che hanno difficoltà a stabilire relazioni significative, a risolvere conflitti in modo costruttivo e a leggere le emozioni degli altri. L'isolamento digitale può portare all'ansia da mancanza di privacy. Mentre molte persone condividono dettagli intimi della propria vita online, possono anche sperimentare ansia riguardo a chi può avere accesso a queste informazioni. La paura di essere giudicati o di subire un'invadenza della privacy può portare a una sorta di "ipersorveglianza digitale", in cui le persone sono costantemente preoccupate per ciò che condividono e con chi. A livello sociologico, l'isolamento digitale ha conseguenze significative per la coesione sociale e per la dinamica delle comunità. Uno dei principali impatti è la creazione di "bolla informativa". Le persone tendono a circondarsi online di contenuti e opinioni che confermano le proprie credenze e opinioni, creando una visione del mondo altamente selettiva. Questo fenomeno può portare a una crescente polarizzazione della società, in cui le persone sono esposte solo a opinioni simili alle proprie e non sono esposte a punti di vista alternativi. Questo può ostacolare il dialogo e la comprensione reciproca, minando la coesione sociale e favorendo la divisione. L'isolamento digitale può influenzare la partecipazione civica e politica. Mentre le persone possono partecipare attivamente alle discussioni online, queste interazioni spesso mancano dell'impatto delle azioni nella vita reale. Le persone possono sentirsi coinvolte solo nell'ambito virtuale e possono trascurare il coinvolgimento attivo nella loro comunità o nella società in generale. Questo può avere conseguenze per la responsabilità civica e per la partecipazione democratica. L'isolamento digitale può anche influenzare la dinamica delle relazioni familiari. I membri delle famiglie possono passare sempre più tempo in solitudine, ciascuno con il proprio dispositivo, piuttosto che trascorrere tempo insieme e comunicare. Questo può portare a una mancanza di coesione familiare e a una riduzione delle opportunità di creare legami familiari significativi. Può essere difficile per i genitori insegnare ai propri figli l'importanza delle interazioni personali e delle abilità sociali quando essi stessi sono costantemente immersi nell'uso degli smartphone.

L'isolamento digitale non è limitato a una specifica fascia d'età, ma può colpire individui di tutte le età. Le dinamiche dell'isolamento digitale possono variare però tra le diverse generazioni. Nei giovani, l'isolamento digitale può portare a una minore partecipazione alle attività sociali tradizionali, come lo sport, le attività artistiche o i gruppi di giovani. I giovani possono preferire l'interazione online e trascorrere meno tempo con gli amici e la famiglia. Questo può influire sulla loro formazione sociale e sulle competenze sociali. Negli adulti, l'isolamento digitale può portare a una ridotta partecipazione alle attività comunitarie e alle relazioni di quartiere. Le persone possono sentirsi meno coinvolte nella loro comunità locale e meno inclini a partecipare a iniziative di volontariato o a sostenere organizzazioni locali. Ciò può influenzare la coesione sociale a livello locale. Affrontare l'isolamento digitale richiede sforzi sia a livello individuale che collettivo.

Ecco alcune strategie per mitigare gli impatti dell'isolamento digitale:

1. Promuovere l'interazione faccia a faccia: È essenziale incoraggiare le persone a trascorrere del tempo con gli altri in modo reale. Le attività sociali, come incontri tra amici, cene in famiglia e partecipazione a gruppi di interesse, possono favorire l'interazione faccia a faccia.

2. Creare spazi digitali bilanciati: Le comunità online possono essere importanti per il supporto e la connessione. E' importante bilanciare l'interazione online con l'interazione nella vita reale. Questo può essere fatto promuovendo l'uso responsabile degli smartphone e dei social media.

3. Educazione digitale: È fondamentale educare le persone, in particolare i giovani, sull'uso consapevole degli smartphone e dei social media. Le scuole e le famiglie possono insegnare l'importanza dell'equilibrio tra la vita online e offline.

4. Promuovere l'alfabetizzazione mediatica: L'alfabetizzazione mediatica può aiutare le persone a valutare

criticamente le informazioni online e a riconoscere le notizie false. Questa competenza può contribuire a combattere la polarizzazione e a favorire il dialogo civico.

5. Sostenere le relazioni familiari: Le famiglie possono creare regole e limiti sull'uso degli smartphone all'interno della famiglia per promuovere il tempo trascorso insieme. La comunicazione aperta tra i membri della famiglia è essenziale per affrontare l'isolamento digitale.

L'isolamento digitale è diventato un aspetto significativo della nostra vita nell'era degli smartphone. Gli impatti psicologici includono la solitudine, l'ansia, la mancanza di competenze sociali e l'iperattività digitale. A livello sociologico, l'isolamento digitale può portare alla polarizzazione della società, alla disconnessione dalla vita reale e all'isolamento delle comunità. Affrontare questo problema richiede un impegno sia individuale che collettivo, promuovendo l'interazione faccia a faccia, l'educazione digitale e l'alfabetizzazione mediatica. Solo attraverso sforzi congiunti possiamo affrontare l'isolamento digitale e preservare la coesione sociale e la salute mentale nella nostra società sempre più connessa.

La mancanza di attenzione nelle interazioni sociali

L'era degli smartphone ha portato a un fenomeno psicologico e sociale noto come la "mancanza di attenzione" nelle interazioni sociali. Questo fenomeno si riferisce al comportamento di essere costantemente distratti dagli smartphone durante incontri sociali, riducendo la qualità delle conversazioni e diminuendo la capacità di ascolto attivo. Esaminiamo in dettaglio gli impatti psicologici e sociologici di questa mancanza di attenzione nelle interazioni sociali e come essa stia influenzando le nostre relazioni e la società nel suo complesso.

Uno degli impatti psicologici più evidenti della mancanza di attenzione nelle interazioni sociali è la ridotta qualità delle conversazioni. Quando le persone sono costantemente impegnate a controllare i loro smartphone durante gli incontri sociali, la conversazione diventa superficiale e frammentata. Gli individui possono rispondere in modo distante o distratto, senza dare piena attenzione a ciò che sta accadendo nella conversazione. Questo può portare a una mancanza di comprensione reciproca e di connessione emotiva tra le persone. La mancanza di attenzione può portare a una ridotta capacità di ascolto attivo. L'ascolto attivo è una competenza chiave nelle interazioni sociali, che implica di ascoltare veramente ciò che l'altra persona sta dicendo, ponendo domande pertinenti e rispondendo in modo empatico. Qando le persone sono costantemente distratte dai loro smartphone, questa competenza viene compromessa. Le risposte possono diventare automatizzate o distanti, e l'empatia può essere sopraffatta dalla costante stimolazione digitale. L'uso costante degli smartphone durante le interazioni sociali può anche portare a un senso di disconnessione tra le persone. Quando una persona si immerge nel proprio dispositivo durante una conversazione, l'altra persona può percepire un rifiuto o un disinteresse nei propri confronti. Questo può causare tensioni nelle relazioni personali e portare a sentimenti di frustrazione e incomprensione. Un altro impatto psicologico rilevante è la riduzione dell'attenzione e della capacità di concentrarsi. Le costanti interruzioni causate dalle notifiche e dagli smartphone possono minare la profondità dell'attenzione delle persone. Questo può influenzare la loro capacità di svolgere compiti complessi o di approfondire le loro conoscenze. La mancanza di attenzione può anche portare a una maggiore sensazione di stress, poiché le persone possono sentirsi costantemente sopraffatte dalle richieste digitali. La mancanza di attenzione nelle interazioni sociali può portare a una sorta di "pressione sociale digitale". Le persone possono sentirsi costrette a rispondere rapidamente alle notifiche e alle richieste online, anche durante incontri sociali. Questa pressione può generare ansia e una sensazione di dover essere costantemente "connessi", senza la possibilità di rilassarsi e godere appieno delle interazioni personali. A livello sociologico, la mancanza di attenzione nelle interazioni sociali ha un impatto significativo sulle dinamiche sociali e sulle relazioni umane. Una delle principali conseguenze è la ridotta qualità delle interazioni sociali e delle conversazioni. Quando le persone sono costantemente distratte dai loro smartphone durante incontri sociali, la comunicazione diventa superficiale e frammentata. Questo può portare a una mancanza di comprensione reciproca e di connessione emotiva tra le persone, ovvero perdita della profondità nelle relazioni personali. Un altro impatto sociologico rilevante è la diffusione della cultura della multitasking nelle interazioni sociali. Le persone spesso cercano di bilanciare le conversazioni faccia a faccia con l'uso dei loro smartphone, passando rapidamente da un contesto all'altro. Questa tendenza può portare a un'attenzione divisa, con le persone che non riescono a dare piena attenzione né alle interazioni online né a quelle offline. Questo può influenzare negativamente la qualità delle conversazioni e delle relazioni. La mancanza di attenzione nelle interazioni sociali può anche influire sulla qualità delle relazioni familiari. Le famiglie possono trovare difficile trascorrere del tempo insieme senza essere costantemente distratte dai loro smartphone. Questo può portare a una mancanza di comunicazione e a una perdita di opportunità per rafforzare i legami familiari. La cultura della mancanza di attenzione nelle interazioni sociali può avere conseguenze per la vita lavorativa. Le persone possono portare le abitudini acquisite durante gli incontri sociali nei contesti professionali, con l'uso costante degli smartphone durante le riunioni e le discussioni di lavoro. Ciò può influire sulla produttività e sulla qualità del lavoro, poiché le persone non riescono a concentrarsi appieno sulle attività lavorative.

Abbiamo la stessa attenzione di un pesce rosso

La mancanza di attenzione nelle interazioni sociali non è limitata a una specifica fascia d'età, ma può influenzare individui di tutte le età. Nei giovani, come detto in precedenza, la mancanza di attenzione può influenzare le loro abilità sociali e le loro relazioni con i coetanei. I giovani sono spesso pesantemente coinvolti nei social media e possono essere tentati di controllare costantemente i loro smartphone durante le incontri sociali.

Questo comportamento può portare a una ridotta capacità di comunicare in modo efficace e di stabilire legami significativi con i loro coetanei. Negli adulti, la mancanza di attenzione può avere conseguenze sul lavoro e sulla vita familiare. Gli adulti possono portare il loro comportamento distratto negli ambienti lavorativi, con un impatto sulla produttività e sulla qualità delle relazioni professionali. In famiglia, la mancanza di attenzione può portare a una mancanza di comunicazione tra i membri della famiglia e a una riduzione delle opportunità di trascorrere del tempo insieme.
Combattere la mancanza di attenzione nelle interazioni sociali richiede sforzi sia a livello individuale che collettivo.

Ecco alcune strategie per mitigare gli impatti di questo fenomeno:

1. Praticare il "mindfulness": Il mindfulness è una tecnica che insegna a essere pienamente presenti nel momento. Questa pratica può aiutare le persone a prestare maggiore attenzione durante le interazioni sociali e a ridurre la distrazione causata dagli smartphone.

2. Impostare limiti personali: Stabilire limiti personali sull'uso degli smartphone durante incontri sociali può essere utile. Ad esempio, le persone possono decidere di mettere il telefono in modalità silenziosa o di tenerlo fuori dalla vista durante le conversazioni.

3. Promuovere l'etichetta digitale: Le persone possono promuovere un'etichetta digitale positiva, incoraggiando l'uso responsabile degli smartphone durante incontri sociali e rispettando le esigenze degli altri.

4. Comunicazione aperta: È fondamentale promuovere la comunicazione aperta tra i membri di una famiglia o tra colleghi di lavoro. Questo può contribuire a mitigare i conflitti legati alla mancanza di attenzione nelle interazioni sociali.

5. Educazione digitale: Le scuole e le famiglie possono insegnare ai giovani l'importanza dell'attenzione nelle interazioni sociali e dell'uso responsabile degli smartphone.

La mancanza di attenzione nelle interazioni sociali è diventata un fenomeno comune nell'era degli smartphone. Gli impatti psicologici includono la ridotta qualità delle conversazioni, la mancanza di attenzione attiva, la disconnessione tra le persone e la ridotta capacità di concentrazione. A livello sociologico, questo fenomeno influisce sulla qualità delle interazioni sociali, delle relazioni familiari e della vita lavorativa. Combattere la mancanza di attenzione richiede uno sforzo congiunto a livello individuale e collettivo, promuovendo il mindfulness, l'etichetta digitale e la comunicazione aperta. Solo attraverso questi sforzi possiamo preservare la qualità delle nostre relazioni sociali e la profondità delle nostre interazioni personali in un'era di costante connessione digitale.

Amore e relazioni via smartphone

Nell'era degli smartphone, questi dispositivi svolgono un ruolo significativo nelle relazioni romantiche. Se da un lato consentono una comunicazione costante e immediata, dall'altro possono causare conflitti legati all'uso eccessivo e all'infedeltà digitale. Gli impatti psicologici e sociologici del ruolo degli smartphone nelle relazioni sentimentali sono importantissimi per il cambiamento sociale dei più giovani. Analizziamo adesso come questi dispositivi abbiano influenzato la dinamica delle coppie e la percezione dell'amore nel mondo moderno. Gli smartphone hanno introdotto una nuova dimensione nelle relazioni romantiche e sentimentale, consentendo ai partner di rimanere costantemente connessi l'uno con l'altro. Questa costante connessione però, può avere diversi impatti psicologici sulle persone coinvolte. Un impatto psicologico positivo del ruolo degli smartphone nelle relazioni romantiche è la possibilità di mantenere una comunicazione costante. I partner possono scambiarsi messaggi, foto e video, condividendo momenti significativi della loro vita quotidiana, anche a distanza. Questa connessione può contribuire a una maggiore intimità emotiva tra i partner e a una maggiore sensazione di vicinanza. C'è anche un lato negativo. L'uso eccessivo degli smartphone nelle relazioni può portare a una sorta di dipendenza dalla costante comunicazione. Le persone possono sviluppare ansia se non ricevono risposte immediate dai loro partner, e questa ansia può portare a problemi di fiducia e insicurezza nelle relazioni. La dipendenza dalla comunicazione digitale può portare a una ridotta qualità della comunicazione faccia a faccia, poiché le persone possono trascurare le conversazioni significative in favore di brevi messaggi digitali. Un altro impatto psicologico significativo è la tendenza all'osservazione e alla comparazione. Gli smartphone consentono alle persone di seguire la vita dei loro partner attraverso i social media, esponendoli a foto e aggiornamenti costanti sulla vita dell'altro. Questo può portare a una costante valutazione e confronto, con l'osservazione di come i propri partner interagiscono con gli altri e di come presentano la propria vita online. Questo può portare a sentimenti di gelosia e insicurezza. I conflitti possono emergere quando uno dei partner percepisce l'uso degli smartphone dell'altro come eccessivo o intrusivo. Ad esempio, l'uso dei dispositivi durante una cena romantica o durante momenti di intimità può causare tensioni nelle relazioni. Questi conflitti possono portare a risentimenti e litigi, influenzando negativamente l'armonia all'interno della coppia. A livello sociologico, il ruolo degli smartphone nelle relazioni romantiche ha influenzato le dinamiche sociali e le aspettative delle persone riguardo all'amore e alla comunicazione nelle coppie. Uno dei principali impatti è la creazione di nuove dinamiche di corteggiamento. Le app di incontri e i social media hanno reso più facile per le persone connettersi con potenziali partner, ma hanno anche introdotto nuove sfide. La comunicazione online, spesso basata su messaggi di testo e immagini, può portare a una sorta di "corteggiamento digitale", in cui le persone cercano di impressionare i potenziali partner attraverso i loro profili online e le conversazioni digitali. Questo può portare a una sorta di "presentazione di sé" online, in cui le persone possono presentare una versione idealizzata di se stesse.

Il ruolo degli smartphone ha portato all'ascesa dell'infedeltà digitale. Gli smartphone consentono una comunicazione segreta e immediata con persone al di fuori della coppia, e questo può portare a comportamenti di flirt e infedeltà online. Questi comportamenti possono minare la fiducia e l'armonia all'interno delle relazioni, con conseguenze significative per la stabilità delle coppie. A livello sociologico, gli smartphone hanno anche influenzato le aspettative delle persone riguardo alla comunicazione nelle relazioni romantiche. Le persone si aspettano una comunicazione costante e immediata con i propri partner, e questo può mettere pressione sulle relazioni. Le aspettative di risposte immediate e di condivisione costante possono portare a una maggiore ansia e tensione nelle coppie. Per affrontare gli impatti psicologici e sociologici del ruolo degli smartphone nelle relazioni romantiche, è essenziale trovare un equilibrio tra l'intimità emotiva e la connessione digitale. Questo equilibrio può essere diverso per ciascuna coppia, ma alcune strategie possono aiutare a gestire il ruolo degli smartphone nelle relazioni:

1. Comunicazione aperta: Le coppie dovrebbero parlare apertamente dei propri desideri e delle aspettative riguardo all'uso degli smartphone nella relazione. Questa comunicazione può aiutare a prevenire conflitti e malintesi.

2. Stabilire regole condivise: Le coppie possono stabilire regole condivise sull'uso degli smartphone, come ad esempio limitare l'uso durante i momenti speciali o durante le discussioni importanti.

3. Tempo di qualità: È importante dedicare del tempo di qualità l'uno con l'altro senza la distrazione degli smartphone. Questi momenti possono contribuire a rafforzare l'intimità e la connessione tra i partner.

4. Gestione dell'infedeltà digitale: Le coppie dovrebbero affrontare apertamente il problema dell'infedeltà digitale e stabilire confini chiari riguardo alla comunicazione con persone al di fuori della coppia.

5. Bilancio tra vita online e offline: Trovare un equilibrio tra la vita online e offline è essenziale. Le coppie dovrebbero evitare di trascurare la comunicazione faccia a faccia a favore

di quella digitale.

Gli smartphone hanno rivoluzionato le relazioni romantiche, introducendo una nuova dimensione nella comunicazione e nell'interazione tra i partner. Gli impatti psicologici includono la possibilità di mantenere una comunicazione costante ma possono anche portare a dipendenza, conflitti e osservazione costante. A livello sociologico, gli smartphone hanno influenzato le dinamiche di corteggiamento, l'ascesa dell'infedeltà digitale e le aspettative delle persone riguardo alla comunicazione nelle relazioni. Trovare un equilibrio tra l'intimità emotiva e la connessione digitale è essenziale per mantenere relazioni romantiche sane e soddisfacenti nell'era degli smartphone.

La generazione smartphone

L'era degli smartphone ha dato origine a una generazione profondamente influenzata da queste tecnologie, inclusi i Millennials e la Generazione Z. La loro adolescenza e giovinezza sono state plasmate dall'accesso costante alla connessione digitale e a un mondo di informazioni sempre disponibili. Questa crescente dipendenza dagli smartphone ha cambiato le dinamiche sociali e comportamentali in modo senza precedenti. La generazione smartphone, composta principalmente da Millennials e dalla Generazione Z, ha vissuto gran parte della sua vita in un mondo in cui gli smartphone sono onnipresenti. Questa esposizione precoce e continua agli smartphone ha portato a diversi impatti psicologici su questi giovani. Uno degli impatti principali è l'ipersocialità digitale. Mentre gli smartphone hanno reso più facile il mantenimento di relazioni a distanza e la connessione con persone in tutto il mondo, questo ha anche portato a una dipendenza dalla comunicazione digitale. I giovani della generazione smartphone spesso trascorrono ore al giorno interagendo con i loro dispositivi, scambiando messaggi, aggiornando i social media e partecipando a gruppi di chat. Questa costante esposizione a interazioni digitali può influenzare la percezione dell'amicizia e dell'interazione sociale. L'uso intensivo degli smartphone può portare a problemi psicologici legati alla salute mentale. L'ipersocialità digitale può contribuire all'ansia sociale, poiché le aspettative di costante comunicazione online possono creare pressioni significative sui giovani. La paura di perdere eventi o conversazioni importanti online può portare a una costante ipervigilanza e ansia. L'uso eccessivo degli smartphone può causare disturbi del sonno, con giovani che spesso controllano i loro dispositivi anche durante la notte, interrompendo il ciclo del sonno e influenzando negativamente la loro salute mentale. Un altro impatto psicologico rilevante è la dipendenza dai social media e la ricerca costante di gratificazione attraverso like e condivisioni. I giovani cresciuti nell'era degli smartphone spesso misurano il proprio valore sociale in base al numero di seguaci e all'attenzione che ricevono online. Questo può portare a una ricerca costante di validazione attraverso il mondo digitale e può influenzare l'autostima e la percezione del proprio valore. La generazione smartphone è anche più esposta al cyber bullismo e alla pressione dei pari online. Le piattaforme sociali possono essere un terreno fertile per il bullismo online, con giovani che sono vulnerabili a insulti, minacce e comportamenti dannosi. La pressione dei pari può anche essere intensificata attraverso le reti sociali, con giovani che spesso si confrontano con i successi e le vite apparentemente perfette dei loro coetanei online. La generazione smartphone ha portato a significativi impatti sociologici, influenzando le dinamiche sociali e le aspettative culturali. Uno degli impatti principali è il cambiamento nei modelli di socializzazione. Mentre le generazioni precedenti avevano spesso interazioni sociali faccia a faccia come principale forma di comunicazione, la generazione smartphone ha spostato molte di queste interazioni nell'ambiente digitale. Gli incontri fisici sono spesso sostituiti da conversazioni sui social media o da videochiamate, con un impatto sulla qualità e sulla profondità delle relazioni. La generazione smartphone ha influenzato la cultura del lavoro. Molti giovani della generazione Z sono entrati nel mercato del lavoro con una mentalità digitale, abituati a una costante connessione e all'uso degli smartphone per svolgere molte delle loro attività quotidiane. Questo ha portato a una maggiore flessibilità nell'ambiente di lavoro, con un crescente accento sull'uso di tecnologie digitali per la comunicazione e la collaborazione. La generazione smartphone ha anche ridefinito le dinamiche delle relazioni familiari. Le famiglie spesso affrontano sfide legate all'uso degli smartphone, con genitori e figli che possono lottare per trovare un equilibrio tra il tempo trascorso online e offline. L'uso costante degli smartphone all'interno delle famiglie può portare a una mancanza di comunicazione e di interazione faccia a faccia, influenzando il rafforzamento dei legami familiari.

Per affrontare gli impatti psicologici e sociologici della generazione smartphone, è essenziale trovare un equilibrio tra la connessione digitale e la vita reale. Questo equilibrio può aiutare a mitigare gli effetti negativi degli smartphone sulla salute mentale e sulle dinamiche sociali.

1. Educazione digitale: È essenziale educare i giovani alla consapevolezza nell'uso degli smartphone. Le scuole e le famiglie possono insegnare ai giovani l'importanza di un uso responsabile delle tecnologie digitali e di trovare un equilibrio tra la vita online e offline.

2. Promuovere l'alfabetizzazione mediatica: L'alfabetizzazione mediatica può aiutare i giovani a valutare criticamente le informazioni online e a riconoscere le notizie false e i pericoli del bullismo digitale. Questa competenza può aiutare a proteggere i giovani dalle conseguenze negative delle interazioni online.

3. Tempo di qualità in famiglia: Le famiglie possono promuovere il tempo di qualità insieme, limitando l'uso degli smartphone durante le attività familiari. Questi momenti possono contribuire a rafforzare i legami familiari.

4. Comunicazione aperta: È fondamentale promuovere la comunicazione aperta tra le generazioni. I genitori possono dialogare con i propri figli riguardo all'uso degli smartphone e delle tecnologie digitali, offrendo orientamento e supporto.

5. Ricerca di equilibrio: I giovani stessi dovrebbero cercare un equilibrio tra l'uso degli smartphone e le interazioni offline. Trovare momenti per staccare e godere del mondo reale può contribuire al benessere psicologico.

La generazione smartphone, composta principalmente da Millennials e dalla Generazione Z, ha sperimentato un'adolescenza e una giovinezza profondamente influenzate dagli smartphone. Gli impatti psicologici includono l'ipersocialità digitale, la dipendenza dai social media e la pressione dei pari online. A livello sociologico, questa generazione ha ridefinito le dinamiche sociali, i modelli di socializzazione, la cultura del lavoro e le relazioni familiari. Trovare un equilibrio tra la connessione digitale e la vita reale è essenziale per affrontare gli impatti della generazione smartphone e promuovere la salute mentale e il benessere sociale tra i giovani.

Le app di Social Media

Nell'era digitale, le app di social media sui dispositivi mobili sono diventate un aspetto centrale delle relazioni sociali e dell'interazione umana. Queste piattaforme offrono un luogo virtuale per la condivisione di pensieri, foto, video e interazioni sociali, ma hanno anche una serie di impatti psicologici e sociologici rilevanti. Le app di social media hanno aperto nuove opportunità di espressione personale e di connessione sociale, ma hanno anche influenzato notevolmente la psicologia delle persone.

Ecco alcuni dei principali impatti psicologici delle app di social media:

1. Auto presentazione online: Le app di social media consentono alle persone di creare e gestire la propria identità digitale. Questo ha portato alla pratica comune di "auto presentazione online," in cui le persone condividono una versione idealizzata di sé stesse attraverso foto, post e aggiornamenti. Questo può influenzare la percezione di sé, spingendo le persone a cercare di apparire sotto una luce positiva e a ottenere approvazione online attraverso like e condivisioni.

2. FOMO (Fear of Missing Out): Le app di social media possono generare ansia, in particolare il "Fear of Missing Out" o FOMO. Gli utenti spesso vedono i loro amici condividere momenti felici o esperienze entusiasmanti online, e ciò può portare a sentimenti di inadeguatezza e ansia per non essere coinvolti in tali attività. Questo può influenzare negativamente la salute mentale, portando a una costante ricerca di validazione e apprezzamento online.

3. Confronto sociale: Le app di social media rendono facile il confronto sociale. Le persone possono vedere costantemente ciò che gli altri stanno facendo, ottenendo uno spaccato della vita altrui. Questo può portare a sentimenti di invidia e inadeguatezza, poiché le persone possono confrontare la propria vita con quelle degli altri. Questo può influenzare l'equilibrio psicologico e l'auto-stima.

4. Bullismo e Cyberbullismo: Le app di social media sono spesso un terreno fertile per il bullismo e il cyberbullismo.

Gli utenti possono essere oggetto di insulti, minacce e discriminazioni online, con gravi conseguenze per la salute mentale. Il cyberbullismo può portare a ansia, depressione e altri problemi psicologici.

5. Dipendenza: Le app di social media sono state associate alla dipendenza. Gli utenti spesso controllano costantemente le loro notifiche, cercando una costante gratificazione attraverso like e commenti. Questa dipendenza può influenzare la qualità della vita e portare a problemi psicologici legati alla salute mentale.

A livello sociologico, le app di social media hanno trasformato la società in molti modi. Ecco alcuni dei principali impatti sociologici delle app di social media:

1. Globalizzazione delle relazioni sociali: Le app di social media hanno reso possibile stabilire e mantenere relazioni con persone in tutto il mondo. Questa globalizzazione delle relazioni sociali ha ampliato la prospettiva delle persone e ha portato a una maggiore diversità e inclusione nelle reti sociali.

2. Attivismo e mobilitazione sociale: Le app di social media hanno giocato un ruolo significativo nell'attivismo e nella mobilitazione sociale. Hanno fornito piattaforme per la diffusione di informazioni e la mobilitazione delle masse, facilitando la creazione di movimenti sociali come il "Black Lives Matter" e l'"#MeToo."

3. Privacy e sorveglianza: Le app di social media hanno sollevato questioni importanti sulla privacy e la sorveglianza digitale. Le persone sono sempre più consapevoli della raccolta di dati da parte delle aziende e delle implicazioni per la loro vita privata. Queste preoccupazioni hanno portato a una maggiore attenzione alla protezione della privacy online e al controllo dei dati personali.

4. Cambiamenti nelle dinamiche di comunicazione: Le app di social media hanno ridefinito le dinamiche di comunicazione. La comunicazione online è spesso breve e veloce, basata su emoji, messaggi diretti e condivisione di

contenuti multimediali. Questo ha cambiato il modo in cui le persone si esprimono e interagiscono, portando a nuove forme di linguaggio e comunicazione.

5. Cambiamenti nelle abitudini di consumo: Le app di social media influenzano anche le abitudini di consumo. Molte aziende utilizzano queste piattaforme per il marketing e la pubblicità, influenzando le decisioni di acquisto delle persone. Questo ha cambiato il modo in cui le persone scoprono e acquistano prodotti e servizi.

Per affrontare gli impatti psicologici e sociologici delle app di social media, è fondamentale promuovere un utilizzo responsabile e consapevole di queste piattaforme.

Alcune strategie per farlo includono:

1. Limitare il tempo online: Stabilire limiti di tempo per l'uso delle app di social media può aiutare a prevenire la dipendenza e la costante esposizione a contenuti stressanti.

2. Promuovere una sana autostima: Educare le persone, in particolare i giovani, a sviluppare un'immagine positiva di sé stessi al di là dei like e dei commenti online può contribuire a ridurre i problemi di autostima legati all'uso delle app di social media.

3. Sensibilizzazione al cyberbullismo: Promuovere la consapevolezza del cyberbullismo e fornire risorse per affrontarlo può contribuire a proteggere le persone dai suoi impatti negativi.

4. Protezione della privacy: Utilizzare impostazioni di privacy adeguate e controllare la condivisione di dati personali può aiutare a proteggere la propria privacy online.

Le app di social media hanno rivoluzionato la comunicazione e le relazioni sociali, offrendo opportunità senza precedenti ma anche sollevando sfide significative. Gli impatti psicologici includono la creazione di un'identità digitale, l'ansia da FOMO, il confronto sociale, il bullismo online e la dipendenza. A livello sociologico, queste app hanno globalizzato le relazioni sociali, svolto un ruolo nell'attivismo sociale, sollevato questioni sulla privacy e cambiato le dinamiche di comunicazione e consumo. Trovare un equilibrio tra un utilizzo responsabile delle app di social media e i benefici sociali che offrono è essenziale per affrontare gli impatti complessi di queste piattaforme sulla società contemporanea.

L'era digitale ha aperto la strada a importanti questioni riguardanti la privacy e la sorveglianza digitale.

Gli smartphone e le tecnologie connesse hanno reso possibile la raccolta massiccia di dati personali da parte di aziende e governi, sollevando preoccupazioni sulla sicurezza e la protezione della vita privata. Esamineremo ora gli impatti psicologici e sociologici della privacy e della sorveglianza digitale, e come queste questioni abbiano influenzato le persone e la società nel suo complesso. La questione della privacy e della sorveglianza digitale ha importanti impatti psicologici su individui e comunità.

Ecco alcuni dei principali impatti psicologici:

1. Ansia e preoccupazione: La consapevolezza della possibilità che le proprie attività online siano monitorate può causare ansia e preoccupazione. Le persone possono sentirsi costantemente osservate e vulnerabili.

2. Autocensura: La paura della sorveglianza può portare le persone a praticare l'autocensura online. Potrebbero evitare di esprimere opinioni controverse o di condividere informazioni personali per paura di ripercussioni.

3. Violazione della fiducia: La scoperta di violazioni della privacy, come falle nella sicurezza dei dati o abusi da parte delle aziende, può minare la fiducia delle persone nel mondo digitale. Questa violazione della fiducia può avere un impatto significativo sulla salute mentale.

4. Sensazione di impotenza: Molte persone si sentono

impotenti di fronte alla vastità della raccolta di dati e alla sorveglianza digitale. Questa sensazione di impotenza può portare a sentimenti di frustrazione e disperazione.

5. Disturbi del sonno: L'ansia causata dalla preoccupazione per la privacy online può portare a disturbi del sonno. Le persone potrebbero passare notti insonni preoccupandosi di chi possa accedere ai loro dati personali.

A livello sociologico, la questione della privacy e della sorveglianza digitale ha profondi impatti sulla società e sulle dinamiche culturali. Ecco alcuni dei principali impatti sociologici:

1. Cambiamenti nei comportamenti online: La consapevolezza della sorveglianza ha portato molte persone a modificare il loro comportamento online. Hanno iniziato a evitare di condividere informazioni personali o opinioni controverse e a cercare modi per proteggere la propria privacy.

2. Legislazione sulla privacy: La crescente preoccupazione per la privacy ha spinto molte nazioni a introdurre nuove leggi e regolamentazioni sulla protezione dei dati personali. Queste leggi cercano di porre limiti alla raccolta e all'uso dei dati da parte delle aziende e dei governi.

3. Risveglio sociale: La preoccupazione per la privacy ha portato a un risveglio sociale riguardo alla consapevolezza digitale e alla protezione della privacy. Le persone sono diventate più consapevoli dei loro diritti digitali e delle minacce alla loro privacy.

4. Economia della privacy: La privacy è diventata

una risorsa economica significativa. Molte aziende si sono sviluppate per offrire servizi e strumenti che consentono alle persone di proteggere la propria privacy online.

5. Questioni etiche e politiche: La privacy e la sorveglianza digitale sono diventate importanti questioni etiche e politiche. Le persone chiedono ai governi e alle aziende di rispettare il diritto alla privacy e di essere trasparenti riguardo alla raccolta e all'uso dei dati.

Equilibrio tra privacy e sicurezza

Per affrontare gli impatti della privacy e della sorveglianza digitale, è essenziale trovare un equilibrio tra la protezione della privacy e la necessità di garantire la sicurezza online. Ecco alcune strategie per farlo:

1. Educazione alla sicurezza digitale: L'educazione alla sicurezza digitale può aiutare le persone a comprendere le minacce alla privacy e a imparare a proteggere i propri dati online.

2. Uso di strumenti di privacy: L'uso di strumenti di protezione della privacy, come VPN, browser sicuri e strumenti di crittografia, può contribuire a proteggere i dati personali.

3. Supporto normativo: Sostenere leggi e regolamentazioni che proteggono la privacy dei cittadini è essenziale. Queste leggi dovrebbero porre limiti alla raccolta di dati e garantire che le aziende rispettino le norme etiche sulla privacy.

4. Consapevolezza e attivismo: La consapevolezza della privacy e il coinvolgimento in attività di attivismo possono contribuire a sensibilizzare sulle questioni della privacy e a promuovere il cambiamento a livello politico ed etico.

5. Critica delle tecnologie: Valutare criticamente le tecnologie digitali e le app in base al loro approccio alla privacy può aiutare le persone a prendere decisioni informate sull'uso

di determinati servizi.

La privacy e la sorveglianza digitale sono questioni complesse e urgenti nell'era digitale. Gli impatti psicologici includono ansia, autocensura, violazione della fiducia e disturbi del sonno. A livello sociologico, queste questioni hanno portato a cambiamenti nei comportamenti online, leggi sulla privacy, un risveglio sociale, una nuova economia della privacy e una crescente attenzione alle questioni etiche e politiche. Trovare un equilibrio tra la protezione della privacy e la sicurezza online è essenziale per affrontare gli impatti complessi della privacy e della sorveglianza digitale sulla società contemporanea.

Nell'era degli smartphone, con tutti gli impatti psicologici e sociologici che abbiamo esaminato nei paragrafi precedenti, emerge una chiara necessità di trovare un equilibrio tra l'uso di questi dispositivi e la vita reale. La consapevolezza dell'uso e delle sue conseguenze è il primo passo per affrontare le sfide che queste tecnologie pongono alle relazioni umane, alla salute mentale e alla società nel suo complesso. Gli smartphone, se utilizzati in modo sconsiderato, possono avere notevoli impatti psicologici. E' importante sottolineare che non è l'uso in sé degli smartphone a causare problemi, ma l'abuso e l'uso eccessivo.

Ecco alcuni dei principali impatti psicologici dell'uso degli smartphone e perché è importante trovare un equilibrio:

1. Dipendenza da smartphone: L'uso eccessivo degli smartphone può portare a una dipendenza. Le persone possono trovare difficile staccarsi dallo schermo, verificare costantemente le notifiche e sentirsi ansiose o agitate se non lo fanno. Questa dipendenza può influenzare negativamente la qualità della vita.

2. Isolamento digitale: L'uso eccessivo degli smartphone

può portare all'isolamento digitale, in cui le persone preferiscono le interazioni digitali a quelle faccia a faccia. Ciò può portare a sentimenti di solitudine e a una mancanza di connessione emotiva con gli altri.

3. Mancanza di attenzione: L'uso costante degli smartphone durante incontri sociali può ridurre la qualità delle conversazioni e diminuire la capacità di ascolto attivo. Ciò mina la comprensione reciproca e la connessione emotiva tra le persone.

4. Effetti sulla salute mentale: L'uso eccessivo degli smartphone è stato associato a problemi di salute mentale, tra cui ansia, depressione e disturbi del sonno. La costante esposizione a contenuti stressanti o negativi sui social media può contribuire a questi problemi.

5. Effetti sull'autostima: La comparazione costante con gli altri online può influenzare l'autostima delle persone. La percezione di non essere abbastanza bravi, belli o interessanti rispetto agli altri può portare a sentimenti di inadeguatezza.

La chiave per affrontare questi impatti psicologici è trovare un equilibrio nell'uso degli smartphone. Ciò significa imparare a gestire il tempo trascorso online, adottare pratiche di utilizzo responsabile e prendersi delle pause digitali per riapropriarsi del tempo nella vita reale. A livello sociologico, l'uso degli smartphone ha cambiato le dinamiche sociali in modi significativi.

Questi cambiamenti possono essere positivi o negativi, a seconda di come gli smartphone vengono utilizzati. Ecco alcuni impatti sociologici e perché è importante trovare un equilibrio:

1. Cambiamenti nelle relazioni interpersonali: Gli smartphone hanno introdotto una costante connessione con il mondo digitale, il che ha portato a nuove dinamiche nelle relazioni interpersonali. Mentre la possibilità di comunicare in qualsiasi momento offre nuove opportunità, è fondamentale

trovare un equilibrio per garantire che le relazioni personali non ne soffrano.

2. Nuovi modelli di socializzazione: L'uso degli smartphone ha portato a nuovi modelli di socializzazione. La gente spesso si connette attraverso i social media e le app di messaggistica, il che può influenzare il modo in cui si costruiscono le amicizie e si mantengono le relazioni. Trovare un equilibrio tra le interazioni digitali e quelle fisiche è essenziale per mantenere relazioni sane.

3. Impatto sulle dinamiche familiari: Le famiglie spesso devono affrontare sfide legate all'uso degli smartphone. Genitori e figli possono lottare per trovare un equilibrio tra il tempo trascorso online e offline. È importante promuovere il tempo di qualità in famiglia e il dialogo aperto per affrontare questi problemi.

4. Cambiamenti nel lavoro: L'uso costante degli smartphone ha influenzato la cultura del lavoro. Molte persone si sentono costantemente connessi e disponibili, il che può portare a un aumento dello stress e dell'ansia. È importante stabilire confini tra il lavoro e la vita personale per mantenere un sano equilibrio.

5. Sfide nell'istruzione: Gli smartphone possono essere uno strumento utile nell'istruzione, ma possono anche rappresentare una distrazione. Gli studenti spesso devono bilanciare l'uso degli smartphone per scopi educativi con il rischio di procrastinazione e distrazione.

Per trovare un equilibrio tra l'uso degli smartphone e la vita reale, ci sono alcune strategie chiave che possono essere adottate a livello individuale e sociale:

1. Definire limiti di utilizzo: Stabilire limiti di tempo per l'uso degli smartphone può aiutare a prevenire l'uso eccessivo. Ad esempio, evitare di utilizzare gli smartphone durante i pasti o prima di coricarsi può promuovere interazioni sociali più significative e un sonno migliore.

2. Imparare a staccare: Prendersi delle pause digitali regolari può aiutare a riconnettersi con la vita reale. Queste pause

possono variare dalla durata di una passeggiata senza telefono a quella di una vacanza senza dispositivi.

3. Promuovere la consapevolezza: Essere consapevoli dei propri comportamenti online e dei loro impatti è essenziale. La riflessione sulle abitudini digitali e il loro impatto sulla vita personale può aiutare a trovare un equilibrio.

4. Comunicare apertamente: In famiglia e nelle relazioni interpersonali, è importante comunicare apertamente riguardo all'uso degli smartphone. Questo può aiutare a prevenire conflitti e a trovare compromessi.

5. Promuovere l'educazione digitale: L'educazione alla tecnologia e all'uso responsabile degli smartphone è essenziale, soprattutto per i giovani. Le scuole e le famiglie possono insegnare l'alfabetizzazione digitale e la consapevolezza dei rischi online. L'uso degli smartphone ha portato a una serie di impatti psicologici e sociologici complessi, ma è importante riconoscere che questi dispositivi sono diventati parte integrante della vita contemporanea. Trovare un equilibrio tra l'uso degli smartphone e la vita reale è essenziale per affrontare le sfide che questi dispositivi pongono alle relazioni umane, alla salute mentale e alla società. Promuovere una maggiore consapevolezza e un uso responsabile degli smartphone può aiutare le persone a trarre il massimo beneficio da queste tecnologie, senza che ne vengano compromessi il benessere e la qualità della vita.

Prospettive psicologiche e sociologiche future

Nell'era degli smartphone, le dinamiche delle relazioni interpersonali e della società nel suo insieme hanno subito profondi cambiamenti. Cosa possiamo aspettarci in termini di evoluzione delle relazioni umane, dei comportamenti sociali e della cultura nell'era digitale in costante evoluzione? Il panorama psicologico futuro nei confronti degli smartphone è complesso e ricco di sfide e opportunità. Ecco alcune prospettive chiave:

1. Sviluppo dell'autostima digitale: Con l'incremento dell'uso degli smartphone, diventa essenziale lo sviluppo di una "autostima digitale." Questo coinvolge la capacità di percepire il proprio valore al di là dei like e dei commenti online e di sviluppare una sana autostima basata su esperienze reali e relazioni offline.

2. Maggiori strumenti di supporto psicologico online: L'accessibilità agli smartphone offre opportunità senza precedenti per fornire supporto psicologico tramite app e servizi online. Le piattaforme di telemedicina e di consulenza psicologica stanno crescendo rapidamente, fornendo supporto a chiunque ne abbia bisogno, ovunque si trovi.

3. Gestione della dipendenza: La dipendenza dagli smartphone è diventata un problema diffuso, ma i professionisti della salute mentale stanno sviluppando nuovi approcci terapeutici e strategie di gestione. La terapia cognitivo-comportamentale, ad esempio, può aiutare le persone a riacquistare il controllo sul proprio utilizzo degli smartphone.

4. Monitoraggio dell'impatto psicologico: Con l'uso sempre più diffuso degli smartphone, è probabile che ci sia un aumento del monitoraggio dell'impatto psicologico di queste tecnologie. La ricerca scientifica e le organizzazioni di salute mentale monitoreranno attentamente gli effetti dell'uso degli smartphone sulla salute mentale e svilupperanno linee guida per un utilizzo sano.

Prospettive Sociologiche Future

Le prospettive sociologiche future riflettono i cambiamenti in corso nelle dinamiche sociali, culturali ed economiche:

1. Nuove forme di attivismo e mobilitazione sociale: Le tecnologie digitali, compresi gli smartphone, continueranno a svolgere un ruolo chiave nell'attivismo e nella mobilitazione sociale. Le piattaforme sociali saranno spazi importanti per la diffusione di informazioni, la mobilitazione delle masse e la

promozione dei cambiamenti sociali.

2. Evoluzione del lavoro e della cultura aziendale: Gli smartphone hanno contribuito a ridefinire il modo in cui lavoriamo e il concetto di ufficio. Il lavoro remoto, sostenuto da dispositivi mobili, diventerà sempre più comune, portando a cambiamenti nella cultura aziendale, nei modelli di gestione e nella necessità di una maggiore autonomia e auto-disciplina dei lavoratori.

3. Privacy e regolamentazione: La questione della privacy e della sorveglianza digitale rimarrà al centro dell'attenzione. I governi e le organizzazioni lavoreranno su regolamentazioni più stringenti per proteggere i dati personali e la privacy dei cittadini. La sensibilizzazione sulla protezione della privacy diventerà sempre più importante.

4. Crescita dell'economia digitale: Gli smartphone continueranno a guidare la crescita dell'economia digitale. Le app, i servizi online e il commercio elettronico saranno sempre più rilevanti nell'economia globale, con nuove opportunità di lavoro e di innovazione.

5. Cambiamenti nelle interazioni sociali: L'uso degli smartphone continuerà a influenzare la forma delle interazioni sociali. Le relazioni online diventeranno sempre più integrate nella vita quotidiana, con nuovi modelli di socializzazione e comunicazione.

Promuovere un Utilizzo Responsabile e Bilanciato

Per garantire un futuro sano e produttivo nell'era degli smartphone, è fondamentale promuovere un utilizzo responsabile e bilanciato di queste tecnologie. Alcune strategie per raggiungere questo obiettivo includono:

1. Educazione digitale: L'alfabetizzazione digitale dovrebbe essere una parte essenziale dell'educazione, insegnando agli individui a utilizzare gli smartphone in modo responsabile e consapevole sin da giovani.

2. Regolamentazioni adeguate: I governi dovrebbero stabilire regolamentazioni adeguate per proteggere la privacy e regolamentare l'uso delle tecnologie digitali, garantendo che le

aziende rispettino norme etiche sulla privacy.

3. Promozione della consapevolezza: La sensibilizzazione sulla protezione della privacy, la sicurezza online e l'uso responsabile degli smartphone dovrebbe essere promossa attraverso campagne pubbliche e programmi di educazione.

4. Supporto psicologico: È importante offrire supporto psicologico a coloro che soffrono di dipendenza da smartphone o di problemi di salute mentale correlati all'uso di queste tecnologie.

5. Coinvolgimento sociale: Il coinvolgimento nella comunità e nelle relazioni sociali in persona dovrebbe essere promosso come parte di un equilibrio sano tra l'uso degli smartphone e la vita reale.

L'era degli smartphone ha portato a una rivoluzione nei modi in cui le persone si connettono, lavorano, comunicano e vivono la loro vita quotidiana. Le prospettive psicologiche future includono lo sviluppo dell'autostima digitale, il supporto psicologico online e il monitoraggio dell'impatto psicologico. Le prospettive sociologiche future riflettono i cambiamenti nelle dinamiche sociali, culturali, economiche e di lavoro. Per affrontare queste sfide e opportunità, è cruciale promuovere un utilizzo responsabile degli smartphone e trovare un equilibrio tra l'uso di queste tecnologie e la vita reale. L'educazione digitale, la regolamentazione adeguate, la promozione della consapevolezza, il supporto psicologico e il coinvolgimento sociale sono tutti elementi chiave per creare un futuro in cui gli smartphone possano essere strumenti di arricchimento e connessione, senza compromettere la salute mentale e il benessere individuale e sociale.

INTERNET

L'avvento di internet ha segnato una svolta nella storia umana, cambiando profondamente il modo in cui le persone accedono e condividono informazioni. Questa rivoluzione ha innescato una serie di effetti psicologici e sociali che hanno ridefinito le nostre vite in modi profondi e duraturi.

Impatti Psicologici di internet:

• La costante ricerca di stimoli: Uno dei cambiamenti più evidenti nell'era di internet è la costante ricerca di stimoli. Le persone sono esposte a una quantità sconcertante di informazioni e distrazioni ogni giorno. Questo accesso illimitato a notizie, post sui social media, video e altro, può sovraccaricare il cervello umano. Gli individui sono spesso coinvolti in un ciclo senza fine di scroll e clic, alla ricerca della prossima notizia o immagine interessante. Questa ricerca costante di stimoli può portare a problemi di concentrazione, ansia e stress.

• La dipendenza da internet: internet può diventare una sorta di dipendenza per molte persone. La costante necessità di controllare i social media, rispondere alle email o giocare a giochi online può influenzare negativamente la vita quotidiana e le relazioni personali. La dipendenza da internet è una sfida psicologica crescente, con molte persone che cercano aiuto per liberarsi da questa dipendenza.

• L'effetto delle interazioni online: Le interazioni online sono spesso diverse da quelle faccia a faccia. La mancanza di contatto visivo e comunicazione non verbale può portare a malintesi e fraintendimenti. Questo può portare a problemi nelle relazioni personali e contribuire all'isolamento sociale. La possibilità di comunicare in modo anonimo su internet può portare a comportamenti aggressivi o cattivi, che possono avere un impatto negativo sulla salute mentale di chi li subisce.

Impatti Sociologici di internet:

• La democratizzazione dell'informazione: internet ha trasformato la ricerca e l'accesso alle informazioni. Prima dell'avvento di internet, l'accesso a informazioni cruciali era spesso limitato da barriere economiche o geografiche. Oggi, con un accesso a internet diffuso, le persone possono cercare informazioni su qualsiasi argomento con facilità. Questa democratizzazione dell'informazione ha il potenziale per aumentare la consapevolezza e l'istruzione, ma può anche portare a una sovrabbondanza di informazioni e alla difficoltà di valutare la loro veridicità.

• La riduzione della distanza geografica: internet ha ridotto notevolmente le distanze geografiche. Le persone possono comunicare in tempo reale con individui in tutto il mondo attraverso le piattaforme di messaggistica e le videochiamate. Questo ha reso possibile il lavoro remoto e ha aperto nuove opportunità per la collaborazione globale. Questa riduzione delle distanze ha anche portato a considerazioni in termini di fusi orari e barriere linguistiche.

• L'influenza delle piattaforme sociali: Le piattaforme sociali, come Facebook, Twitter e Instagram, hanno rivoluzionato la comunicazione e le relazioni sociali. Le persone possono condividere le loro vite, opinioni e esperienze con un vasto pubblico. Questo ha creato una nuova dinamica sociale in cui la "vita online" è spesso paragonata e confrontata con la "vita offline". Questa pressione per mostrare una versione idealizzata di sé stessi può portare a problemi di autostima e invidia.

• La nuova forma di attivismo: internet ha aperto nuove strade per l'attivismo e l'advocacy. Le persone possono mobilitarsi per cause sociali e politiche senza dover partecipare fisicamente a manifestazioni o riunioni. Questo ha dato luogo a movimenti come il "Black Lives Matter" e "Fridays for Future," che hanno dimostrato il potere di internet nel promuovere il cambiamento sociale. Questo nuovo tipo di attivismo solleva anche questioni sul coinvolgimento effettivo e la responsabilità. L'esplosione di internet ha portato a una serie di impatti psicologici e sociologici significativi nella vita moderna. Gli individui si trovano a navigare tra la costante ricerca di stimoli, la dipendenza da internet e le complesse dinamiche delle interazioni online. Allo stesso tempo, la società ha subito profonde trasformazioni, inclusa la democratizzazione dell'informazione, la riduzione delle distanze geografiche, l'influenza delle piattaforme sociali e una nuova forma di attivismo. Comprendere appieno questi impatti è fondamentale per affrontare le sfide e cogliere le opportunità che internet ha portato nella nostra vita quotidiana.

La tuttologia con Google

Internet ha trasformato la ricerca di informazioni in una forma di esplorazione infinita, mettendo a disposizione un vasto tesoro di conoscenza a portata di clic. Questa rivoluzione ha generato una serie di impatti psicologici e sociologici, che andremo ad analizzare in profondità.
La cultura dell'informazione e la ricerca incessante: internet ha creato una cultura dell'informazione in cui le persone cercano costantemente di sapere di più su un'ampia gamma di argomenti. Questa fame insaziabile di conoscenza può portare a un desiderio incessante di ricerca e un senso di incompiutezza. Le persone spesso si trovano a navigare da un argomento all'altro, desiderose di rimanere sempre aggiornate, il che può creare ansia e stress.
L'ansia da mancanza di validazione: La facilità con cui le

informazioni possono essere condivise su internet ha portato molte persone a cercare conferme costanti. La ricerca di validazione attraverso like sui social media o commenti positivi può influenzare profondamente l'autostima e l'identità di un individuo. La mancanza di feedback positivo può causare insicurezza e stress.

Il problema dell'informazione errata: Se da un lato internet offre un accesso a una quantità incredibile di informazioni, dall'altro lato c'è il problema dell'informazione errata o fuorviante. La diffusione di notizie false e teorie cospirative può influenzare la percezione del mondo da parte delle persone e contribuire alla disinformazione. L'incapacità di distinguere tra fonti affidabili e non affidabili può portare a confusione e scetticismo.

La democratizzazione dell'accesso all'informazione: internet ha reso l'accesso all'informazione ampiamente disponibile a chiunque abbia una connessione internet. Questo ha il potenziale per abbattere le barriere dell'educazione e dell'accesso alle conoscenze, consentendo a persone di tutto il mondo di imparare ed informarsi su una moltitudine di argomenti. Ciò ha anche portato a una sovrabbondanza di informazioni, rendendo difficile per molte persone valutare la qualità delle fonti.

La ricerca costante di informazioni su internet può portare a una dipendenza da dispositivi digitali. Le persone spesso si ritrovano a controllare costantemente i loro dispositivi in cerca di aggiornamenti, notizie o risposte. Questa dipendenza da internet può influenzare negativamente il lavoro, le relazioni personali e la salute mentale.

La condivisione dell'informazione e il potere delle narrazioni: internet ha reso più facile per le persone condividere le proprie opinioni e narrazioni. Le piattaforme di social media permettono alle persone di esprimere le proprie idee e condividere le proprie esperienze con un vasto pubblico. Questo ha portato a un aumento del potere delle narrazioni, con storie personali che possono influenzare l'opinione pubblica e plasmare il discorso sociale. Questo potere delle narrazioni può anche portare alla diffusione di disinformazione o opinioni estreme.

Data l'abbondanza di informazioni disponibili su internet, la capacità di valutare la qualità delle fonti e la competenza nell'alfabetizzazione digitale sono diventate abilità cruciali. La mancanza di queste competenze può rendere le persone vulnerabili alla disinformazione e alla manipolazione. La società ha il compito di promuovere la formazione di individui capaci di discernere informazioni attendibili da quelle non attendibili.

Tutti possiamo parlare? Libertà di espressione

Internet, come spazio di discussione pubblica globale, è stato teatro di una lotta tra la censura e la libera espressione, un conflitto che genera profonde implicazioni sia a livello

sulla salute mentale e portare a una percezione negativa di sé. La disparità digitale può tradursi in discriminazione digitale. Chi non ha accesso a internet o non possiede le competenze digitali necessarie può sentirsi emarginato in un mondo sempre più connesso. Questa forma di discriminazione può minare l'autostima e l'identità delle persone, creando divisioni sociali e contribuendo a un senso di ingiustizia. La disparità digitale spesso si traduce in divari socio-economici. Le persone a basso reddito hanno maggiori probabilità di avere un accesso limitato a internet e alle tecnologie necessarie per partecipare appieno alla società digitale. Questa situazione può portare a un circolo vizioso in cui le persone con meno risorse economiche hanno difficoltà a migliorare la loro situazione a causa della mancanza di accesso alle opportunità digitali. Poiché sempre più risorse educative si spostano online, la mancanza di accesso a internet può limitare l'istruzione di studenti e adulti. Questo crea divari di conoscenza e opportunità, in quanto chi non può accedere all'istruzione online è svantaggiato nella competizione per lavoro e opportunità di crescita personale. L'accesso limitato alle risorse digitali può anche incidere sull'accesso al lavoro. Molte opportunità di lavoro richiedono competenze digitali e la capacità di navigare in un ambiente online. La disparità digitale può quindi ostacolare l'accesso al lavoro per coloro che non sono adeguatamente connessi o non hanno familiarità con le tecnologie digitali. Ciò contribuisce a un ciclo di disoccupazione e sottoccupazione, creando ulteriori divisioni socio-economiche. La partecipazione civica è fortemente influenzata dalla disparità digitale. internet è diventato uno strumento cruciale per l'impegno civico e politico. Chi non ha accesso a internet è limitato nella sua capacità di partecipare ai processi democratici, influenzando la rappresentanza e la partecipazione civica. La disparità digitale contribuisce quindi a una diminuzione dell'uguaglianza nella partecipazione civica.

La disparità digitale è un problema che va ben oltre la mera divisione tra chi ha e chi non ha accesso a internet. Questa problematica ha impatti significativi sia a livello psicologico che sociologico. Genera frustrazione e isolamento tra coloro con accesso limitato o inesistente a internet, mentre l'ansia digitale e la discriminazione digitale influenzano la percezione di sé e la dinamica sociale. La disparità digitale contribuisce ai divari socio-economici, limita l'accesso all'istruzione e al lavoro e incide sulla partecipazione civica. Affrontare questa problematica richiede sforzi significativi a livello sociale, economico ed educativo per garantire un accesso equo alle opportunità digitali e promuovere l'uguaglianza in una società sempre più connessa.

Social Network

Le piattaforme sociali, come Facebook, Twitter, Instagram e molte altre, sono diventate parte integrante della vita moderna, influenzando profondamente il modo in cui interagiamo, comunichiamo e percepiamo noi stessi e gli altri. I loro impatti sono interconnessi e toccano sia l'ambito psicologico che quello sociologico. A livello psicologico, le piattaforme sociali spesso mettono in primo piano l'aspetto fisico e la vita apparentemente perfetta degli altri. L'esposizione costante alle vite idealizzate degli altri può generare sentimenti di invidia, inadeguatezza e depressione. Le persone possono sentirsi costantemente sotto pressione per conformarsi a standard irrealistici di bellezza e successo, portando a una percezione distorta della realtà. L'ossessione per l'immagine e il confronto costante con gli altri possono minare la salute mentale e la stabilità emotiva. Le piattaforme sociali incoraggiano la condivisione costante di momenti di vita, pensieri e opinioni. Questo può portare le persone a sentirsi costantemente in cerca di convalida e approvazione attraverso like, commenti e condivisioni. Il desiderio di condivisione può influenzare la percezione di sé e la propria autostima. Il numero di like o condivisioni può diventare un indicatore di valore personale, creando una dipendenza psicologica dai feedback online. L'uso eccessivo dei social media può portare a una vera e propria dipendenza. Le persone spesso si ritrovano a controllare frequentemente le proprie piattaforme sociali, interrompendo attività importanti e riducendo il tempo dedicato alle interazioni faccia a faccia. Questa dipendenza può influenzare negativamente la produttività, la salute mentale e le relazioni personali. La costante necessità di essere online e la paura di perdere qualcosa (FOMO, Fear of Missing Out) possono creare ansia e disagio, danneggiando la salute mentale. A livello sociologico, le piattaforme sociali hanno un impatto significativo sulla formazione dell'opinione pubblica. Queste piattaforme sono diventate un veicolo primario per la diffusione di notizie e opinioni. Questo influisce direttamente sulle opinioni pubbliche e sulle decisioni politiche, spesso amplificando notizie false o tendenziose. La diffusione di informazioni errate può minare la fiducia nella verità e influenzare il processo democratico, portando a decisioni basate su informazioni fuorvianti. Le piattaforme sociali contribuiscono alla polarizzazione politica e culturale. Gli algoritmi che determinano cosa gli utenti vedono favoriscono spesso il contenuto che conferma le loro opinioni preesistenti, creando camere dell'eco in cui le persone interagiscono principalmente con chi la pensa allo stesso modo. Questo rafforza le divisioni sociali e compromette il dialogo costruttivo. Le piattaforme sociali possono quindi contribuire al deterioramento della coesione sociale e alla diminuzione della comprensione reciproca. Un fenomeno correlato è l'odio online. Le piattaforme sociali sono spesso il terreno fertile per discorsi d'odio, minacce e abusi. Questi comportamenti possono danneggiare gravemente la psicologia delle vittime e contribuire a un ambiente online tossico. La diffusione dell'odio online può anche avere impatti reali sulla società, spingendo alcuni individui a compiere atti violenti o discriminare gruppi minoritari. La discriminazione online può avere conseguenze profonde, sia psicologiche che sociologiche, contribuendo a una società polarizzata e disarmonica. Le piattaforme sociali sono anche vulnerabili all'uso da parte di attori malevoli per la diffusione di disinformazione o propaganda. Questo può influenzare la percezione pubblica degli eventi e contribuire all'instabilità politica. La manipolazione online ha dimostrato di avere un impatto significativo sulle elezioni e sugli eventi politici globali, sollevando importanti domande sulla sicurezza e l'integrità delle piattaforme sociali. Le piattaforme sociali, sebbene abbiano rivoluzionato la comunicazione e la condivisione di informazioni, portano con sé una serie di impatti psicologici e sociologici complessi. L'aspetto, il confronto costante e la dipendenza dai social media possono minare la salute mentale delle persone. A livello sociale, queste piattaforme hanno un'enorme influenza sulla formazione dell'opinione pubblica, ma possono anche contribuire alla polarizzazione, all'odio online, alla manipolazione e alla disinformazione. La comprensione di questi impatti è cruciale per trovare un equilibrio tra la connettività digitale e la salute mentale, nonché per affrontare le sfide sociali causate da queste piattaforme.

Attivismo e movimenti online

L'avvento di internet e delle piattaforme sociali ha aperto le porte a nuove forme di attivismo e advocacy. L'attivismo online ha radicalmente trasformato il modo in cui le persone si mobilitano per le cause sociali e politiche, generando impatti significativi sia a livello psicologico che sociologico.
A livello psicologico, l'attivismo online offre una via per esprimere preoccupazioni e valori personali. Le piattaforme

sociali consentono alle persone di condividere le proprie opinioni e sostenere cause in cui credono. Questo coinvolgimento può generare un senso di appagamento e realizzazione personale, poiché le persone si sentono parte di qualcosa di più grande e contribuiscono a un cambiamento positivo. La partecipazione all'attivismo online può alimentare un senso di scopo e rafforzare l'identità di chi ne fa parte. Un aspetto rilevante è la possibilità di raggiungere un vasto pubblico. Grazie a internet, le campagne e le petizioni possono essere condivise in tutto il mondo in pochi clic. Questo accesso a una platea globale permette di sensibilizzare molte persone su questioni importanti, spingendole a partecipare e contribuire. Il coinvolgimento in campagne online può generare un senso di solidarietà tra persone che condividono le stesse preoccupazioni, favorendo una connessione sociale significativa. L'attivismo online può anche comportare sfide. La sensazione di impotenza di fronte a questioni complesse e sfide sociali può portare a una sensazione di frustrazione e disillusione. La consapevolezza delle ingiustizie e delle disparità può causare stress emotivo, specialmente se non si vedono risultati immediati. Il coinvolgimento in discussioni online può esporre gli attivisti a critiche, insulti e minacce, generando stress e ansia.

A livello sociologico, l'attivismo online ha trasformato il panorama della politica e dell'impegno sociale. Le campagne online possono portare rapidamente a mobilitazioni di massa. Un esempio noto è il movimento #BlackLivesMatter, che ha utilizzato i social media per sensibilizzare il pubblico sulle ingiustizie razziali e ha coordinato proteste in tutto il mondo. L'attivismo online può quindi influenzare le dinamiche sociali e politiche, portando a un cambiamento reale. Un altro aspetto cruciale è il ruolo delle piattaforme sociali nella diffusione delle informazioni. Le piattaforme consentono di condividere notizie e storie direttamente con il pubblico, bypassando i tradizionali canali mediatici. La disinformazione e le notizie false possono diffondersi rapidamente su internet, influenzando negativamente la percezione del pubblico sulla realtà. Le campagne di disinformazione possono compromettere la credibilità delle informazioni e minare la fiducia nelle istituzioni. L'attivismo online può talvolta portare a una frammentazione delle cause e delle preoccupazioni. Mentre il coinvolgimento in diverse cause è un segno di una società civile attiva, può anche portare a una dispersione delle risorse e dell'attenzione. Le organizzazioni e gli attivisti devono bilanciare le diverse questioni per garantire che gli sforzi siano efficaci. Da un punto di vista psicologico, l'attivismo online offre un'opportunità per il coinvolgimento e la realizzazione personale, alimentando un senso di scopo e di appagamento. Può comportare anche frustrazione, stress e ansia, specialmente quando i risultati desiderati non sono immediati e quando si è esposti a critiche o minacce online. Dal punto di vista sociologico, l'attivismo online ha rivoluzionato il modo in cui le cause sociali vengono promosse e il modo in cui il pubblico partecipa al cambiamento sociale.

La profilazione e gli algoritmi

Il ruolo degli algoritmi nelle piattaforme online è diventato sempre più centrale nella nostra esperienza digitale quotidiana. Questi algoritmi determinano ciò che vediamo online, dai post dei social media ai risultati di ricerca. Gli impatti psicologici e sociologici dell'uso di algoritmi per personalizzare il nostro contenuto online sono profondi e complessi. A livello psicologico, gli algoritmi giocano un ruolo cruciale nella nostra percezione del mondo online. Le piattaforme utilizzano algoritmi per selezionare e presentare contenuti basati sulle nostre interazioni precedenti e sulle preferenze dichiarate. Questo può creare una sorta di "filtro a bolle" in cui vediamo principalmente contenuti che confermano le nostre opinioni e interessi esistenti. Questo fenomeno può rafforzare le nostre convinzioni preesistenti, creando un ambiente in cui è raro incontrare punti di vista diversi. Un impatto psicologico significativo degli algoritmi è la loro capacità di influenzare le nostre emozioni. Gli algoritmi tendono a mostrare contenuti che generano reazioni emotive forti, come post indignati o notizie sensazionali. Questo può portare a un aumento dello stress emotivo e dell'ansia, poiché siamo esposti a una costante stimolazione emotiva. La ricerca ha dimostrato che l'uso frequente di piattaforme basate su algoritmi può aumentare il rischio di depressione e solitudine. A livello sociologico, gli algoritmi influenzano la percezione collettiva della realtà. Le notizie e i contenuti polarizzanti spesso generano più interazioni e quindi vengono promossi dagli algoritmi delle piattaforme. Ciò può portare a una polarizzazione ancora maggiore della società, con gruppi con opinioni opposte che interagiscono principalmente con persone simili a loro. Gli algoritmi possono quindi contribuire alla creazione di camere dell'eco online, in cui le persone sono circondate da opinioni e informazioni simili alle loro. La diffusione delle notizie false è un altro impatto sociologico significativo degli algoritmi. Gli algoritmi spesso favoriscono contenuti sensazionali o controversi, rendendo più probabile la diffusione di informazioni errate. Questo può avere conseguenze gravi, come l'incitamento all'odio, la disinformazione politica e la perdita di fiducia nelle fonti di notizie tradizionali. Gli algoritmi influenzano anche l'accesso alle risorse e alle opportunità. Ad esempio, le piattaforme di lavoro online utilizzano algoritmi per selezionare i candidati ai lavori, il che può portare a discriminazioni nascoste basate su criteri come l'età, il genere o l'origine etnica. Questi impatti possono avere conseguenze socio-economiche significative.

Un'altra questione chiave è il controllo e la trasparenza. Gli algoritmi sono spesso nascosti dietro al "black box" delle piattaforme, rendendo difficile per gli utenti comprendere come le decisioni vengono prese e quali dati vengono utilizzati. Questa mancanza di trasparenza solleva preoccupazioni etiche sulla discriminazione e sulla privacy. Il ruolo degli algoritmi nelle piattaforme online ha profondi impatti sia a livello psicologico che sociologico. A livello psicologico, gli algoritmi possono creare un ambiente in cui vediamo principalmente contenuti che confermano le nostre opinioni e interessi, rafforzando le convinzioni preesistenti e influenzando le nostre emozioni. A livello sociologico, gli algoritmi possono contribuire alla polarizzazione della società, alla diffusione delle notizie false e all'accesso diseguale alle risorse e alle opportunità. La trasparenza e la regolamentazione degli algoritmi diventano questioni cruciali per affrontare queste sfide e garantire un'esperienza online più equa ed etica.

Si può davvero restare anonimi?

La questione dell'anonimato su internet è stata al centro di numerosi dibattiti e discussioni, poiché influisce in modo significativo sia a livello psicologico che sociologico sull'esperienza online delle persone. La possibilità di navigare in rete in forma anonima ha aperto nuove opportunità e ha sollevato importanti questioni etiche e sociali. L'anonimato offre agli utenti una specie di "scudo" dietro cui possono nascondersi. Questo può avere impatti psicologici complessi. Alcune persone si sentono più libere di esprimere opinioni sincere e personali quando sono anonime, il che può portare a conversazioni aperte e oneste su argomenti delicati. Questo può anche portare all'incivililtà online, con alcune persone che abusano dell'anonimato per insultare o minacciare gli altri senza paura di conseguenze reali. Questo fenomeno è noto come "trolling" ed è un impatto psicologico significativo dell'anonimato online. L'anonimato può anche influenzare la percezione di sé. Alcune persone sfruttano la maschera dell'anonimato per creare identità online fittizie o per esprimere aspetti di sé che non rivelerebbero in pubblico (i cosidetti leoni da tastiera). Questo può portare a una disconnessione tra la vita online e quella offline, con implicazioni psicologiche complesse. La creazione di un'identità online può essere un'esperienza liberatoria per alcune persone, ma può anche portare a una sorta di schizofrenia digitale, in cui la vita online e quella offline sono completamente separate. A livello sociologico, l'anonimato online ha implicazioni importanti. Una delle principali è la questione della fiducia. Quando le persone interagiscono online in forma anonima, possono sorgere dubbi sulla veridicità delle informazioni e delle identità delle persone con cui si comunicano. Questo ha portato a una crescente sfiducia nelle interazioni online, specialmente nei contesti in cui la verifica dell'identità è cruciale, come gli incontri su piattaforme di appuntamenti o le transazioni commerciali. L'anonimato online può essere un terreno fertile per il cyberbullismo e l'abuso. L'assenza di conseguenze reali per le azioni online può portare alcune persone a comportamenti aggressivi o dannosi. Il cyberbullismo è un problema serio che può avere impatti duraturi sulla salute mentale delle vittime. L'anonimato può rendere difficile l'identificazione degli autori di atti illegali o dannosi su internet.

L'anonimato può anche essere utilizzato come strumento per la libertà d'espressione in contesti in cui la critica al governo o alle autorità è pericolosa. In paesi con regimi autoritari, l'anonimato online può consentire alle persone di esprimere opinioni politiche o sociali senza il timore di ritorsioni. Questo è un aspetto positivo dell'anonimato online che ha contribuito a movimenti di protesta e attivismo in tutto il mondo. L'anonimato online può anche alimentare la diffusione di notizie false e disinformazione, come detto in precedenza. La mancanza di responsabilità personale per ciò che viene condiviso online può portare a una maggiore diffusione di teorie cospiratorie o informazioni non verificate. Questo ha impatti significativi sulla percezione pubblica degli eventi e può contribuire a una polarizzazione della società. Infine, l'anonimato online può sollevare questioni etiche legate alla privacy e alla sicurezza. Il fatto che le persone possano navigare in rete in forma anonima rende difficile il controllo delle informazioni personali e la protezione da possibili abusi. La necessità di bilanciare la protezione della privacy con la prevenzione degli abusi è una sfida costante nelle discussioni sull'anonimato online.

L'amore ai tempi dei social

Internet ha rivoluzionato la forma in cui le persone si connettono, comunicano e coltivano le relazioni intime. L'era digitale ha introdotto nuove opportunità per le relazioni romantiche e amichevoli, ma ha anche generato una serie di sfide e complessità, influenzando profondamente gli aspetti psicologici e sociologici della sfera relazionale. L'uso di internet e delle applicazioni di incontri online ha cambiato radicalmente il modo in cui le persone cercano partner romantici. Gli individui possono ora accedere a una vasta gamma di potenziali partner, sfogliando profili e chattando online prima di incontrarsi di persona. Questo può portare a un senso di eccitazione e possibilità, ma può anche creare aspettative irrealistiche e una sorta di "cultura del consumo" in cui le persone sono spesso più inclini a scartare i potenziali partner senza dare loro una reale possibilità.

La comunicazione online può portare a una sensazione di connessione emotiva prima degli incontri fisici. Questo può essere positivo, in quanto consente alle persone di sviluppare una comprensione più profonda delle personalità e delle preferenze degli altri, ma può anche portare a una sorta di idealizzazione. La dissonanza tra le aspettative create online e la realtà degli incontri faccia a faccia può portare a delusione e frustrazione. Un altro impatto psicologico è legato alla gestione della privacy e della sicurezza online. Le persone devono essere consapevoli dei rischi associati all'invio di informazioni personali online e all'incontro con sconosciuti. Questa consapevolezza può generare ansia e preoccupazione, in particolare nelle prime fasi di una relazione. Nelle relazioni a distanza, internet svolge un ruolo cruciale nel mantenere il contatto tra partner separati geograficamente. Le videochiamate e le app di messaggistica consentono alle coppie di comunicare in tempo reale, ma possono anche generare una sensazione di mancanza e nostalgia, specialmente se le visite fisiche sono rare. La gestione di una relazione a distanza richiede un notevole impegno emotivo e psicologico. A livello sociologico, internet ha cambiato la dinamica delle relazioni. Le relazioni online sono diventate sempre più accettate e comuni, con un crescente numero di persone che si incontrano su piattaforme di incontri o attraverso amicizie virtuali. Questo ha generato nuove dinamiche sociali e una crescente varietà di tipi di relazione. Le relazioni online possono attraversare confini geografici e culturali, portando a una maggiore diversità nelle coppie. Questo ha aperto nuove opportunità per l'incrocio di culture e la comprensione interculturale, ma può anche comportare sfide legate alle differenze culturali e linguistiche. L'uso di internet ha anche avuto un impatto sulle dinamiche di coppia. La costante connettività può portare a una sorta di "intrusione digitale" nelle relazioni, con la tecnologia che interfere nelle interazioni faccia a faccia. Questo può comportare una maggiore distrazione e una sensazione di disconnessione tra i partner. La condivisione costante delle vite su internet può portare a una sorta di competizione per la presentazione di relazioni "perfette" online, il che può aumentare il senso di inadeguatezza nelle persone che vedono queste rappresentazioni ideali. L'impatto sociologico delle relazioni online è evidente anche nel contesto delle amicizie virtuali. Le piattaforme di social media consentono alle persone di connettersi con altre persone con interessi simili o condividere esperienze. Questo ha aperto nuove opportunità per la formazione di amicizie virtuali, ma ha anche sollevato domande sul significato e l'autenticità di queste connessioni. internet ha rivoluzionato il modo in cui le persone formano e mantengono relazioni intime. Gli impatti psicologici includono aspettative irrealistiche, idealizzazione, gestione della privacy e ansia legata alla distanza nelle relazioni. A livello sociologico, internet ha portato a nuove dinamiche sociali, alla diversità nelle coppie e alla competizione nelle rappresentazioni online delle relazioni. Comprendere questi impatti è essenziale per navigare con successo nelle complessità delle relazioni nell'era digitale.

Disconnettersi, meditare e riflettere

In un mondo in cui siamo costantemente connessi, la disconnessione digitale è diventata cruciale per la nostra salute mentale, per la qualità delle relazioni e per la nostra capacità di riflettere. L'equilibrio tra l'uso di internet e la vita offline è diventato una questione centrale, con impatti profondi sia a livello psicologico che sociologico. La costante connessione online ha portato a una crescente sensazione di sovraccarico informativo e di stimolazione continua. Le notifiche incessanti, le email, i messaggi e le interazioni sociali online possono causare un senso di "affaticamento digitale". Questo affaticamento può contribuire allo stress, all'ansia e persino a disturbi come la dipendenza da internet. La disconnessione digitale offre un rifugio da questo sovraccarico, permettendo di ristabilire l'equilibrio emotivo, riposare la mente e riscoprire il piacere delle attività offline. La pratica della mindfulness, che promuove la consapevolezza del momento presente, è diventata un mezzo per affrontare il sovraccarico digitale. La disconnessione consente alle persone di vivere in modo più consapevole, godendosi appieno il presente e riducendo l'ansia legata a ciò che potrebbe accadere online. A livello sociologico, la disconnessione digitale ha il potenziale per migliorare la qualità delle relazioni umane. La costante presenza dei dispositivi digitali può distogliere l'attenzione dalle interazioni faccia a faccia, riducendo la qualità delle conversazioni e la connessione emotiva tra le persone. La disconnessione consente di recuperare la capacità di ascolto attivo e di connettersi in modo più autentico con gli altri. La disconnessione può anche influenzare positivamente la creatività e la riflessione. La costante esposizione a stimoli digitali può limitare il tempo dedicato alla contemplazione e all'elaborazione dei pensieri. La mancanza di spazio per la riflessione può ostacolare la creatività e la risoluzione dei problemi. A livello sociale, la disconnessione digitale può influenzare le dinamiche di gruppo e la partecipazione civica. Molti eventi e movimenti sociali si sviluppano online, ma la partecipazione fisica e l'interazione faccia a faccia rimangono essenziali per il cambiamento sociale significativo. La disconnessione può promuovere una maggiore partecipazione nella comunità locale e nella politica, favorendo il coinvolgimento attivo nella vita sociale. La disconnessione digitale può migliorare la qualità del sonno. La luce blu emessa dagli schermi digitali può disturbare il ritmo circadiano, causando disturbi del sonno. La pratica della disconnessione prima di andare a letto può migliorare la qualità del sonno e la salute generale. La disconnessione digitale è diventata una necessità psicologica e sociologica in un mondo sempre più connesso. aiuta a ridurre lo stress, a migliorare la concentrazione e a promuovere il benessere emotivo. Migliora la qualità delle relazioni umane, favorisce la partecipazione civica e promuove la creatività e la riflessione. La capacità di staccarsi dalla tecnologia in modo consapevole è diventata una competenza preziosa per affrontare le sfide del mondo digitale. Ora, è fondamentale esplorare cosa ci riserva il futuro in un mondo sempre più connesso. L'internet ha trasformato la società e il comportamento individuale in modi che nessuno avrebbe potuto prevedere completamente quando è emerso come uno strumento di comunicazione e informazione all'inizio degli anni '90. Le sfide e le opportunità che internet presenta sono in continua evoluzione, e la nostra comprensione di come questo mezzo influenzi le nostre vite sta crescendo costantemente. Quindi, qual è il futuro dell'internet e della società? Una delle tendenze più rilevanti è l'espansione dell'internet delle cose (IoT). Questa tecnologia consente ai dispositivi di comunicare tra loro attraverso la rete. Ciò significa che tutto, dai frigoriferi agli orologi, può essere connesso e controllato online. Mentre ciò offre un notevole potenziale per la comodità e l'efficienza nella vita quotidiana, comporta anche implicazioni significative in termini di privacy e sicurezza. Con così tanti dispositivi connessi, è fondamentale garantire che le informazioni personali rimangano protette e che i dispositivi stessi siano sicuri da intrusioni.

SOCIAL, MA NON SOCIALI

Nel vasto panorama delle trasformazioni sociali e tecnologiche del nostro tempo, l'avvento dei social media rappresenta una svolta significativa nella comunicazione umana. Queste piattaforme digitali hanno rivoluzionato il modo in cui le persone interagiscono, creando nuove opportunità e sfide nelle relazioni interpersonali. Attraverso la condivisione immediata di informazioni, pensieri e immagini, i social media hanno ridefinito i confini dell'interazione umana e aperto le porte a una nuova era di connettività. Uno degli impatti più evidenti dei social media riguarda la velocità e l'ampiezza con cui le informazioni vengono diffuse. Oggi, un evento o un'idea possono raggiungere milioni di persone in pochi istanti, trasformando la comunicazione da un processo lento e locale in un fenomeno globale e istantaneo. Questo ha permesso alle persone di rimanere costantemente aggiornate su questioni di interesse personale, politico o sociale. Questa facilità di accesso all'informazione ha anche generato un surplus di dati che può essere travolgente, portando a fenomeni come l'infoxicazione, che può avere implicazioni psicologiche. La dimensione globale delle piattaforme di social media ha reso possibile la connessione tra individui che altrimenti potrebbero non aver avuto l'opportunità di interagire. Le persone possono ora stabilire relazioni online con individui provenienti da paesi e culture diverse, sperimentando una sorta di "villaggio globale". Questa apertura a prospettive e culture diverse ha il potenziale per promuovere la comprensione interculturale e l'empatia, ma può anche generare conflitti e fraintendimenti, in quanto le diverse prospettive possono entrare in collisione. La possibilità di connettersi con persone in tutto il mondo ha anche avuto un impatto positivo sulle iniziative di attivismo e sensibilizzazione, consentendo a organizzazioni e movimenti sociali di raggiungere un pubblico globale per promuovere cause importanti. Come tutte le cose, c'è sempre l'aspetto meno positivo. L'uso diffuso dei social media ha portato anche ad alcuni impatti psicologici e sociologici complessi e talvolta problematici. La stessa immediatezza con cui le informazioni si diffondono può contribuire a una cultura dell'impulsività, in cui le reazioni istantanee e emotive spesso prevalgono sulla riflessione e il dialogo costruttivo. Questo può alimentare la polarizzazione e l'ostilità nelle discussioni online, portando a un clima di conflitto anziché di dialogo. Un altro aspetto degno di nota è l'effetto delle bolle sociali. Le persone tendono a interagire online principalmente con individui che condividono le stesse opinioni, creando un'eco camera in cui le proprie convinzioni vengono costantemente confermate. Questo può portare alla polarizzazione delle opinioni, in cui le persone diventano sempre più radicate nelle loro posizioni e meno inclini a considerare punti di vista alternativi. Ciò ha implicazioni sociologiche significative, poiché può contribuire a divisioni e conflitti all'interno della società. Il potere delle immagini e dei contenuti visivi sui social media è un altro aspetto di rilevanza psicologica. La tendenza a condividere foto e video della propria vita quotidiana ha contribuito alla cultura dell'immagine, in cui l'importanza dell'aspetto fisico e dell'estetica è amplificata. Questo può influire sulla percezione di sé stessi e sulla costruzione dell'identità, poiché le persone possono sentirsi inadeguate rispetto agli standard di bellezza idealizzati che vengono promossi online. I social media hanno un impatto sulle relazioni interpersonali. Mentre consentono di rimanere in contatto con amici e familiari, possono anche generare sentimenti di invidia e competizione. La visibilità delle vite degli altri può portare a confronti negativi e sensazioni di insicurezza, specialmente tra i giovani. Allo stesso tempo, l'uso eccessivo dei social media può portare alla sensazione di essere costantemente "connessi" ma, paradossalmente, può anche alimentare il sentimento di solitudine. Le interazioni online, sebbene abbiano il potenziale per connettere le persone, non possono sempre sostituire il valore delle interazioni faccia a faccia. Va menzionato l'impatto sulla privacy. L'uso delle informazioni personali da parte delle piattaforme di social media solleva preoccupazioni sulla sicurezza e sulla protezione dei dati personali. La condivisione di informazioni sensibili può portare a rischi di sicurezza e può influenzare la percezione di quanto sia sicuro condividere dettagli personali online. I social media hanno anche un ruolo nel modellare e influenzare l'opinione pubblica. La diffusione di notizie false e disinformazione online è diventata una sfida significativa, con conseguenze che possono minare la fiducia nel giornalismo professionale e influenzare le decisioni politiche e sociali. L'avvento dei social media ha portato a una rivoluzione nella comunicazione umana. Queste piattaforme digitali hanno reso possibile la condivisione istantanea di informazioni e la connessione tra individui in tutto il mondo. Questa rivoluzione è stata accompagnata da impatti psicologici e sociologici complessi. L'abbondanza di informazioni, la polarizzazione delle opinioni, l'importanza delle immagini, i cambiamenti nelle relazioni interpersonali, le preoccupazioni sulla privacy e l'influenza sull'opinione pubblica sono solo alcune delle sfaccettature di questo fenomeno.

È importante affrontare queste sfide in modo ponderato, promuovendo un uso responsabile dei social media e incoraggiando il dialogo costruttivo e il pensiero critico. La rivoluzione dei social media è un'opportunità e una sfida che richiede una comprensione approfondita delle sue implicazioni psicologiche e sociologiche per sfruttarne appieno il potenziale positivo e mitigarne gli effetti negativi.

Uno, Nessuno e Centomila: il paradosso dell'isolamento sociale nei Social

Nonostante la capacità dei social media di connettere le persone in tutto il mondo, c'è un paradosso evidente che sorge dalla loro diffusa adozione: l'isolamento sociale. Questo paradosso getta luce su come l'uso eccessivo dei social media possa, in realtà, portare all'isolamento sociale, creando una contraddizione sorprendente in un mondo iperconnesso.

Iniziamo esaminando il lato sociologico di questo fenomeno. I social media sono progettati per consentire alle persone di rimanere in contatto, condividere esperienze e interagire con amici, familiari e conoscenti, ma ciò che spesso accade è che tali interazioni avvengono principalmente online, anziché faccia a faccia. Questa modalità di comunicazione, pur vantando la sua comodità, ha il potenziale per sostituire le relazioni reali. Mentre le persone trascorrono ore a chattare, condividere post e interagire virtualmente, potrebbero trovare sempre meno tempo per incontri fisici con amici o parenti. Il contatto diretto e le interazioni in presenza possono diventare più rari, dando luogo a una forma di isolamento. Un altro aspetto sociologico da considerare è il fenomeno dell'isolamento generazionale. I social media hanno una presenza predominante tra i giovani, che spesso li utilizzano come principale mezzo di comunicazione. Questa preferenza per l'interazione online può creare un divario con le generazioni più anziane, che potrebbero non avere la stessa dimestichezza con le tecnologie digitali. Questo divario generazionale può portare a una mancanza di comprensione reciproca e alla separazione tra le diverse fasce d'età, contribuendo all'isolamento. Da un punto di vista psicologico, il paradosso dell'isolamento sociale nei social media può essere compreso attraverso l'analisi delle dinamiche individuali. L'uso intensivo di queste piattaforme può portare a una sorta di dipendenza, in cui le persone si sentono costantemente obbligate a controllare i propri account e a rispondere alle notifiche. Questo comportamento può ridurre il tempo dedicato alle attività sociali nella vita reale e alla costruzione di relazioni significative. La sensazione di essere costantemente "connessi" online può anche causare stress e ansia, portando alcune persone a ritirarsi ulteriormente dal mondo reale per sfuggire alla pressione costante. L'aspetto psicologico dell'isolamento è ulteriormente accentuato dall'idea di "comparazione sociale". I social media spesso presentano un'immagine selettiva della vita delle persone, mostrando i momenti più felici, interessanti o eccezionali. Questo può portare le persone a confrontare le proprie vite con le rappresentazioni idealizzate dei social media, portando a sentimenti di inadeguatezza e solitudine. Le immagini di vacanze esotiche, cene eleganti e successi professionali possono far emergere invidia e competizione, anziché favorire una connessione autentica tra individui. Da un punto di vista sociologico, i social media hanno anche un impatto sul concetto di comunità. Mentre le piattaforme online consentono a individui con interessi simili di riunirsi, possono anche creare un senso di comunità virtuale che sostituisce in parte le comunità locali o fisiche. Le persone possono sentirsi parte di gruppi online che condividono le stesse passioni o opinioni, ma potrebbero trascurare l'interazione con le persone nel loro ambiente immediato. Questo può portare a un senso di isolamento da coloro che li circondano fisicamente, poiché le connessioni virtuali possono sembrare più allettanti e convenienti. Un altro elemento da considerare è l'effetto del tempo passato online sulla qualità delle relazioni. La comunicazione digitale può essere superficiale e priva di sfumature emotive. Le parole scritte su uno schermo possono mancare della ricchezza della comunicazione non verbale, come l'espressione del viso, il tono della voce e il contatto fisico. Questo può ridurre la profondità delle relazioni online rispetto a quelle sviluppate attraverso interazioni faccia a faccia. Il fenomeno dell'isolamento sociale può diventare più evidente tra le generazioni più giovani, dove l'uso dei social media è particolarmente diffuso. I giovani trascorrono sempre più tempo online, a scapito delle interazioni dirette con i coetanei. Questo può avere un impatto sullo sviluppo delle capacità sociali e sulla formazione di legami stretti e significativi. Mentre le amicizie virtuali possono essere gratificanti, non possono sostituire completamente l'importanza delle relazioni reali nella vita di un individuo.

Per concludere, il paradosso dell'isolamento sociale nei social media è una questione complessa che abbraccia sia aspetti sociologici che psicologici. Mentre queste piattaforme consentono una connessione globale e la condivisione di esperienze, possono anche contribuire all'isolamento attraverso la sostituzione delle relazioni faccia a faccia, il divario generazionale, la dipendenza, la comparazione sociale e la creazione di comunità virtuali. Per affrontare questo paradosso in modo efficace, è essenziale bilanciare l'uso dei social media con il mantenimento di relazioni significative nella vita reale e promuovere la consapevolezza dell'importanza delle interazioni autentiche e dell'equilibrio tra mondo virtuale e mondo reale.

Emulazione sociale

Nel mondo dei social media, uno dei fenomeni più rilevanti è rappresentato dalla "curva dell'invidia sociale." Questo termine non ufficiale descrive una tendenza diffusa in cui le persone sperimentano sentimenti di invidia quando sono esposte alle vite apparentemente perfette e ai successi altrui, che sono spesso condivisi e celebrati online. Questa invidia sociale ha una serie di impatti psicologici e sociologici che meritano un'analisi approfondita.

Dal punto di vista psicologico, l'invidia è una risposta emotiva complessa. Quando le persone vedono i successi e le realizzazioni degli altri sui social media, possono confrontare queste rappresentazioni idealizzate con le proprie vite. Questo confronto può portare a sentimenti di inadeguatezza, insicurezza e persino depressione. Le immagini di vacanze di lusso, cene gourmet, relazioni perfette e carriere di successo possono creare una sensazione di dissonanza tra ciò che le persone vedono online e la loro realtà quotidiana. Questa discrepanza può generare una pressione psicologica per apparire altrettanto felici, di successo e perfetti, spingendo le persone a cercare costantemente di presentare le versioni più favorevoli di se stesse. L'invidia sociale può influenzare negativamente l'autostima. Quando le persone si confrontano costantemente con le rappresentazioni dei successi altrui, possono percepire le proprie vite come meno significative o meno soddisfacenti. Questo può portare a sentimenti di inferiorità e a una percezione distorta del proprio valore. Le persone possono sviluppare un desiderio costante di accumulare più successi e di dimostrare agli altri il proprio valore, spesso attraverso la condivisione e la visibilità online. Questa ricerca di approvazione e riconoscimento può diventare un ciclo infinito e insoddisfacente.

Da un punto di vista sociologico, l'invidia sociale può avere un impatto significativo sulle relazioni interpersonali. Quando le persone sono costantemente esposte ai successi e alle realizzazioni degli altri, possono avere difficoltà a gioire genuinamente per il successo altrui. Invece, possono provare sentimenti di rivalità e competizione, minando le relazioni sociali. Questo può rendere difficile la formazione di legami autentici e di solidarietà tra individui, poiché l'invidia sociale può essere una forza divisiva. Un altro aspetto sociologico da considerare è il ruolo delle piattaforme di social media stesse nella creazione di invidia sociale. Le caratteristiche di alcune piattaforme, come l'algoritmo di selezione dei contenuti, tendono a mostrare agli utenti contenuti che sono stati valutati positivamente da altri. Questo significa che i successi e le realizzazioni spesso ricevono più visibilità, incoraggiando ulteriormente la comparazione sociale e l'invidia. La cultura dell'immagine e dell'estetica promossa dai social media spinge le persone a presentarsi in modo favorevole e a condividere momenti di successo, contribuendo ulteriormente alla "curva dell'invidia sociale."

In termini di dinamiche sociali più ampie, l'invidia sociale può anche avere un impatto sul benessere collettivo. Quando le persone sono infelici a causa dell'invidia e della pressione per apparire di successo, ciò può influenzare negativamente il clima sociale. La competitività e la gelosia possono erodere la fiducia e la collaborazione tra individui, rendendo più difficile la costruzione di comunità solide e solidali. L'invidia sociale può anche contribuire a un senso di insoddisfazione generale all'interno della società, poiché le persone cercano costantemente di raggiungere standard irrealistici di successo e felicità. Per affrontare la "curva dell'invidia sociale" sui social media, è importante promuovere la consapevolezza e la resilienza psicologica. Gli individui possono imparare a riconoscere quando stanno sperimentando invidia e sviluppare strategie per affrontarla in modo sano, come la pratica della gratitudine e il focus su obiettivi personali anziché confronti costanti con gli altri. Le piattaforme di social media stesse possono assumere un ruolo attivo nel mitigare l'invidia sociale, adottando politiche che promuovano la diversità delle esperienze condivise e incoraggino la presentazione onesta delle vite degli utenti. La consapevolezza collettiva del fenomeno e degli impatti dell'invidia sociale è essenziale per creare una cultura online più sana e costruttiva. La "curva dell'invidia sociale" rappresenta una complessa interazione tra impatti psicologici e sociologici dei social media. Questo fenomeno può generare sentimenti di inadeguatezza, insicurezza e depressione, influenzare negativamente l'autostima e minare la qualità delle relazioni interpersonali. Dal punto di vista sociologico, l'invidia sociale può minare la solidarietà e promuovere la competizione, con implicazioni per il benessere collettivo. Affrontare questo fenomeno richiede un impegno sia a livello individuale che a livello delle piattaforme di social media stesse, promuovendo una cultura online basata sulla consapevolezza, l'empatia e la gratitudine anziché sulla comparazione e sulla competizione costante.

Sdoppiamento dell'identità: second life

Nel panorama delle dinamiche sociali e psicologiche che caratterizzano l'era dei social media, la costruzione dell'identità online si erge come un tema centrale, suscitando una serie di complessi impatti sia a livello individuale che sociale. Questo processo di plasmare e presentare un'identità digitale rappresenta una sfida e un'opportunità, con implicazioni che vanno ben oltre la superficie delle interazioni online. Dal punto di vista psicologico, la costruzione dell'identità online è intrinsecamente legata al desiderio di controllo sull'immagine che proiettiamo. Le piattaforme di social media consentono agli individui di selezionare attentamente gli aspetti della loro vita da condividere, curando una narrazione che spesso enfatizza i momenti positivi e affida al silenzio gli aspetti meno attraenti. Questa pratica, conosciuta come "curazione dell'identità," può creare una versione distorta della realtà, spingendo le persone a presentare se stesse in modo molto diverso da ciò che sono nella vita quotidiana. Le immagini di vite perfette e senza problemi possono generare pressioni psicologiche, poiché gli individui possono confrontare costantemente la loro realtà con standard idealizzati, scatenando sentimenti di inadeguatezza e insicurezza. La discrepanza tra la vita reale e la sua rappresentazione online può alimentare la percezione di una mancanza di autenticità e di un vuoto interiore. La costruzione dell'identità online può creare un forte desiderio di validazione. Le interazioni sociali online spesso ruotano attorno all'ottenere "mi piace," commenti e condivisioni, che diventano una fonte di gratificazione e autostima. Questo può portare a una dipendenza psicologica, con le persone che cercano costantemente l'attenzione e il riconoscimento online per alimentare il proprio senso di valore. Questa dipendenza può influenzare negativamente la percezione delle relazioni personali, poiché le persone attribuiscono il proprio valore alla quantità di interazioni positive che ricevono.

L'equilibrio tra una valida espressione delle proprie opinioni e il desiderio di ottenere il consenso online può risultare difficile da mantenere. Un altro aspetto psicologico rilevante è la tendenza all'autocensura. La consapevolezza che le azioni e le parole siano registrate online, disponibili per un vasto pubblico, può portare le persone a limitare la libertà di espressione. Questa autocensura può rendere le interazioni online meno autentiche, poiché le persone possono sentirsi obbligate a presentare versioni conformi e accettabili di sé stesse, temendo le reazioni negative o il giudizio altrui. Questo fenomeno può limitare la diversità di opinioni e la creatività nelle interazioni online, poiché le persone cercano di evitare il conflitto e l'esposizione al giudizio. In questo modo, la costruzione dell'identità online può minare la sincerità e la genuinità delle relazioni digitali.

Passando al punto di vista sociologico, la costruzione dell'identità online può introdurre dinamiche complesse nelle relazioni interpersonali. La creazione di un'identità online può comportare la formazione di "personaggi" o "maschere" che possono differire notevolmente dalla personalità reale di un individuo. Questo può rendere difficile per gli altri discernere la verità dalla finzione, generando una sfida alla fiducia reciproca nelle relazioni. Gli individui possono essere portati a porsi domande sulla sincerità e l'autenticità delle interazioni digitali, alimentando la diffidenza e il cinismo. La percezione delle relazioni online come meno autentiche rispetto a quelle nella vita reale può influire sulla qualità e sulla profondità delle connessioni sociali, contribuendo a un senso di distanza e superficialità nelle relazioni online. La costruzione dell'identità online può dar luogo a aspettative irrealistiche. Le rappresentazioni selettive delle vite online possono portare a giudizi errati e all'influenza delle aspettative irrealistiche sugli altri. Le persone possono sviluppare aspettative poco realistiche riguardo alla felicità, al successo e alla perfezione altrui, ignorando il fatto che ognuno ha sfide e momenti difficili nella vita. Questo fenomeno può generare conflitti e incomprensioni nelle relazioni, poiché le aspettative irrealistiche vengono a confronto con la realtà. Le persone possono sentirsi deluse e frustrate quando gli altri non rispondono a tali aspettative. Un aspetto sociologico ulteriore è la questione delle "catfish," ossia individui che si fanno passare per qualcun altro online. Queste pratiche possono avere conseguenze gravi sul piano delle relazioni e della fiducia. La costruzione dell'identità online crea un terreno fertile per l'inganno e la manipolazione, con ripercussioni negative sulla percezione dell'identità e la fiducia tra individui. L'illusione di un'identità falsa può minare gravemente la fiducia nelle relazioni online e generare un senso di tradimento e delusione. La costruzione dell'identità online è una pratica comune nei social media che ha profonde implicazioni a livello psicologico e sociologico. Dal punto di vista psicologico, questa pratica può generare pressioni per la cura dell'immagine, il desiderio di validazione e l'autocensura, con conseguenze sull'autenticità e sull'autostima. Dal punto di vista sociologico, può complicare la formazione di relazioni autentiche, generare aspettative irrealistiche e facilitare l'inganno, con ripercussioni sulla fiducia e la qualità delle relazioni. Affrontare questi aspetti richiede un impegno sia a livello individuale che collettivo, promuovendo la consapevolezza dell'importanza dell'autenticità online e incoraggiando un dialogo aperto sulle sfide e le aspettative legate alla costruzione dell'identità online. La creazione di un'identità digitale può essere un'opportunità per esplorare e condividere chi siamo veramente, ma richiede anche una riflessione critica sul modo in cui le pratiche digitali influenzano la nostra percezione di noi stessi e degli altri.

Cyberbullismo

In un mondo sempre più digitalizzato, il cyberbullismo emerge come un grave problema, con profonde implicazioni psicologiche e sociologiche. Questo fenomeno, conosciuto anche come bullismo online, coinvolge l'uso di piattaforme digitali per molestare, minacciare o diffamare gli altri. Il cyberbullismo si è evoluto grazie alla crescente presenza dei social media nelle vite delle persone, aprendo una nuova arena per il disagio e l'abuso. Esaminando questo problema complesso, possiamo capire come il bullismo online influenzi sia gli individui che la società nel suo insieme.

Da un punto di vista psicologico, il cyberbullismo ha un impatto significativo sulle vittime. Le persone che subiscono cyberbullismo spesso sperimentano stress, ansia, depressione e una sensazione generale di malessere emotivo. Le minacce e gli insulti costanti provenienti da sconosciuti o anche da conoscenti online possono avere conseguenze devastanti sulla salute mentale delle vittime. La costante esposizione a messaggi dannosi può erodere l'autostima e la percezione di sé, portando le vittime a dubitare del proprio valore e a sviluppare una sensazione di isolamento e disperazione. Un aspetto psicologico rilevante del cyberbullismo riguarda l'anonimato. Poiché molte piattaforme digitali consentono agli utenti di nascondere la propria identità, i bulli online spesso operano nell'ombra, senza paura delle conseguenze. Questo anonimato può rendere il bullismo online particolarmente aggressivo e sfrenato, poiché i responsabili si sentono invulnerabili. Le vittime, d'altra parte, spesso non riescono a identificare chi sta perpetrando gli abusi, aumentando la loro sensazione di vulnerabilità.

Dal punto di vista sociologico, il cyberbullismo può avere impatti duraturi sulla società. Contribuisce a una cultura di aggressione e mancanza di rispetto online, che può influenzare negativamente le dinamiche sociali. Le piattaforme di social media, se non affrontate in modo efficace, possono diventare terreno fertile per comportamenti dannosi, portando a una diminuzione della gentilezza e dell'empatia nelle interazioni online. Questo può a sua volta influire sulla percezione delle relazioni online e compromettere la qualità complessiva delle connessioni digitali.

Un altro aspetto sociologico riguarda il coinvolgimento di giovani nel cyberbullismo. I giovani sono particolarmente vulnerabili a questa forma di abuso, sia come vittime che come aggressori. Il cyberbullismo tra i giovani può avere effetti duraturi sul loro sviluppo psicologico e sociale. Le vittime possono sperimentare un deterioramento della salute mentale e delle performance accademiche, mentre i bulli possono mostrare comportamenti aggressivi sia online che offline. Questi modelli comportamentali possono avere ripercussioni sulla società nel lungo periodo, contribuendo a una cultura di aggressione tra giovani che poi può persistere nella vita adulta.

Un aspetto significativo del cyberbullismo è la sua diffusione in larga scala. Le piattaforme di social media consentono ai contenuti di diffondersi rapidamente, raggiungendo un vasto pubblico in pochissimo tempo. Questo può amplificare notevolmente l'impatto delle azioni di bullismo, portando a una maggiore esposizione delle vittime agli abusi e all'umiliazione pubblica. L'aspetto virale del cyberbullismo può rendere difficile il controllo e la mitigazione del fenomeno, poiché i messaggi dannosi possono propagarsi rapidamente e sfuggire al controllo delle piattaforme e delle autorità.

Un altro elemento di rilievo è l'interazione tra il cyberbullismo e la privacy online. Le piattaforme di social media spesso raccolgono dati personali sugli utenti, il che può aumentare la vulnerabilità delle vittime. I bulli online possono utilizzare queste informazioni per minacciare o diffamare le vittime in modi specifici, spingendo la discussione sulla protezione della privacy online e sulle responsabilità delle piattaforme digitali.

Per affrontare il problema del cyberbullismo, sono necessari sforzi congiunti a livello individuale, educativo, e legislativo. A livello individuale, è fondamentale promuovere la consapevolezza dei rischi online e insegnare ai giovani come affrontare il bullismo e proteggere la propria salute mentale. A livello educativo, le scuole possono implementare programmi di sensibilizzazione e prevenzione del cyberbullismo, incoraggiando la gentilezza e l'empatia tra gli studenti. A livello legislativo, è importante che i governi adottino leggi per affrontare il cyberbullismo e per rendere le piattaforme di social media più responsabili nella gestione dei contenuti dannosi.

Il cyberbullismo rappresenta un problema grave con profonde implicazioni psicologiche e sociologiche. A livello psicologico, le vittime sperimentano stress, ansia e depressione, mentre l'anonimato online può rendere i bulli più aggressivi. A livello sociologico, il cyberbullismo può contribuire a una cultura di aggressione online e influire negativamente sulle dinamiche sociali. Coinvolgendo spesso giovani, il cyberbullismo può avere ripercussioni a lungo termine sulla società, contribuendo a comportamenti aggressivi nella vita adulta. Per affrontare questo problema, è necessario un approccio multifaceted che coinvolga l'istruzione, la sensibilizzazione e la legislazione. Solo attraverso uno sforzo congiunto a tutti i livelli possiamo sperare di mitigare l'impatto del cyberbullismo e promuovere un ambiente online più sicuro e rispettoso.

Dipendenza patologica

Nell'era digitale, l'uso eccessivo dei social media si è evoluto in un fenomeno noto come la dipendenza dai social media, con profonde implicazioni psicologiche e sociologiche. Questa dipendenza può avere un impatto significativo sulla vita delle persone, influenzando il loro benessere, la produttività e la qualità delle relazioni interpersonali. Per comprendere questa problematica, è necessario esaminare sia gli aspetti psicologici che quelli sociologici che circondano la dipendenza dai social media.

Dal punto di vista psicologico, la dipendenza dai social media può innescare una serie di comportamenti ossessivi e compulsivi. Gli individui che ne soffrono spesso sentono la necessità irresistibile di controllare costantemente le loro piattaforme di social media, verificando notifiche, aggiornamenti e condivisioni in modo incessante. Questo comportamento può portare a una perdita di controllo, in cui le persone lottano per ridurre il tempo dedicato ai social media nonostante i danni che ne derivano. La dipendenza dai social media può anche interferire con altri aspetti della vita, come il lavoro, lo studio e le relazioni personali. La costante ricerca di gratificazione attraverso l'interazione online può portare a una perdita di produttività e all'isolamento da amici e familiari.

Un elemento psicologico rilevante è il ricompensarsi con la "ricerca di dopamina". Le piattaforme di social media sono state progettate per offrire gratificazioni immediate sotto forma di like, commenti e condivisioni. Queste interazioni online scatenano la liberazione di dopamina nel cervello, il neurotrasmettitore collegato alla sensazione di piacere e gratificazione. Di conseguenza, le persone possono sviluppare un ciclo di dipendenza in cui cercano costantemente nuovi stimoli e ricompense online per stimolare la liberazione di dopamina. La ricerca di dopamina può portare a una dipendenza psicologica, poiché le persone cercano costantemente la "prossima dose" di gratificazione online, spesso a discapito della loro salute mentale e fisica.

La dipendenza dai social media può anche portare a effetti psicologici negativi, tra cui ansia e depressione. La costante esposizione a ideali irrealistici di felicità e successo presentati online può far sorgere sentimenti di inadeguatezza e insicurezza. Le persone possono sviluppare una percezione distorta della loro vita e delle loro relazioni, poiché confrontano costantemente la realtà con le rappresentazioni idealizzate dei loro contatti online. Questo può portare a una crescente ansia sociale, poiché le persone si preoccupano costantemente di come vengono percepite dagli altri e di quanto siano "popolari" o "accettati" online. La dipendenza dai social media può interrompere i ritmi circadiani e il sonno, in quanto molte persone trascorrono ore notturne ad esplorare le piattaforme digitali, compromettendo così il loro benessere fisico e mentale.

Dal punto di vista sociologico, la dipendenza dai social media può avere un impatto sulle dinamiche sociali e sulle relazioni personali. Le persone che lottano con questa dipendenza possono ritrovarsi a trascurare gli incontri e le conversazioni faccia a faccia, preferendo le interazioni virtuali. Questo può portare a una diminuzione della qualità delle relazioni, in quanto le connessioni online possono spesso risultare superficiali e meno autentiche. Le conversazioni online possono mancare di empatia e comprensione, poiché gli individui possono concentrarsi sulla propria gratificazione e sul mantenimento delle apparenze online piuttosto che sulla qualità delle relazioni reali. Questo può portare a sentimenti di solitudine e isolamento, nonostante l'apparente connettività online.

Un aspetto sociologico importante è l'impatto della dipendenza dai social media sull'attenzione pubblica e sul coinvolgimento civico. Le piattaforme di social media sono diventate una fonte predominante di notizie e informazioni, e la loro ubiquità nella vita quotidiana può distrarre le persone da questioni importanti. La continua esposizione a contenuti sensazionalistici e divisivi può influenzare negativamente il discorso pubblico, portando a una polarizzazione delle opinioni e a una mancanza di comprensione di prospettive diverse. La dipendenza dai social media può portare a un'eccessiva frammentazione dell'attenzione, con le persone che saltano costantemente da una piattaforma all'altra, rendendo difficile il mantenimento di una concentrazione a lungo termine su questioni complesse. La dipendenza dai social media è un fenomeno complesso con profonde implicazioni psicologiche e sociologiche. Dal punto di vista psicologico, può portare a comportamenti ossessivi e compulsivi, alla ricerca di gratificazione attraverso la dopamina e a effetti negativi sulla salute mentale, tra cui ansia e depressione. A livello sociologico, può influenzare negativamente le relazioni personali, la qualità del discorso pubblico e l'attenzione verso questioni importanti. Per affrontare questa problematica, è necessario un approccio bilanciato che coinvolga sia l'educazione individuale sulla gestione dell'uso dei social media che l'adozione di politiche di regolamentazione da parte delle piattaforme e dei governi. La promozione di un uso responsabile dei social media e della consapevolezza dei rischi associati è essenziale per garantire che questi strumenti digitali siano una fonte di connessione e benessere, anziché una causa di dipendenza e disagio.

I filtri e la realtà distorta e selezionata

Nel mondo dei social media, l'immagine è tutto. Questa affermazione, seppur triste, rispecchia la realtà delle piattaforme digitali, dove l'uso diffuso dei filtri di bellezza e la promozione di aspettative irrealistiche riguardo all'aspetto fisico hanno un impatto significativo sulla percezione di sé e sulle dinamiche sociali. Il ruolo dei filtri e delle aspettative distorte rappresenta un elemento chiave nell'analisi delle implicazioni psicologiche e sociologiche dei social media.
Dal punto di vista psicologico, l'uso dei filtri di bellezza può portare a una serie di conseguenze negative sulla percezione di sé. I filtri, disponibili su molte piattaforme di social media, consentono agli utenti di ritoccare e migliorare l'aspetto delle proprie foto. Mentre l'uso occasionale di filtri per scopi divertenti può essere innocuo, l'abuso e la dipendenza da queste modifiche possono generare un'immagine distorta di

sé stessi. Gli individui possono sviluppare una percezione distorta della bellezza e della normalità, aspettandosi di apparire costantemente come fanno con i filtri applicati. Questo può portare a una crescente insicurezza e a una lotta per adeguarsi a standard irrealistici. L'ossessione per l'aspetto fisico, alimentata dai filtri, può avere effetti negativi sulla salute mentale, portando a un senso di inadeguatezza e a una costante ricerca di approvazione online. L'uso dei filtri può portare a una mancanza di autenticità nelle interazioni online. Le persone che si abituano a presentare un'immagine ritoccata di sé stesse possono sentirsi costrette a mantenere questa apparenza costantemente, anche a discapito della loro genuinità. Questo può influenzare la qualità delle relazioni online, poiché le conversazioni possono diventare meno autentiche e più incentrate sull'apparenza. La percezione di sé e degli altri può essere distorta, poiché le persone cercano di mantenere una facciata perfetta online, evitando di mostrare le proprie vulnerabilità e imperfezioni. Questo può portare a relazioni superficiali e a un senso di disconnessione con gli altri.

Da un punto di vista sociologico, il ruolo dei filtri e delle aspettative distorte può avere ripercussioni sulla cultura dell'immagine. Le piattaforme di social media spesso promuovono standard irrealistici di bellezza attraverso influencer e celebrità che utilizzano filtri e ritocchi digitali per presentare un'immagine "perfetta" di sé stessi. Questa cultura dell'immagine può generare pressioni sociali sul pubblico, spingendo le persone a cercare costantemente di adeguarsi a tali standard. La conseguenza è una corsa all'immagine ideale, spesso a scapito dell'autenticità e della salute mentale. L'uso eccessivo dei filtri può portare a una perdita di identità e individualità. Le persone possono sentirsi costrette a conformarsi a uno standard estetico omogeneo, perdendo così la propria unicità. Questo fenomeno può influenzare la diversità e la creatività nelle interazioni online, poiché le persone tendono a seguire un modello predefinito di bellezza piuttosto che esprimere la propria individualità. Questo può portare a una mancanza di originalità e autenticità nelle conversazioni e nell'arte online, con effetti sulla cultura e sulla creatività in generale.

Infine, l'aspettativa di bellezza promossa dai filtri può portare a una crescente pressione per ricorrere alla chirurgia estetica e a interventi cosmetici. Le persone che cercano di emulare l'aspetto dei filtri possono sentirsi spinte a modificare il proprio corpo per avvicinarsi agli ideali promossi online. Questo può avere conseguenze fisiche e psicologiche significative, con persone che affrontano rischi per la salute e spese considerevoli per raggiungere gli standard imposti. La promozione costante della bellezza ideale può alimentare l'industria della chirurgia estetica, creando una domanda costante di procedure e trattamenti.

Il ruolo dei filtri e delle aspettative distorte nei social media ha implicazioni psicologiche e sociologiche profonde. Dal punto di vista psicologico, l'uso dei filtri può generare insicurezza, insoddisfazione e dipendenza da un'immagine ideale. La mancanza di autenticità nelle interazioni online può influenzare negativamente la qualità delle relazioni. Dal punto di vista sociologico, la cultura dell'immagine può generare pressioni sociali, spingendo le persone a cercare costantemente di adeguarsi a standard irrealistici. La perdita di individualità e la pressione per la chirurgia estetica sono ulteriori conseguenze sociali di questa cultura. Affrontare questi problemi richiede una maggiore consapevolezza delle implicazioni psicologiche e sociologiche dell'uso dei filtri e delle aspettative distorte e promuovere un approccio più realistico all'immagine di sé e degli altri online.

Le Bubble Sociali

Nel vasto e complesso universo dei social media, le "bubble sociali" emergono come uno dei fenomeni sociologici più intriganti e controversi. Queste bubble rappresentano gruppi di individui all'interno di una piattaforma digitale che sono esposti principalmente a punti di vista, opinioni e contenuti simili ai propri. Questa polarizzazione delle idee può avere profonde implicazioni psicologiche e sociologiche, influenzando la percezione del mondo, il dialogo civico e la coesione sociale.

Iniziamo analizzando gli aspetti psicologici di questo fenomeno. Le bubble sociali sono spesso il risultato degli algoritmi di raccomandazione delle piattaforme di social media. Questi algoritmi analizzano il comportamento dell'utente, come i like e i commenti, per presentare contenuti che si allineano alle opinioni preesistenti. Mentre questo può essere utile per personalizzare l'esperienza dell'utente, può anche creare un'eco camera digitale in cui le persone sono esposte principalmente a prospettive simili alle loro. Questo può portare a un rafforzamento delle convinzioni esistenti e a una percezione distorta del mondo.

Sotto il profilo psicologico, questo fenomeno può portare a un restringimento della comprensione del mondo. Le persone tendono a vedere principalmente ciò che conferma le loro opinioni e a ignorare o respingere prospettive diverse. Questo può portare a un senso di chiusura mentale, impedendo alle persone di sviluppare una comprensione più ampia e sfaccettata del mondo. La mancanza di esposizione a opinioni diverse può portare anche a una crescente intolleranza e a una polarizzazione delle opinioni, poiché le persone hanno meno opportunità di dialogare con chi la pensa diversamente.

Sul piano sociologico, le bubble sociali possono avere un impatto significativo sul dialogo civico. Laddove una volta i media tradizionali erano spesso una fonte comune di informazioni condivise, le persone ora hanno accesso a fonti di informazioni altamente personalizzate e spesso polarizzate. Questo può portare a una mancanza di consenso sulle questioni importanti e a una crescente sfiducia nei confronti delle istituzioni e dei media tradizionali. La polarizzazione delle opinioni può anche rendere più difficile trovare terreno comune e raggiungere soluzioni su questioni complesse. Le persone all'interno di queste bolle spesso sono esposte a contenuti che confermano le loro convinzioni, anche se non sono basati su prove solide. Questo può portare a una maggiore accettazione di notizie false e teorie del complotto, in quanto le persone sono meno inclini a sfidare le informazioni che confermano le loro opinioni preesistenti. La diffusione di disinformazione all'interno delle bubble sociali può danneggiare la società nel suo complesso, minando la fiducia nelle istituzioni e nella scienza.

Un altro aspetto sociologico significativo è il ruolo delle piattaforme di social media nell'agevolare la formazione di bubble sociali. Queste piattaforme spesso promuovono contenuti che generano coinvolgimento e interazione, il che significa che gli utenti sono esposti principalmente a contenuti che suscitano una risposta emotiva, positiva o negativa. Questo può amplificare la polarizzazione, poiché i contenuti più controversi o emotivi spesso generano maggiore coinvolgimento. Questo sistema di incentivazione può portare a una maggiore divisione tra gli utenti e all'espansione delle bubble sociali.

Le "bubble" sociali rappresentano un fenomeno sociologico che ha profonde implicazioni psicologiche e sociologiche. Dal punto di vista psicologico, queste bolle possono portare a una chiusura mentale, al rafforzamento delle convinzioni preesistenti e alla polarizzazione delle opinioni. A livello sociologico, possono influenzare il dialogo civico, contribuire alla disinformazione e minare la coesione sociale. Per affrontare queste sfide, è necessario promuovere la diversità di prospettive, l'alfabetizzazione mediatica e la consapevolezza del ruolo delle piattaforme di social media nella formazione delle bubble sociali. Solo attraverso un impegno collettivo per una maggiore apertura mentale e una comprensione delle opinioni diverse possiamo sperare di mitigare gli effetti dannosi di questo fenomeno e promuovere un dialogo civico più costruttivo e inclusivo.

Connessi o soli?

In un mondo sempre più connesso grazie alla diffusione dei social media, l'equilibrio tra la connettività online e l'isolamento è diventato una sfida complessa e cruciale. L'accesso costante a piattaforme digitali e la possibilità di connettersi con individui in tutto il mondo offrono innumerevoli opportunità di interazione e condivisione. Allo stesso tempo però, questo stesso mondo digitalizzato porta con sé il rischio di isolamento, sia sociale che emotivo, poiché l'interazione online può talvolta sostituire o offuscare i rapporti personali tradizionali. Esaminiamo gli impatti psicologici e sociologici di questa sfida, esplorando come possiamo cercare un equilibrio tra l'abbondanza di connettività online e la necessità di relazioni significative.

Iniziamo con gli aspetti psicologici di questa equazione. La connettività online può portare a un senso di appagamento sociale e gratificazione istantanea. La possibilità di ricevere like, commenti e condivisioni può suscitare una sensazione di accettazione e riconoscimento. Questo è particolarmente evidente tra le nuove generazioni cresciute nell'era dei social media, per le quali l'interazione online è spesso parte integrante della loro identità e della loro vita sociale.

L'abbondanza di interazioni digitali può talvolta offuscare la differenza tra connessione reale e virtuale. Le persone possono trovare gratificazione nelle interazioni superficiali online, ma queste non sempre soddisfano il bisogno di relazioni profonde e significative.

Dal punto di vista psicologico, l'eccessiva connettività online può portare a una sorta di "solitudine connessa". Questo termine descrive la situazione in cui un individuo è costantemente connesso a piattaforme di social media eppure si sente isolato o solo. Le relazioni digitali, spesso caratterizzate da conversazioni superficiali e comunicazione asincrona, possono mancare della ricchezza e dell'intimità delle interazioni faccia a faccia. Le persone possono trascorrere ore interagendo online senza sentirsi veramente comprese o supportate. La pressione di mantenere una presenza online curata e "perfetta" può contribuire a sentimenti di isolamento, poiché le persone possono nascondere le proprie sfide e vulnerabilità.

L'equilibrio tra connettività e isolamento è anche una questione sociologica complessa. Le interazioni online possono influenzare la coesione sociale e la comunità in modi diversi. Da un lato, i social media hanno il potenziale di creare comunità di individui che condividono interessi, identità o cause comuni. Queste comunità possono fornire sostegno emotivo, informazioni utili e un senso di appartenenza. Le interazioni online possono anche portare a divisioni e polarizzazioni. Le persone spesso si auto-selezionano in gruppi o community online con opinioni simili alle proprie, evitando così l'esposizione a punti di vista diversi. Questo può portare a una mancanza di comprensione e tolleranza per le differenze, minando il tessuto sociale.

Sul piano sociologico, l'equilibrio tra connettività e isolamento può anche influenzare le dinamiche familiari e comunitarie. L'uso eccessivo dei social media può portare a una diminuzione del tempo trascorso con la famiglia e gli amici, minando le relazioni personali. Può contribuire all'isolamento sociale, poiché le persone possono preferire le interazioni virtuali a quelle reali. Questo può avere un impatto significativo sulla salute mentale e sul benessere, poiché il sostegno sociale e l'interazione umana sono elementi fondamentali per il benessere emotivo.

La questione dell'equilibrio tra connettività e isolamento solleva la necessità di sviluppare competenze digitali ed emotive per gestire le relazioni online e offline. Gli individui devono imparare a bilanciare le esigenze delle loro vite digitali e reali, cercando di coltivare relazioni significative in entrambi i contesti. Ciò richiede la capacità di stabilire confini digitali, di riconoscere quando è necessario disconnettersi per riconnettersi con il mondo reale e di sviluppare la consapevolezza delle interazioni online e dei loro effetti sulla salute mentale. Le piattaforme di social media stesse hanno un ruolo da svolgere nella promozione di un uso responsabile, ad esempio attraverso funzionalità che incoraggiano a bilanciare il tempo trascorso online.

L'equilibrio tra connettività e isolamento è una sfida che abbraccia sia gli aspetti psicologici che quelli sociologici. Le interazioni online possono offrire gratificazione immediata, ma spesso mancano della profondità delle relazioni personali. Questo equilibrio influisce sulla salute mentale e sulle dinamiche sociali, con implicazioni importanti per la nostra vita quotidiana. Per gestire questa sfida, è necessario sviluppare consapevolezza e competenze che ci permettano di coltivare relazioni significative online e offline, bilanciando il nostro desiderio di connessione con la necessità di autenticità e comprensione nei nostri rapporti.

Futuro dei rapporti umani

Alla luce della crescente pervasività dei social media nelle nostre vite, è essenziale esplorare il futuro delle interazioni sociali in un'era digitale. Le implicazioni psicologiche e sociologiche dei social media sono molteplici e profonde, influenzando la nostra identità, le nostre relazioni e la nostra percezione del mondo. Guardando avanti, è fondamentale comprendere come queste dinamiche potrebbero evolversi e come possiamo plasmare in modo positivo il futuro delle interazioni sociali.

Da un punto di vista psicologico, il futuro delle interazioni sociali attraverso i social media comporta sfide e opportunità uniche. Il continuo sviluppo delle tecnologie digitali, come la realtà virtuale e aumentata, potrebbe aprire nuove porte per la connettività umana. Queste tecnologie potrebbero consentire interazioni più immersive e coinvolgenti, riducendo la sensazione di solitudine connessa di cui abbiamo discusso in precedenza. Ad esempio, la realtà virtuale potrebbe consentire alle persone di partecipare a eventi e incontri sociali come se fossero fisicamente presenti, superando le barriere geografiche e favorendo un senso di presenza più forte.

Vi sono anche preoccupazioni legate alla psicologia umana in un mondo sempre più digitale. Ad esempio, l'uso eccessivo delle nuove tecnologie potrebbe portare a una dipendenza digitale ancora più grave, con impatti negativi sulla salute mentale. La mancanza di esperienze di vita reale potrebbe portare a una disconnessione dalla realtà e a una riduzione delle competenze sociali nel mondo fisico. Pertanto, la gestione della tecnologia e delle interazioni sociali digitali sarà essenziale per garantire che queste dinamiche evolvano in modo positivo.

Sul piano sociologico, il futuro delle interazioni sociali è strettamente legato all'evoluzione delle piattaforme di social media e alle politiche pubbliche che le regolamentano. È necessario affrontare la questione della polarizzazione delle opinioni e delle bubble sociali per promuovere un dialogo civico costruttivo. Questo richiederà un approccio multiforme, che coinvolga le piattaforme stesse, gli utenti e le istituzioni.

Ad esempio, le piattaforme potrebbero implementare algoritmi di raccomandazione più equilibrati che espongano gli utenti a una gamma più ampia di opinioni. Gli utenti, d'altra parte, possono sviluppare competenze di pensiero critico per valutare le informazioni online in modo più obiettivo. Le istituzioni possono promuovere l'alfabetizzazione mediatica nelle scuole e favorire il dialogo civico inclusivo.

Il futuro delle interazioni sociali è anche intrecciato con le questioni legate alla privacy e alla sicurezza online. Mentre la connettività digitale offre un'incredibile opportunità di connessione, espone anche le persone a rischi in termini di privacy e sicurezza. È essenziale garantire che le piattaforme sociali proteggano le informazioni personali degli utenti e che vi sia una maggiore consapevolezza sull'importanza di una navigazione sicura in rete. La gestione delle minacce digitali, come il cyberbullismo e le campagne di disinformazione, sarà cruciale per preservare un ambiente online sano e positivo.

Il futuro delle interazioni sociali dovrà affrontare le sfide legate alla regolamentazione delle piattaforme di social media. Le autorità e i legislatori dovranno stabilire normative e leggi che bilancino il diritto alla libertà di espressione con la responsabilità di garantire un ambiente online sicuro e inclusivo. Questo è un terreno complesso da navigare, ma è essenziale per la protezione dei diritti umani e la promozione di interazioni sociali sane.

Un elemento importante del futuro delle interazioni sociali è l'educazione. I programmi educativi dovrebbero includere una componente di alfabetizzazione mediatica per insegnare agli studenti come navigare in modo sicuro e consapevole in un mondo digitale. Questo dovrebbe essere accompagnato da una maggiore enfasi sullo sviluppo delle competenze sociali e delle relazioni interpersonali, poiché queste abilità rimangono fondamentali anche in un mondo sempre più digitalizzato.

Il futuro delle interazioni sociali richiede una riflessione critica sulla cultura delle piattaforme di social media. Le piattaforme dovrebbero promuovere un ambiente che valorizzi l'empatia, la comprensione e il rispetto reciproco. Dovrebbero incoraggiare interazioni significative e autentiche piuttosto che favorire il coinvolgimento impulsivo e superficiale. Questo può richiedere un cambiamento nei modelli di business delle piattaforme, che attualmente spesso premiano l'attenzione e l'interazione a breve termine a scapito del benessere a lungo termine degli utenti.

Il futuro delle interazioni sociali nei social media è una questione di grande rilevanza. Il suo impatto si estende dalla sfera individuale a quella sociale, con profonde implicazioni psicologiche e sociologiche. Affrontare questa sfida richiede un approccio olistico che coinvolga individui, piattaforme, legislatori ed istituzioni educative. In un mondo in cui le interazioni online sono diventate sempre più centrali nella vita quotidiana, è fondamentale plasmare il futuro delle interazioni sociali in modo da favorire la connettività sana, l'equilibrio tra la vita digitale e reale e la costruzione di comunità online che promuovano la comprensione e la tolleranza reciproca. Solo attraverso uno sforzo collettivo possiamo sperare di creare un ambiente digitale più sano, inclusivo e costruttivo per il futuro.

SMARTWORKING E TELELAVORO

L'ascesa del lavoro remoto è stato un fenomeno notevole nell'ambito dell'organizzazione del lavoro nel ventunesimo secolo. Questa trasformazione è stata guidata da una combinazione di fattori, tra cui l'avvento di nuove tecnologie e le sfide imposte dalla pandemia di Covid-19. Nel corso degli ultimi anni, il lavoro remoto ha guadagnato una notevole rilevanza, portando a significativi cambiamenti nella psicologia individuale e nelle strutture sociali. Uno dei punti chiave per comprendere l'ascesa del lavoro remoto è il ruolo centrale delle nuove tecnologie. La diffusione di internet ad alta velocità, la proliferazione di dispositivi mobili avanzati e lo sviluppo di software di comunicazione e collaborazione hanno creato un ambiente in cui il lavoro da remoto è diventato una reale possibilità per molte persone. Queste tecnologie hanno permesso la comunicazione in tempo reale, la condivisione di documenti e la partecipazione a riunioni virtuali, riducendo la necessità di essere fisicamente presenti in un ufficio. Questa trasformazione tecnologica ha reso possibile svolgere un'ampia gamma di mansioni da qualsiasi luogo, creando una nuova flessibilità nel mondo del lavoro.

La pandemia di Covid-19 ha rappresentato un catalizzatore significativo nell'adozione del lavoro remoto. Le misure di lockdown e le restrizioni sanitarie hanno reso necessario il distanziamento sociale e hanno spinto molte aziende a implementare il lavoro remoto come misura temporanea per garantire la continuità delle operazioni. Ciò che è iniziato come una soluzione temporanea ha spesso portato a una riconsiderazione delle modalità di lavoro. Molte organizzazioni hanno scoperto che i loro dipendenti potevano rimanere produttivi da casa e hanno iniziato a esplorare il lavoro remoto come un'opzione a lungo termine e quindi hanno reso strutturale questo epocale cambiamento.

Gli impatti psicologici di questa trasformazione sono stati variegati. Da un lato, il lavoro remoto ha offerto maggiori opportunità di autonomia e controllo. I dipendenti spesso hanno la possibilità di gestire il proprio orario di lavoro e organizzare le attività quotidiane in modo più flessibile. Questo aumento di autonomia può portare a un senso di responsabilità individuale più elevato, in quanto i lavoratori sono responsabili per il completamento delle loro mansioni senza la supervisione costante di un "controllore". Il paradosso è che con questa autonomia aumentata possono emergere anche pressioni aggiuntive. La necessità di auto-motivazione e auto-disciplina può essere una sfida per alcune persone, poiché il lavoro remoto richiede una maggiore autoregolazione. L'assenza di un ambiente di ufficio tradizionale può anche portare a una maggiore distrazione da parte di fattori esterni, che richiedono una maggiore forza di volontà per mantenere la produttività.

Un impatto psicologico significativo del lavoro remoto è l'isolamento sociale. Mentre le nuove tecnologie consentono la comunicazione virtuale, la mancanza di interazioni faccia a faccia con i colleghi può portare a sentimenti di solitudine e isolamento. Gli esseri umani sono creature sociali, e gran parte della nostra identità e del nostro benessere dipende da interazioni sociali significative. Nell'ambiente di lavoro tradizionale, le persone sviluppano relazioni con i colleghi, condividono esperienze e trovano supporto reciproco. Il lavoro remoto ha ridotto notevolmente queste opportunità di interazione sociale che, per alcuni, può essere forse addirittura l'unica interazione sociale, destando così nuove problematiche di isolamento e depressione.

La flessibilità offerta dal lavoro remoto è un altro aspetto che ha impatti psicologici significativi. Per molti, la possibilità di stabilire il proprio orario di lavoro e la posizione geografica da cui lavorare è un grande vantaggio. Questo può portare a un aumento del benessere psicologico, poiché le persone possono adattare il lavoro alla loro vita e alle proprie preferenze personali. Il rovescio della medaglia è che questa flessibilità può anche generare stress. La difficoltà nel stabilire confini chiari tra lavoro e vita privata è un problema comune per coloro che lavorano da casa. La tentazione di lavorare troppo a lungo o la sensazione di dover essere costantemente disponibili possono portare a una maggiore affaticamento e stress.

Un aspetto spesso trascurato è la carenza di relazioni sociali che si sviluppano normalmente sul posto di lavoro. Il lavoro remoto può ridurre l'accesso a queste relazioni. In un ufficio tradizionale, le persone interagiscono casualmente con i colleghi, partecipano a pause caffè e hanno la possibilità di stabilire relazioni sociali che vanno oltre il lavoro. Queste relazioni possono avere un impatto significativo sulla soddisfazione sul lavoro e sul supporto sociale. Nel lavoro remoto, la socializzazione spesso si limita a comunicazioni di lavoro formali, riducendo le opportunità per lo sviluppo di relazioni interpersonali.

Le organizzazioni stanno ripensando la loro cultura aziendale per adattarsi al lavoro remoto. Questo influisce sulla coesione sociale e sulla cultura organizzativa. Nel lavoro remoto, la cultura aziendale deve essere trasmessa principalmente attraverso canali digitali, il che può influire sulla percezione dei valori e della missione dell'organizzazione. La costruzione di un senso di appartenenza e di identità aziendale può diventare più complessa quando i dipendenti non condividono uno spazio fisico comune.

Un altro aspetto chiave è la tensione tra il diritto alla privacy e la sorveglianza digitale. Molti datori di lavoro hanno introdotto misure di sorveglianza digitale per monitorare le attività dei dipendenti durante il lavoro remoto. Questo solleva questioni psicologiche e sociologiche riguardo alla privacy e al monitoraggio costante. Da un lato, la sorveglianza digitale può fornire dati utili sulle prestazioni dei dipendenti e garantire la sicurezza delle informazioni aziendali. Dall'altro, può generare una sensazione di invasione della privacy e minare la fiducia tra i dipendenti e i loro datori di lavoro.

Un aspetto pratico del lavoro remoto è la necessità di creare spazi di lavoro adeguati a casa. Questo può comportare la necessità di investire in infrastrutture domestiche e organizzare gli spazi in modo da separare lavoro e vita privata. La mancanza di un ambiente di lavoro dedicato può portare a una maggiore confusione tra le sfere professionali e personali, il che può avere impatti psicologici significativi.

Mentre il lavoro remoto è cresciuto come risposta alla pandemia, è probabile che la flessibilità del lavoro rimanga una tendenza duratura. Questo cambierà ulteriormente le dinamiche psicologiche e sociali nell'ambiente di lavoro. Le organizzazioni dovranno continuare a adattarsi per gestire le sfide e le opportunità che questa nuova modalità di lavoro presenta.

L'ascesa del lavoro remoto è stata guidata dalla tecnologia e dalla pandemia, portando a cambiamenti significativi nella psicologia individuale e nelle dinamiche sociali. Mentre offre vantaggi come maggiore autonomia e flessibilità, il lavoro remoto porta anche a isolamento sociale, sfide nella gestione dei confini tra lavoro e vita privata, la carenza di relazioni sociali e questioni di privacy legate alla sorveglianza digitale. Gli impatti psicologici e sociali del lavoro remoto rappresentano un tema di crescente rilevanza che richiede una comprensione approfondita e strategie di gestione olistiche da parte delle organizzazioni e dei lavoratori.

Essere autonomi e self control

Uno degli aspetti più evidenti e controversi del lavoro remoto è la questione dell'autonomia e del senso di controllo. Quando le persone si trovano a lavorare da luoghi diversi da un ufficio tradizionale, si aprono nuove possibilità di autonomia e responsabilità personale, ma allo stesso tempo emergono sfide legate a una maggiore pressione e auto-regolazione.

Da un lato, il lavoro remoto offre una libertà che spesso è mancata nell'ambiente di lavoro tradizionale. I dipendenti hanno la possibilità di gestire il proprio orario di lavoro in modo più flessibile, pianificando le attività in base alle loro preferenze e agli impegni personali. Questa maggiore autonomia è spesso vista come un vantaggio, in quanto consente di adattare il lavoro alla vita quotidiana, riducendo la necessità di commutare o seguire rigidamente gli orari di ufficio. Il lavoro remoto può offrire una maggiore flessibilità geografica, consentendo alle persone di scegliere il luogo da cui lavorare, che può essere la propria casa, un caffè o qualsiasi altro spazio con una connessione internet affidabile. Questo, a sua volta, può contribuire a migliorare il benessere e la soddisfazione dei dipendenti, in quanto possono creare un ambiente di lavoro più adatto alle proprie esigenze.

Mentre il lavoro remoto offre la possibilità di gestire il proprio orario, richiede anche una maggiore auto-motivazione e disciplina. I lavoratori devono essere in grado di organizzare il proprio tempo in modo efficace e mantenere un elevato livello di produttività senza la supervisione costante di un supervisore. Questo può essere una sfida per alcune persone, in quanto richiede una disciplina personale per evitare distrazioni e rimanere concentrati sul lavoro. La tentazione di rimandare le attività o di concedersi pause prolungate può diventare una trappola comune per coloro che lottano con la gestione del proprio tempo.

L'assenza di un ambiente di ufficio tradizionale può rendere difficile la definizione dei confini tra il lavoro e la vita privata. In un contesto tradizionale, quando si lascia l'ufficio, si chiude simbolicamente la porta sul lavoro e ci si dedica alle attività personali. Quando il lavoro è svolto nello stesso spazio in cui si vive, questi confini possono diventare sfocati, nel senso di non propriamente definiti Questo può portare a una sensazione di "sempre al lavoro" e alla pressione di essere costantemente disponibili. La mancanza di una divisione fisica tra il luogo di lavoro e il luogo di vita può generare un crescente stress, che è noto come "burnout da lavoro remoto".

Un altro aspetto da considerare è il senso di responsabilità individuale che il lavoro remoto implica. Mentre in un ufficio tradizionale esiste spesso una gerarchia di supervisione, con un supervisore o un responsabile che monitora le prestazioni dei dipendenti, il lavoro remoto sposta gran parte della responsabilità direttamente sui lavoratori stessi. Questo può portare a un senso di maggiore controllo sul proprio destino lavorativo, ma allo stesso tempo può generare una pressione aggiuntiva per dimostrare risultati. In un contesto di lavoro remoto, il successo dipende in gran parte dalla capacità del lavoratore di auto-motivarsi e di raggiungere gli obiettivi stabiliti. Questa responsabilità individuale può influenzare la psicologia del lavoratore, generando sia una maggiore soddisfazione derivante dalla realizzazione personale, sia una maggiore ansia derivante dalla paura del fallimento.

Dal punto di vista sociologico, l'autonomia e il senso di controllo offerti dal lavoro remoto possono anche avere implicazioni sulle dinamiche organizzative. L'assenza di supervisione diretta può portare a una maggiore decentralizzazione e ad una riduzione della gerarchia gerarchica. Questo può essere positivo in quanto permette ai dipendenti di prendere decisioni autonome e di adattare il lavoro alle proprie esigenze. Può anche portare a una maggiore dispersione degli obiettivi e delle pratiche di lavoro, richiedendo un maggiore sforzo da parte delle organizzazioni per mantenere la coerenza e la direzione strategica.

L'aspetto dell'autonomia è strettamente legato alla cultura aziendale. Le organizzazioni stanno ridefinendo la loro cultura per adattarsi al lavoro remoto, cercando di trovare un equilibrio tra la fiducia nei propri dipendenti e il controllo delle prestazioni. Questo può portare a sfide per la costruzione di un senso di appartenenza e di identità aziendale quando i lavoratori non condividono uno spazio fisico comune. La cultura aziendale deve ora essere trasmessa principalmente attraverso canali digitali, il che influisce sulla percezione dei valori e della missione dell'organizzazione. La gestione dell'equilibrio tra l'autonomia dei dipendenti e il mantenimento di un'identità aziendale coerente rappresenta una sfida chiave per le organizzazioni in questa nuova era del lavoro remoto.

In sintesi, l'autonomia e il senso di controllo offerti dal lavoro remoto rappresentano un'importante doppia spada. Da un lato, consentono ai lavoratori di adattare il lavoro alle proprie esigenze e di sviluppare un senso di responsabilità individuale. Dall'altro lato, possono portare a una maggiore pressione, sfide nella gestione dei confini tra lavoro e vita privata e un aumento della necessità di auto-regolazione. Queste dinamiche influenzano sia il benessere psicologico dei dipendenti che le strutture sociali e organizzative delle aziende. La gestione di questa tensione tra autonomia e controllo è una sfida critica per le organizzazioni e i lavoratori che adottano il lavoro remoto come parte integrante delle loro operazioni.

Isolamento e solitudine al lavoro

Il lavoro remoto ha innegabilmente rivoluzionato il mondo del lavoro, ma insieme a molte delle sue innovazioni, ha portato con sé impatti psicologici e sociologici che spesso sfuggono alla superficie. Uno degli aspetti più evidenti e profondamente radicati del lavoro remoto è l'isolamento sociale e la solitudine. Mentre la tecnologia ci ha permesso di rimanere connessi in modo virtuale, la mancanza di interazioni faccia a faccia con i colleghi ha aperto la strada a una serie di effetti psicologici e sociologici complessi.

Iniziamo con gli impatti psicologici. L'isolamento sociale è una delle conseguenze più dirette del lavoro remoto. Mentre il telelavoro offre indubbiamente un grado di flessibilità e comodità, il prezzo da pagare in termini di isolamento è significativo. Le interazioni quotidiane che avvengono in un ufficio tradizionale, come conversazioni casuali tra colleghi, pause caffè o scambi di battute durante le riunioni, contribuiscono in modo significativo al benessere psicologico dei lavoratori. Queste interazioni offrono sostegno sociale, riducono lo stress e aiutano a creare un senso di appartenenza all'organizzazione. Nel contesto del lavoro remoto, queste opportunità di interazione diventano limitate e spesso meno spontanee. Le comunicazioni si riducono a messaggi di testo, chiamate video o email, e molte delle sfumature delle interazioni umane si perdono. Questo può portare a sentimenti di solitudine, isolamento e disconnessione sociale.

La solitudine, in particolare, è un'esperienza profondamente umana che può avere ripercussioni significative sulla salute mentale. La mancanza di interazioni sociali può portare a sensazioni di tristezza, depressione e ansia. Il senso di isolamento può intensificare i problemi di salute mentale esistenti e può persino portare allo sviluppo di nuovi disturbi psicologici. La mancanza di collegamenti sociali e la difficoltà nel trovare un sostegno emotivo possono amplificare la percezione di stress e di solitudine.

L'isolamento sociale può influenzare negativamente la motivazione e la produttività. L'assenza di una comunità lavorativa può portare a una mancanza di responsabilità sociale, poiché non ci sono colleghi o supervisori a cui rispondere. Questo può rendere più difficile il mantenimento di alti livelli di produttività e auto-disciplina. Senza la pressione sociale implicita dell'ambiente di lavoro tradizionale, alcuni lavoratori potrebbero sentirsi meno motivati a completare i compiti in modo tempestivo.

Dal punto di vista sociologico, l'isolamento sociale influisce sulla struttura delle organizzazioni. Le dinamiche di gruppo e le relazioni sociali sono componenti chiave della cultura aziendale. Nel lavoro remoto, queste dinamiche possono diventare più difficili da coltivare, nonostante le diverse piattaforme sociali di connessione, videoconferenza. La mancanza di interazioni faccia a faccia può rendere più complicato lo sviluppo di relazioni solide tra i colleghi, che spesso sono la base per la collaborazione e il supporto reciproco. Spesso si dice che si risolvono molte più pratiche e si raggiungono molti più obiettivi alla macchinetta del caffè che non in ufficio. Questo può influenzare la coesione sociale e la cultura organizzativa, e in alcuni casi può portare a un senso di disconnessione tra i dipendenti e l'azienda.

L'isolamento sociale può portare a problemi di comunicazione. Mentre la tecnologia ha reso possibile rimanere connessi virtualmente, la mancanza di interazioni personali può portare a una maggiore incomprensione e ambiguità nella comunicazione. Le sfumature emotive, il linguaggio del corpo e le espressioni facciali, che sono elementi chiave nella comprensione umana, spesso vengono perse nella comunicazione digitale. Questo può portare a fraintendimenti, conflitti e una comunicazione meno efficace nell'ambiente di lavoro remoto.

L'isolamento sociale può avere implicazioni sul benessere

organizzativo. Il lavoro remoto può portare a una maggiore rotazione del personale, in quanto alcuni dipendenti potrebbero sentirsi insoddisfatti delle dinamiche di lavoro e della mancanza di connessione sociale. Le organizzazioni devono affrontare la sfida di mantenere i loro dipendenti impegnati e soddisfatti, anche quando lavorano in remoto. Questo richiede strategie per promuovere l'interazione sociale, la comunicazione efficace e il sostegno emotivo all'interno dell'organizzazione.

Infine, l'isolamento sociale nel contesto del lavoro remoto solleva anche domande più ampie sulla qualità della vita e sulla progettazione delle città. Poiché il lavoro da remoto permette alle persone di scegliere la loro posizione geografica, molte città potrebbero risentirne, con una riduzione del traffico pendolare e una maggiore domanda di spazi di lavoro flessibili. Questo può avere implicazioni per l'urbanizzazione e la pianificazione delle città.

In sintesi, l'isolamento e la solitudine rappresentano impatti psicologici e sociologici significativi del lavoro remoto. Mentre la tecnologia ha aperto nuove possibilità di connessione virtuale, la mancanza di interazioni faccia a faccia può generare sentimenti di isolamento, solitudine e disconnessione sociale. Questi effetti possono influenzare la salute mentale dei lavoratori, la motivazione e la produttività, le dinamiche organizzative e la comunicazione. Affrontare l'isolamento sociale rappresenta una sfida critica per le organizzazioni e i lavoratori che abbracciano il lavoro remoto come parte integrante delle loro operazioni.

Il sottile confine tra casa e lavoro

Un altro aspetto significativo del lavoro remoto è la flessibilità che offre, ma questa flessibilità porta con sé un insidioso compagno: lo stress da confine lavoro-casa. Mentre la possibilità di determinare il proprio orario e luogo di lavoro è una delle attrattive chiave del lavoro remoto, essa comporta profondi impatti psicologici e sociologici che meritano una riflessione approfondita.

Da un lato, la flessibilità del lavoro remoto è stata accolta con entusiasmo da molti. Essa consente ai lavoratori di gestire il proprio orario di lavoro in modo più adattabile alle loro esigenze personali. Questo significa che possono adattare la loro giornata lavorativa in base ai ritmi circadiani, alle responsabilità familiari o ad altri impegni personali. La possibilità di lavorare da qualsiasi luogo con una connessione internet può migliorare notevolmente la qualità della vita, eliminando la necessità di lunghi spostamenti e permettendo alle persone di scegliere l'ambiente di lavoro più adatto alle loro esigenze.

Questa flessibilità può comportare uno stress notevole legato alla difficoltà di stabilire confini chiari tra lavoro e vita privata, come detto in precedenza. Mentre il lavoro da remoto consente ai lavoratori di adattare il proprio orario in modo flessibile, essa può anche portare a una sovrapposizione tra le sfere professionali e personali. In un ambiente tradizionale, il luogo di lavoro fisico funge da barriera naturale tra i due mondi. Ma quando il lavoro è svolto in casa, questa barriera sparisce. Il risultato è che il lavoro può facilmente invadere il tempo libero e viceversa. Questa mancanza di chiarezza nei confini può portare a un aumento dello stress, poiché le persone possono sentire la pressione di essere sempre disponibili per il lavoro, anche al di fuori dell'orario lavorativo. Il cosiddetto "burnout da lavoro remoto" è spesso attribuito a questa mancanza di separazione tra lavoro e vita privata.

Il confine lavoro-casa può diventare sfocato anche in termini di comunicazione. La flessibilità dell'orario di lavoro può portare a situazioni in cui i dipendenti devono essere disponibili per le comunicazioni aziendali anche al di fuori delle ore di lavoro tradizionali. Questo può influire negativamente sulla qualità della vita, poiché le persone possono sentirsi costantemente con il telefono in mano o il laptop aperto, pronte a rispondere alle richieste del lavoro. La pressione costante di essere reperibili può generare ansia e stress.

Dal punto di vista psicologico, lo stress da confine lavoro-casa può avere ripercussioni significative sulla salute mentale. La mancanza di chiarezza nei confini può portare a una sensazione di "sempre al lavoro", che è stressante e che può portare al burnout. La costante sovrapposizione tra le sfere professionali e personali può portare a sentimenti di inadeguatezza e di incapacità di staccare completamente. Questo stress può anche influire negativamente sulla salute fisica, portando a problemi di sonno, aumento del rischio di disturbi cardiaci e altri problemi di salute.

Dall'aspetto sociologico, la mancanza di confini chiari tra lavoro e vita privata influisce anche sulla dinamica familiare. Le famiglie di coloro che lavorano da casa spesso si ritrovano a dover gestire una maggiore complessità. La presenza costante del lavoro in casa può rendere difficile mantenere un equilibrio tra le esigenze familiari e quelle professionali. Questo può portare a conflitti tra i membri della famiglia, specialmente quando i genitori devono gestire sia il lavoro che le esigenze dei figli. Il fatto che il lavoro si svolga in casa può anche comportare una maggiore pressione sulle donne, che spesso si trovano ad affrontare doppie responsabilità come lavoratrici e responsabili della cura familiare.

L'incapacità di staccare completamente dal lavoro può influire sulla qualità del tempo libero. Gli studi hanno dimostrato che il tempo libero di qualità è essenziale per il benessere psicologico. Lo stress da confine lavoro-casa può ridurre il tempo libero effettivo, poiché le persone si sentono costantemente sotto pressione e perennemente al lavoro. Questo può comportare una riduzione delle opportunità di rilassarsi, di dedicarsi a hobby o a interessi personali e di trascorrere del tempo di qualità con la famiglia e gli amici.

L'incapacità di stabilire confini chiari tra lavoro e vita

privata solleva la necessità di una gestione attenta da parte dei lavoratori. Questi devono imparare a stabilire confini personali, a definire un orario di lavoro e a rispettarlo. Anche i datori di lavoro hanno un ruolo da svolgere nel promuovere una cultura che rispetti i confini dei dipendenti e che eviti la pressione costante. Questo richiede una comunicazione chiara e l'adozione di politiche aziendali che promuovano il benessere dei lavoratori. La flessibilità offerta dal lavoro remoto ha portato a una serie di impatti psicologici e sociologici legati allo stress da confine lavoro-casa. Sebbene la possibilità di adattare l'orario di lavoro e il luogo di lavoro alle proprie esigenze sia un vantaggio, essa può comportare una mancanza di separazione tra le sfere professionali e personali, generando stress, burnout e conflitti familiari. Affrontare questa sfida richiede sia una gestione attenta da parte dei lavoratori che una cultura aziendale che promuova il rispetto dei confini e il benessere dei dipendenti.

Relazioni con i colleghi

Il lavoro remoto, con la sua flessibilità e la possibilità di lavorare da qualsiasi luogo, ha portato con sé la carenza di relazioni sociali al lavoro. Questa mancanza di interazioni sociali con i colleghi e i collaboratori è un aspetto del lavoro remoto che ha impatti psicologici e sociologici significativi.

Da un punto di vista psicologico, le relazioni sociali svolgono un ruolo fondamentale nel benessere emotivo e mentale degli individui. In un ambiente di lavoro tradizionale, le persone interagiscono costantemente tra loro. Si scambiano opinioni, condividono esperienze, si sostengono reciprocamente e sviluppano relazioni significative. Queste relazioni non sono solo una parte integrante della vita lavorativa, ma contribuiscono anche in modo significativo al senso di appartenenza, alla soddisfazione e al supporto emotivo dei dipendenti.

Con il lavoro remoto, queste interazioni spesso si assottigliano o addirittura scompaiono. Un esempio significativo è accaduto con lo smart working introdotto durante l'ultima pandemia di corona virus. Le comunicazioni si riducono a messaggi di testo, chiamate video o email. Le conversazioni casuali e gli scambi informali di idee diventano più rari. Molti dei momenti di condivisione, come le pause caffè o i pranzi con i colleghi, vengono persi. Questa mancanza di relazioni sociali può portare a sentimenti di isolamento e solitudine, e può influenzare negativamente il benessere psicologico dei lavoratori.

Le relazioni sociali al lavoro svolgono anche un ruolo cruciale nella motivazione e nella produttività. Gli studi dimostrano che un ambiente di lavoro positivo e relazioni solide tra colleghi possono migliorare la motivazione e l'impegno dei dipendenti. Quando le persone si sentono parte di una comunità lavorativa, sono più propense a contribuire in modo significativo e a sentirsi valorizzate. Il lavoro remoto può rendere più difficile la costruzione di queste relazioni. La mancanza di contatti regolari con i colleghi può comportare una sensazione di distanza e una mancanza di coinvolgimento nell'organizzazione. Questo può influire negativamente sulla motivazione e sulla produttività.

Dal punto di vista sociologico, la carenza di relazioni sociali al lavoro influisce sulla cultura aziendale. Le relazioni tra i dipendenti sono un elemento chiave nella definizione della cultura di un'organizzazione. Queste relazioni contribuiscono alla coesione sociale, alla collaborazione e alla condivisione dei valori aziendali. Con lo smart working, queste dinamiche possono essere messe in discussione. La mancanza di interazioni sociali può rendere più difficile la costruzione di una cultura aziendale condivisa. Le organizzazioni devono affrontare la sfida di promuovere la cultura aziendale e di mantenere un senso di appartenenza tra i dipendenti che lavorano da remoto.

La mancanza di relazioni sociali al lavoro può comportare una maggiore dipendenza dalla tecnologia per la comunicazione. Anche se la tecnologia ha reso possibile rimanere connessi virtualmente, essa non può sempre sostituire le interazioni faccia a faccia. La comunicazione digitale può essere meno ricca di sfumature emotive e può portare a fraintendimenti. Questo può influire sulla qualità della comunicazione all'interno delle organizzazioni e può portare a problemi di collaborazione.

La carenza di relazioni sociali al lavoro ha anche ripercussioni sulla socializzazione professionale. Nel contesto di un ufficio tradizionale, le relazioni sociali al lavoro spesso si estendono al di fuori dell'ambiente lavorativo. Le persone si incontrano per eventi aziendali, pranzi o attività sociali. Queste occasioni contribuiscono alla costruzione di relazioni più profonde e durature. Con il lavoro remoto, queste opportunità di socializzazione professionale possono diventare limitate. Le persone si trovano a dover fare uno sforzo supplementare per mantenere le relazioni sociali al di fuori dell'ambiente di lavoro virtuale. Questo può comportare una perdita di socializzazione e un possibile senso di disconnessione.

Infine, la carenza di relazioni sociali al lavoro può avere implicazioni sulla gestione del personale e sulla leadership. La leadership efficace spesso si basa sulla costruzione di relazioni solide tra i membri del team. Nel contesto del lavoro remoto, i leader possono trovare più difficile stabilire connessioni significative con i loro dipendenti. La mancanza di interazioni faccia a faccia può rendere più complesso il monitoraggio delle prestazioni e la comprensione delle esigenze dei membri del team. La leadership nel lavoro remoto richiede una maggiore consapevolezza della necessità di costruire relazioni sociali in modo virtuale.

La carenza di relazioni sociali al lavoro è uno degli impatti psicologici e sociologici più evidenti e significativi del lavoro remoto. La mancanza di interazioni sociali con colleghi e collaboratori può influenzare negativamente il benessere psicologico dei lavoratori, la motivazione e la produttività. Questa mancanza di relazioni sociali può anche influire sulla cultura aziendale, sulla comunicazione e sulla socializzazione professionale. Affrontare questa sfida rappresenta una priorità per le organizzazioni e i lavoratori che abbracciano il lavoro remoto come parte integrante delle loro operazioni.

Cultura organizzativa delle aziende

Uno dei cambiamenti più significativi causati dalla crescente diffusione del lavoro remoto è l'evoluzione della cultura organizzativa. La cultura di un'organizzazione rappresenta i valori condivisi, le credenze, le norme e le pratiche che guidano il comportamento dei membri all'interno dell'organizzazione stessa. Con il lavoro remoto, questa cultura è stata sottoposta a notevoli pressioni e trasformazioni che hanno un impatto rilevante sia dal punto di vista psicologico che sociologico.

Dal punto di vista psicologico, la cultura organizzativa svolge un ruolo significativo nel plasmare il benessere e la soddisfazione dei dipendenti. Una cultura aziendale inclusiva, che promuove la diversità e l'uguaglianza, può contribuire a un ambiente di lavoro in cui i dipendenti si sentono accettati e valorizzati. Una cultura che enfatizza il benessere dei dipendenti e la flessibilità può favorire un equilibrio sano tra lavoro e vita privata.

L'assenza di interazioni faccia a faccia può rendere più difficile la trasmissione e la condivisione della cultura aziendale. Molti elementi della cultura organizzativa, come i rituali, le celebrazioni aziendali, le interazioni informali tra i colleghi e la socializzazione professionale, si basano su contatti personali e interazioni in persona. Questi elementi possono perdere di rilevanza quando il lavoro si svolge in modo prevalentemente virtuale. La cultura aziendale può diventare più sfumata e meno tangibile, il che può influenzare la percezione dei dipendenti nei confronti dell'organizzazione e il loro senso di appartenenza.

Le organizzazioni stanno cercando di adattare la loro cultura aziendale per rispondere alle esigenze dei lavoratori remoti. Questo può portare a una revisione delle politiche e delle pratiche aziendali. Ad esempio, alcune aziende stanno ridefinendo i criteri di valutazione delle prestazioni per adattarli al lavoro remoto. Alcune stanno implementando politiche più flessibili per consentire ai dipendenti di gestire meglio i loro orari. Altre stanno investendo in tecnologia per migliorare la comunicazione e la collaborazione tra i membri del team distribuiti.

Dalla prospettiva sociologica, la cultura aziendale influisce sulla coesione sociale all'interno dell'organizzazione. Una cultura condivisa crea un senso di identità tra i membri del team e promuove la collaborazione. La mancanza di interazioni sociali può rendere più difficile la costruzione di relazioni solide tra i membri del team e la condivisione di valori comuni. La socializzazione professionale, che spesso contribuisce alla costruzione di relazioni, può essere limitata quando il lavoro si svolge in modo virtuale.

La cultura aziendale può avere un impatto sullo sviluppo professionale dei dipendenti. Una cultura che promuove la formazione e lo sviluppo può contribuire al successo a lungo termine dei lavoratori e dell'organizzazione stessa. Con il lavoro remoto, le opportunità di formazione e sviluppo possono essere ridotte. La mancanza di interazioni dirette con i colleghi e i superiori può rendere più difficile l'accesso a risorse e opportunità di apprendimento. Pertanto, le organizzazioni devono adattare le loro pratiche di sviluppo professionale per garantire che i lavoratori remoti abbiano accesso alle stesse opportunità di crescita dei loro colleghi che lavorano in sede.

L'evoluzione della cultura aziendale nel contesto del lavoro remoto solleva domande sulla leadership e sulla gestione del personale. I leader devono affrontare la sfida di mantenere una cultura condivisa e una coesione sociale all'interno del team, anche quando i membri lavorano da luoghi diversi. La gestione della cultura aziendale richiede una comunicazione chiara dei valori e delle aspettative e una leadership efficace che promuova questi elementi in modo virtuale. Questo può comportare la necessità di sviluppare competenze di leadership specifiche per il lavoro remoto.

In sintesi, l'evoluzione della cultura organizzativa è uno degli impatti psicologici e sociologici più rilevanti del lavoro remoto. La cultura aziendale influenza il benessere dei dipendenti, la coesione sociale, lo sviluppo professionale e la leadership. Affrontare questa sfida richiede sia un adattamento delle politiche aziendali che una comunicazione chiara dei valori e delle aspettative. Le organizzazioni devono trovare modi innovativi per promuovere la cultura aziendale in un ambiente di lavoro distribuito e per garantire che i lavoratori remoti si sentano coinvolti e valorizzati.

Controlli sul telelavoro e privacy

Il lavoro remoto ha introdotto una complessa tensione tra il diritto alla privacy e la sorveglianza digitale, con impatti psicologici e sociologici che scaturiscono da questa sfida etica e pratica. Questa tensione è diventata una questione centrale nelle discussioni sul lavoro remoto, poiché le organizzazioni cercano di monitorare le attività dei dipendenti a distanza, mentre questi ultimi difendono il loro diritto alla privacy.

Dal punto di vista psicologico, la sorveglianza digitale può generare un senso di invasione della privacy e di diffidenza tra i dipendenti. Il costante monitoraggio delle attività, come le registrazioni delle chiamate, la tracciabilità della navigazione web e la registrazione delle ore lavorate, può far sorgere preoccupazioni sulla privacy e sulla possibilità di essere giudicati in base a dati oggettivi. Questa situazione può innescare sentimenti di ansia e stress, poiché i dipendenti si sentono costantemente osservati e valutati.

La sorveglianza digitale può minare il senso di autonomia e di fiducia dei dipendenti. Quando i lavoratori si sentono costantemente monitorati, possono avere difficoltà a mantenere un senso di responsabilità individuale e autodisciplina. La sensazione di essere costantemente controllati può generare un clima di sfiducia tra dipendenti e datore di lavoro, con potenziali ripercussioni sulla motivazione e la produttività.

La tensione tra il diritto alla privacy e la sorveglianza digitale può anche influenzare la cultura aziendale. Una cultura che promuove la fiducia reciproca e il rispetto della privacy dei dipendenti è essenziale per un ambiente di lavoro sano. La presenza di una sorveglianza digitale eccessiva può erodere questa fiducia e minare la cultura aziendale. La diffidenza e il senso di essere costantemente osservati possono influire negativamente sulla coesione sociale e sulla collaborazione tra i membri del team.

Dal punto di vista sociologico, la sorveglianza digitale può portare a questioni legate alla parità e all'equità. Alcuni gruppi di lavoratori, come le donne o i dipendenti di minoranza, potrebbero sentirsi particolarmente esposti e vulnerabili rispetto alla sorveglianza digitale. Questa situazione può portare a disuguaglianze in termini di accesso e opportunità lavorative, con ripercussioni sulla diversità e l'inclusione.

La sorveglianza digitale può portare a questioni etiche legate alla sicurezza e alla protezione dei dati. La raccolta e la conservazione di dati personali sensibili sollevano preoccupazioni sulla sicurezza e sulla possibilità di abusi. Le organizzazioni devono affrontare sfide legate alla protezione dei dati dei dipendenti e alla conformità con le leggi sulla privacy.

La tensione tra il diritto alla privacy e la sorveglianza digitale è ulteriormente complicata dal fatto che il lavoro remoto spesso attraversa confini geografici e giurisdizionali. Le leggi sulla privacy possono variare notevolmente da paese a paese, il che può creare un ambiente normativo complesso. Le organizzazioni devono fare i conti con le diverse leggi sulla privacy e cercare di trovare un equilibrio tra le esigenze di monitoraggio e il rispetto del diritto alla privacy dei dipendenti.

L'aspetto sociologico della tensione tra il diritto alla privacy e la sorveglianza digitale solleva questioni sul ruolo delle organizzazioni nella promozione di un ambiente di lavoro etico. Le organizzazioni devono considerare non solo le leggi e i regolamenti, ma anche i principi etici e morali che guidano le loro azioni. La creazione di politiche di sorveglianza digitali etiche e la promozione di una cultura di rispetto della privacy possono contribuire a mitigare gli impatti negativi della sorveglianza digitale sul benessere psicologico e sulla coesione sociale.

La tensione tra il diritto alla privacy e la sorveglianza digitale è un aspetto cruciale del lavoro remoto che ha impatti psicologici e sociologici significativi. La sorveglianza digitale può generare preoccupazioni sulla privacy, minare la fiducia e la cultura aziendale, sollevare questioni legate alla parità e all'equità e creare sfide etiche e legali. Affrontare questa tensione richiede una valutazione attenta delle politiche aziendali e delle pratiche di sorveglianza digitale, nonché una promozione di una cultura aziendale rispettosa della privacy e basata su principi etici solidi.

Casa o ufficio?

Uno degli aspetti spesso trascurati del lavoro remoto è la necessità di creare spazi di lavoro adeguati in casa. Questa questione è fondamentale sia dal punto di vista psicologico che sociologico, poiché il contesto fisico in cui le persone svolgono le proprie mansioni ha un impatto significativo sul benessere e sulle dinamiche sociali.

Dal punto di vista psicologico, il contesto fisico in cui si lavora può influire notevolmente sulla concentrazione, la produttività e il benessere generale. Creare uno spazio di lavoro adeguato può aiutare a stabilire una divisione chiara tra le sfere lavorative e personali, contribuendo a ridurre lo stress da confine lavoro-casa.

Chiunque abbia sperimentato il lavoro da casa sa che ci sono molte distrazioni possibili. La televisione, i familiari, gli animali domestici e il caos domestico in generale possono rendere difficile concentrarsi sul lavoro. Senza uno spazio dedicato, la tendenza a spostarsi dal divano alla cucina o alla camera da letto può ostacolare la produttività e aumentare il senso di disorganizzazione. Questo può portare a frustrazione e stress, influenzando negativamente il benessere psicologico.

Uno spazio di lavoro adeguato può contribuire al comfort fisico, il che è essenziale per una produttività sostenibile. Una sedia ergonomica, una scrivania comoda e una luce adeguata sono elementi chiave per evitare dolori muscolari, affaticamento visivo e problemi di postura. La mancanza di attenzione a questi aspetti può portare a problemi fisici, che a loro volta possono influenzare il benessere psicologico.

Dal punto di vista sociologico, la creazione di spazi di lavoro adeguati può influire sulle dinamiche familiari e sulla vita domestica. Le famiglie con membri che lavorano da casa spesso devono trovare un equilibrio tra le esigenze lavorative e quelle familiari. Questo può comportare sfide nella gestione degli spazi e delle risorse domestiche. Ad esempio, se un partner ha bisogno di uno spazio di lavoro tranquillo, questo può avere ripercussioni sull'uso degli spazi comuni. La creazione di spazi di lavoro adeguati può richiedere investimenti in attrezzature e arredi, il che può influire sul bilancio familiare.

La creazione di spazi di lavoro adeguati può anche avere implicazioni sulla divisione dei ruoli domestici. Le donne, in particolare, possono trovarsi ad affrontare una doppia responsabilità come lavoratrici da remoto e responsabili della cura familiare. La mancanza di un confine fisico tra lavoro e vita privata può portare a una maggiore pressione sulle donne di bilanciare queste responsabilità. La società e le organizzazioni devono affrontare questa sfida promuovendo una divisione più equa dei compiti domestici e sostenendo la parità di genere.

I lavoratori devono affrontare la questione delle spese legate alla creazione di spazi di lavoro adeguati. L'acquisto di mobili e attrezzature, l'aggiornamento delle connessioni internet e il pagamento di bollette aggiuntive per l'energia elettrica e il riscaldamento possono rappresentare costi significativi. Questi costi possono influire sulla situazione finanziaria dei lavoratori e creare ulteriori stress finanziari.

Dall'aspetto sociologico, la creazione di spazi di lavoro adeguati può anche avere implicazioni per la comunità locale. Alcune persone scelgono di lavorare in spazi di coworking o in caffetterie, il che può contribuire alla vitalità delle piccole imprese locali. Questo può influire sulla sostenibilità economica di queste imprese e sulla coesione sociale della comunità.

Affrontare la questione dei spazi di lavoro adeguati richiede un approccio olistico. Le organizzazioni possono sostenere i propri dipendenti fornendo linee guida sulle migliori pratiche per la creazione di spazi di lavoro in casa e offrendo rimborsi per l'acquisto di attrezzature ergonomiche. Le famiglie devono collaborare per definire le aspettative e trovare un equilibrio tra le esigenze lavorative e familiari. La società in generale deve affrontare le sfide legate alla divisione dei ruoli domestici e all'equità di genere, promuovendo politiche che supportino le famiglie e le donne che lavorano da casa. La comunità locale può cercare di adattarsi alle nuove esigenze dei lavoratori remoti, cercando modi innovativi di supporto e collaborazione.

La creazione di spazi di lavoro adeguati è un aspetto fondamentale del lavoro remoto, con impatti psicologici e sociologici significativi. La mancanza di uno spazio di lavoro dedicato può influire sulla produttività e generare stress, mentre le dinamiche familiari e le spese aggiuntive possono sollevare questioni sociologiche importanti. Affrontare questa sfida richiede una collaborazione tra organizzazioni, famiglie, società e comunità per garantire che i lavoratori remoti abbiano gli strumenti e le risorse necessarie per lavorare in modo efficace e sostenibile, rispettando nel contempo le dinamiche sociali e familiari.

Staccarsi completamente dal lavoro tradizionale

La pandemia ha accelerato l'adozione del lavoro remoto su scala globale, portando a una serie di trasformazioni significative nell'organizzazione del lavoro. Una di queste trasformazioni chiave è la crescente flessibilità del lavoro, che ha suscitato dibattiti e riflessioni sia dal punto di vista psicologico che sociologico. Questa tendenza, che sembra destinata a durare nel tempo, ha aperto la strada a profondi cambiamenti nell'approccio alle dinamiche di lavoro e alla gestione delle risorse umane.

Dal punto di vista psicologico, la flessibilità del lavoro ha generato una serie di impatti rilevanti sulla percezione dei lavoratori riguardo al proprio impiego e sul loro benessere emotivo. La possibilità di adattare gli orari di lavoro alle esigenze personali ha portato a una maggiore autonomia e controllo sulle proprie mansioni. Questo può innescare un senso di responsabilità individuale, incoraggiando i dipendenti a gestire meglio il proprio tempo e a concentrarsi su obiettivi specifici. Questa maggiore autonomia può anche comportare pressioni aggiuntive. I lavoratori potrebbero sentirsi in dovere di dimostrare la propria produttività in ogni momento, portando a orari di lavoro più lunghi e stress.

La flessibilità del lavoro ha ampliato il concetto di bilanciamento tra lavoro e vita privata. Se da un lato offre la possibilità di gestire meglio le responsabilità personali e familiari, dall'altro può rendere più difficile stabilire confini chiari tra la vita professionale e quella privata. Questa mancanza di confini può influenzare negativamente il benessere psicologico, poiché i lavoratori rischiano di sentirsi costantemente impegnati, con poco spazio per il relax e il distacco. La flessibilità può portare a una sensazione di isolamento, poiché le interazioni sociali all'interno dell'ambiente di lavoro tradizionale possono venire a mancare, soprattutto se il lavoro è svolto in modo predominante in modalità remota.

Dall'aspetto sociologico, la flessibilità del lavoro ha importanti conseguenze sulla struttura dell'organizzazione aziendale e sulle dinamiche sociali al suo interno. Questa tendenza sta costringendo le organizzazioni a ripensare le proprie politiche, i protocolli e le culture aziendali. Ad esempio, le organizzazioni devono sviluppare politiche flessibili che rispondano alle esigenze dei lavoratori e promuovano un equilibrio sano tra lavoro e vita privata. La flessibilità del lavoro può anche influenzare la cultura aziendale. Le organizzazioni che adottano politiche di flessibilità devono promuovere una cultura che valuti i dipendenti in base ai risultati anziché alle ore trascorse in ufficio. Questo richiede un cambiamento culturale significativo, poiché molti aspetti della cultura aziendale tradizionale, come l'accento sul presenteismo, possono entrare in conflitto con la flessibilità del lavoro. Questo cambiamento culturale può portare a sfide sia per i dipendenti che per i datori di lavoro, ma offre anche l'opportunità di ridefinire le dinamiche di lavoro in modo più equo ed equilibrato.

La flessibilità del lavoro sta ridefinendo il concetto di luogo di lavoro. Gli uffici fisici tradizionali stanno diventando sempre meno centrali, mentre le organizzazioni esplorano nuove modalità di lavoro ibride, che combinano la presenza in ufficio con il lavoro da remoto. Questo cambia radicalmente le dinamiche sociali all'interno delle organizzazioni. Gli incontri in persona diventano più sporadici, ma più significativi, mentre le relazioni di lavoro si sviluppano sempre più attraverso schermi e piattaforme digitali. Questo solleva domande sulle dinamiche di team, la coesione sociale e la comunicazione, con un impatto potenzialmente profondo sulle relazioni interpersonali.

La flessibilità del lavoro ha anche portato all'adozione di politiche di lavoro remoto più strutturate. Questo ha sollevato questioni riguardo alla parità di accesso e alle disuguaglianze socioeconomiche. Non tutti i lavoratori possono beneficiare della flessibilità, ad esempio, chi ha mansioni che richiedono la presenza fisica o chi non ha accesso a un ambiente di lavoro adeguato a casa. Questo può generare disuguaglianze tra i lavoratori, con impatti sociologici importanti.

La flessibilità del lavoro sta influenzando la percezione dei luoghi di residenza. Le persone ora possono scegliere di vivere in luoghi che rispecchiano le proprie esigenze e preferenze personali, piuttosto che essere vincolate alla vicinanza all'ufficio. Questo ha portato a una migrazione verso aree meno congestionate e costose, con conseguenze significative per l'urbanizzazione e le dinamiche abitative.

La flessibilità del lavoro è una tendenza duratura che sta influenzando in modo significativo sia gli aspetti psicologici che sociologici del mondo del lavoro. La maggiore autonomia, la sfida nel bilanciare lavoro e vita privata e la ridefinizione delle culture aziendali sono solo alcuni dei molteplici impatti psicologici. Dall'aspetto sociologico, la flessibilità del lavoro sta ridefinendo le dinamiche delle organizzazioni, influenzando le politiche aziendali, la cultura aziendale, la parità di accesso e la percezione dei luoghi di residenza. Affrontare questa tendenza richiede un approccio olistico che tenga conto di questi molteplici aspetti e delle sfide che essi presentano. Le organizzazioni devono adattarsi e innovare per sostenere i loro dipendenti in questo nuovo paradigma del lavoro, promuovendo una cultura aziendale rispettosa delle esigenze dei lavoratori e contribuendo a creare un ambiente di lavoro più equo ed equilibrato.

Equilibrio tra il Virtuale e il Reale

L'era del lavoro remoto e della crescente flessibilità lavorativa ci ha catapultato in un mondo in cui il confine tra il virtuale e il reale diventa sempre più sfumato. Questa fusione di mondi presenta una serie di impatti psicologici e sociologici rilevanti che richiedono una riflessione approfondita e una gestione oculata. Il confine sfumato tra il virtuale e il reale può generare un senso di sovraccarico e di confusione. L'uso costante di dispositivi digitali per il lavoro e le comunicazioni può portare a una sensazione di essere costantemente connessi e reperibili. Questo può innescare sentimenti di stress, ansia e burnout, poiché i lavoratori possono avere difficoltà a staccare completamente e a trovare momenti di vera disconnessione.

La creazione di una "seconda vita" online, spesso necessaria per il lavoro remoto, può portare a una tensione tra l'identità virtuale e quella reale. Le persone si trovano ad agire in modi diversi online rispetto a come si comportano nella vita reale, il che può creare uno straniamento psicologico. Questo straniamento può portare a una sensazione di incoerenza e disconnessione tra l'individuo online e offline, con conseguenze sul benessere psicologico.

Dall'aspetto sociologico, il confine sfumato tra il virtuale e il reale può avere effetti significativi sulle dinamiche sociali. Le interazioni online stanno diventando sempre più centrali nella nostra vita quotidiana, e questo ha un impatto sulla natura stessa delle relazioni umane. Le interazioni virtuali possono mancare della ricchezza delle interazioni faccia a faccia, portando a un impoverimento della comunicazione e a una potenziale difficoltà nel comprendere completamente le emozioni e le intenzioni degli altri. Il lavoro remoto ha sollevato domande riguardo alla percezione e alla valutazione delle performance dei dipendenti. La valutazione delle prestazioni in un ambiente virtuale può essere complessa, e i datori di lavoro devono affrontare sfide legate alla valutazione delle performance in modo equo ed oggettivo. Questo può influenzare la cultura aziendale, portando a una maggiore enfasi sugli obiettivi e i risultati misurabili, ma anche a una possibile perdita di empatia e comprensione per le esigenze dei dipendenti.

Il confine sfumato tra il virtuale e il reale può avere implicazioni per la privacy e la sicurezza. La crescente dipendenza da strumenti digitali espone le persone a rischi legati alla violazione della privacy e alla sicurezza dei dati. La condivisione di informazioni personali e professionali online può aumentare la vulnerabilità alle minacce informatiche e alle violazioni della privacy, con ripercussioni sia individuali che collettive.

L'educazione e la crescita dei bambini e dei giovani possono anche essere influenzate da questa fusione tra il virtuale e il reale. L'uso esteso della tecnologia e delle comunicazioni online ha cambiato radicalmente il modo in cui i giovani apprendono e interagiscono con il mondo. Questa trasformazione ha generato una serie di sfide, tra cui l'equilibrio tra il tempo trascorso online e offline, la gestione delle interazioni digitali e la consapevolezza dell'uso responsabile della tecnologia.

Per affrontare questa sfida, è essenziale sviluppare una consapevolezza critica dell'uso della tecnologia e delle interazioni virtuali. Gli individui devono imparare a gestire il tempo trascorso online, a riconoscere i segnali di stress e affaticamento digitale e a stabilire confini chiari tra il lavoro e la vita personale. Le organizzazioni, d'altra parte, devono promuovere politiche e culture aziendali che valorizzino il benessere dei dipendenti, il rispetto della privacy e l'equità nella valutazione delle performance.

Dall'aspetto sociologico, le organizzazioni e la società nel suo complesso devono affrontare il cambiamento delle dinamiche sociali. L'uso esteso della tecnologia sta portando a una riconfigurazione delle relazioni umane, e le organizzazioni devono adattarsi a queste nuove dinamiche per promuovere una cultura di inclusione e supporto sociale. Il ruolo delle organizzazioni e delle istituzioni nella promozione di una tecnologia etica e di una società digitale responsabile diventa sempre più rilevante.

Il confine sfumato tra il virtuale e il reale è un aspetto rilevante del mondo del lavoro contemporaneo con impatti significativi sia dal punto di vista psicologico che sociologico. La fusione di mondi online e offline presenta sfide legate allo stress, alla comunicazione, all'identità, alla privacy e alle dinamiche sociali. Affrontare questa sfida richiede un approccio olistico che coinvolga sia gli individui che le organizzazioni nella promozione di una tecnologia etica, di politiche aziendali che valorizzino il benessere dei dipendenti e di una cultura sociale che sostenga l'equità e l'inclusione. Solo attraverso questo tipo di approccio sarà possibile trovare un equilibrio sano tra il virtuale e il reale in un mondo sempre più connesso digitalmente.

FUGA DALLA
VITA REALE

Realtà Virtuale e fuga dalla vera realtà

La RV, o realtà virtuale, è una tecnologia rivoluzionaria che permette agli individui di immergersi in mondi simulati, aprendo le porte a un universo di possibilità e interrogativi. L'aspetto più distintivo della realtà virtuale è la sua capacità di offrire un'esperienza sensoriale straordinaria. Mentre indossi un visore RV e ti immergi in un ambiente virtuale, tutti i tuoi sensi vengono coinvolti in un'esperienza quasi surreale. La vista ti trasporta in mondi virtuali riccamente dettagliati e spesso sorprendentemente realistici. Gli odori, l'udito e il tatto possono essere simulati o integrati per amplificare ulteriormente l'illusione. È un'esperienza avvolgente che sfida la nostra percezione della realtà stessa. Le implicazioni psicologiche di questa esperienza immersiva sono profonde. La capacità della RV di creare ambienti simulati è una doppia spada affilata. Da un lato, offre opportunità straordinarie per l'apprendimento, l'esplorazione e il divertimento. Dall'altro, può comportare sfide notevoli per il nostro benessere psicologico. L'immersione totale in mondi virtuali può essere così coinvolgente che ci si può sentire scollegati dalla realtà. Questo solleva domande importanti sulla distinzione tra la realtà e la finzione, nonché sul ruolo della percezione sensoriale nella formazione delle nostre convinzioni e della nostra psiche.

Un aspetto significativo dei molteplici impatti psicologici della RV riguarda la natura stessa delle esperienze virtuali. Quando ci immergiamo in mondi virtuali, spesso sviluppiamo connessioni emotive con gli oggetti, gli ambienti e persino gli avatar virtuali. Queste connessioni possono avere effetti duraturi sulla nostra psicologia. Ad esempio, potremmo sviluppare una forte affinità per un ambiente virtuale particolare, e questa affinità potrebbe influenzare la nostra percezione della realtà. Il coinvolgimento emotivo in un'esperienza virtuale può generare sentimenti di appagamento e appartenenza a una comunità virtuale, creando un impatto notevole sulla nostra salute mentale.

Un altro aspetto psicologico rilevante è l'effetto dell'immersione virtuale sulla percezione del tempo. Mentre ci immergiamo nella RV, il tempo può sembrare scorrere in modo diverso rispetto alla vita reale. Questo può influenzare il nostro orientamento temporale, generando sfide nella gestione del tempo e delle priorità nella vita quotidiana.

Da un punto di vista sociologico, l'uso diffuso della RV ha il potenziale di ridefinire le dinamiche sociali. Mentre alcune persone vedono nella RV un mezzo per sfuggire alla realtà quotidiana, questo comporta implicazioni per le interazioni sociali. Il fatto che gli individui possano trascorrere lunghe ore immergendosi in mondi virtuali può alterare il tempo e l'energia dedicati alle relazioni interpersonali nella vita reale. Questo può portare a un distacco crescente tra le persone e influenzare la qualità delle relazioni.

La RV ha dimostrato di essere un terreno fertile per la creazione di identità online. Gli utenti possono creare avatar che rappresentano la loro identità virtuale. Questi avatar possono differire significativamente dall'identità reale dell'individuo, sollevando questioni sulla percezione di sé e la coerenza tra l'identità virtuale e quella reale. La possibilità di creare una nuova identità virtuale può comportare un'ambiguità riguardo alla vera natura di chi siamo, con il rischio di una sfocatura tra il "noi" virtuale e quello reale.

La RV ha dimostrato promettenti applicazioni nella terapia psicologica. L'esposizione virtuale viene utilizzata per trattare fobie, disturbi post-traumatici da stress e altri problemi psicologici. Questo offre un ambiente controllato per affrontare le paure e può essere un complemento efficace alle terapie tradizionali. L'uso terapeutico della RV solleva domande sulle implicazioni psicologiche della terapia in sé. Ad esempio, quanto l'uso estensivo della RV nella terapia potrebbe influenzare la percezione del confine tra la realtà e la finzione?

La RV sta trasformando anche il settore dell'istruzione. Gli studenti possono immergersi in ambienti virtuali per apprendere in modo più coinvolgente. Questo offre opportunità uniche per l'apprendimento esperienziale, ma solleva anche domande sulla necessità di equilibrare l'apprendimento virtuale con quello in aula. Qual è il ruolo dell'interazione fisica e dell'esperienza nella formazione di competenze e conoscenze? La RV può offrire un'esperienza di apprendimento coinvolgente, ma è essenziale valutare come questo impatti sulla formazione e sullo sviluppo delle competenze. L'industria dei videogiochi ha abbracciato ampiamente la RV, offrendo esperienze di gioco altamente immersive. Questo può portare a dipendenza da videogiochi e alla perdita di interesse per le attività reali. L'immersione totale in mondi virtuali di gioco può comportare un'ossessione che impedisce l'equilibrio tra la vita virtuale e quella reale, con effetti negativi sulla salute psicologica.

La questione della privacy è cruciale in un mondo sempre più immerso nella RV. I dati raccolti durante l'uso della tecnologia possono essere utilizzati per profilare le persone e influenzare la pubblicità mirata. La registrazione di ogni azione e reazione in un ambiente virtuale solleva domande sulla sicurezza e sul controllo delle informazioni personali. Chi ha accesso ai dati generati durante l'uso della RV e a quali scopi vengono utilizzati?

Infine, l'uso estensivo della RV può portare a una distorsione della percezione della realtà. Le persone potrebbero iniziare a confondere le esperienze virtuali con quelle reali. Questa confusione può influenzare la percezione del mondo circostante e portare a una sfocatura tra realtà e finzione.

La realtà virtuale offre esperienze uniche e straordinarie, ma porta con sé una serie di implicazioni psicologiche e sociologiche complesse. L'immersione nella RV può comportare sfide per la percezione della realtà, la gestione del tempo e delle priorità, le relazioni interpersonali e l'identità individuale. È fondamentale trovare un equilibrio tra l'uso della realtà virtuale e la vita reale, considerando attentamente queste implicazioni mentre ci immergiamo in questo nuovo mondo immersivo. La RV è una tecnologia potente che può arricchire la nostra vita, ma richiede una comprensione approfondita dei suoi effetti sulla psiche umana e sulla società in generale.

Nel mondo della realtà virtuale (RV), una delle dinamiche più intriganti è la tendenza delle persone a utilizzare questa tecnologia come un mezzo di fuga dalla realtà quotidiana. Questo comportamento solleva una serie di domande importanti riguardo agli impatti psicologici e sociologici di tale evasione, gettando luce su un aspetto fondamentale della nostra interazione con la RV. La fuga dalla realtà rappresenta uno dei motivi principali per cui molte persone si rivolgono alla RV. La vita quotidiana è spesso caratterizzata da stress, ansia e pressioni di vario genere, e l'opportunità di immergersi in mondi virtuali può costituire un'uscita temporanea da queste sfide. Questa forma di evasione può offrire sollievo e una pausa dall'intensità della vita reale.

Gli impatti psicologici di questa fuga dalla realtà possono essere complessi e variegati. L'immersione in mondi virtuali, che possono essere paradisi tropicali, avventure epiche o anche ambienti tranquilli e sereni, può agire come un'ancora di tranquillità in un mare di preoccupazioni. Questo tipo di evasione può contribuire al benessere psicologico, riducendo temporaneamente lo stress e ristabilendo un senso di calma.

Ovviamente ci sono rischi associati a questa fuga dalla realtà. L'uso eccessivo della RV come mezzo di fuga può comportare una forma di evitamento, in cui le persone cercano di eludere i problemi della vita reale invece di affrontarli. Questo può portare a problemi di adattamento e alla difficoltà di affrontare le sfide reali. In effetti, se la RV diventa una fuga costante dalla realtà, potrebbe anche ostacolare lo sviluppo di abilità di coping e di resilienza, che sono fondamentali per affrontare le sfide della vita.

La fuga dalla realtà attraverso la RV può anche avere implicazioni sociali. Ad esempio, l'uso eccessivo della RV come mezzo di evasione può portare a una riduzione delle interazioni sociali nella vita reale. Se le persone preferiscono immergersi in mondi virtuali anziché partecipare a eventi sociali o trascorrere del tempo con amici e familiari, ciò può influenzare negativamente le relazioni interpersonali. La mancanza di comunicazione faccia a faccia e di interazioni sociali reali può portare a un progressivo distacco dalle persone nel mondo reale.

La fuga dalla realtà può comportare un allontanamento dall'esperienza umana autentica. La vita reale è caratterizzata da una vasta gamma di emozioni, sfide e relazioni complesse, e la fuga costante nella RV può far percepire la realtà come noiosa o insoddisfacente in confronto. Questo atteggiamento potrebbe influenzare negativamente la capacità delle persone di apprezzare appieno la bellezza e la complessità della vita reale.

Dipendenza da RV

La dipendenza dalla fuga attraverso la RV è un'altra preoccupazione significativa. L'uso eccessivo della RV può portare a una dipendenza da questa forma di evasione. Le persone possono diventare dipendenti dall'adrenalina delle avventure virtuali, dalla gratificazione immediata che offre o dal senso di controllo che hanno nei mondi virtuali. Questa dipendenza può comportare gravi conseguenze per la salute mentale e il benessere, portando a problemi come l'isolamento sociale, la depressione e l'ansia.

Dall'altro lato, la RV offre anche opportunità terapeutiche per coloro che cercano fuga dalla realtà a causa di esperienze traumatiche o disturbi psicologici. L'uso controllato della RV in contesti terapeutici può fornire un ambiente sicuro per esplorare e affrontare paure e traumi. Ad esempio, la terapia basata sulla RV è stata utilizzata con successo per trattare disturbi da stress post-traumatico, disturbi d'ansia e fobie. Questo utilizzo terapeutico sottolinea la duplice natura della fuga dalla realtà attraverso la RV: può essere dannosa quando diventa un mezzo di evitamento, ma può anche essere benefica quando viene utilizzata per il trattamento di disturbi psicologici.

La fuga dalla realtà attraverso la realtà virtuale è un aspetto complesso e sfaccettato di come le persone interagiscono con questa tecnologia. Gli impatti psicologici variano da benefici temporanei per il benessere a rischi di evitamento e dipendenza. Dal punto di vista sociale, la fuga dalla realtà può influenzare negativamente le relazioni interpersonali e l'esperienza della vita umana autentica. È cruciale trovare un equilibrio nell'uso della RV come mezzo di evasione e riconoscere quando può essere dannosa o terapeutica. La comprensione approfondita di queste dinamiche è essenziale mentre ci immergiamo in questo nuovo mondo immersivo e affrontiamo le complesse questioni psicologiche e sociali che essa comporta.

Nel contesto della realtà virtuale (RV), uno degli aspetti più affascinanti e promettenti riguarda le sue applicazioni nella terapia e la possibilità di utilizzarla come strumento per affrontare disturbi psicologici e fobie. Questo si prefigge di esaminare in dettaglio le implicazioni psicologiche e sociali di queste applicazioni terapeutiche della RV, sottolineando come questa tecnologia possa rappresentare una risorsa rivoluzionaria nel campo della salute mentale.

L'uso della RV come strumento terapeutico ha dimostrato notevoli promesse nel trattamento di una vasta gamma di disturbi psicologici. Uno dei campi in cui la RV ha ottenuto risultati significativi è il trattamento delle fobie. Le fobie sono condizioni psicologiche in cui le persone sperimentano ansia intensa e irrazionale in risposta a specifici stimoli o situazioni. Attraverso l'uso della RV, i terapisti possono creare ambienti virtuali controllati che espongono pazienti a situazioni che scatenano le loro fobie in modo graduale e sicuro. Ad esempio, un individuo con fobia degli aerei può essere sottoposto a un'esperienza virtuale di volo, consentendo loro di affrontare la paura in un ambiente sicuro. Questo tipo di esposizione graduale può ridurre l'ansia e aiutare i pazienti a superare le loro fobie.

Le implicazioni psicologiche di questo approccio terapeutico sono profonde. La RV offre un ambiente altamente controllato in cui i pazienti possono confrontarsi con le proprie paure in modo sicuro e progressivo. Questo può essere particolarmente efficace nel trattamento dei disturbi d'ansia, in quanto consente ai pazienti di imparare strategie di coping e di ridurre la reattività emotiva. Il fatto che la terapia sia basata sulla RV può ridurre la stigmatizzazione associata al trattamento dei disturbi psicologici, poiché molti pazienti potrebbero essere più disposti ad accettare un trattamento virtuale rispetto a un trattamento tradizionale.

Guarire e curarsi con la Realtà Virtuale

Un altro importante campo di applicazione della RV nella terapia riguarda il trattamento dei disturbi da stress post-traumatico (PTSD). Questi disturbi possono svilupparsi a seguito di eventi traumatici e comportano sintomi come flashback, ansia e evitamento delle situazioni scatenanti. La RV offre un ambiente controllato in cui i pazienti possono essere esposti in modo graduale a situazioni simili a quelle che hanno causato il trauma. Questo tipo di terapia, noto come esposizione virtuale, permette ai pazienti di affrontare il loro trauma in un contesto sicuro, aiutandoli a elaborare l'esperienza e ridurre i sintomi del PTSD.

La terapia basata sulla RV ha anche dimostrato di essere efficace nel trattamento della depressione. I pazienti depressi possono beneficiare dall'uso della RV per affrontare i sintomi, aumentando il coinvolgimento e il coinvolgimento emotivo attraverso esperienze virtuali positive. Ad esempio, la creazione di mondi virtuali piacevoli e rilassanti può aiutare i pazienti a trovare conforto e sollievo dalla depressione.

Ci sono anche altre considerazioni etiche da affrontare nell'uso della RV in terapia. Ad esempio, la privacy dei dati è un problema critico, poiché le informazioni raccolte durante le sessioni terapeutiche potrebbero essere sensibili e private. È fondamentale garantire la sicurezza e la protezione dei dati dei pazienti nella terapia basata sulla RV.

Dal punto di vista sociologico, l'uso della RV in terapia può comportare cambiamenti significativi nella pratica clinica e nella fornitura di assistenza medica. I terapisti devono essere addestrati nell'uso della tecnologia e nell'implementazione di terapie basate sulla RV, e le strutture sanitarie devono essere in grado di fornire l'accesso a questa tecnologia. Questo può rappresentare una sfida nella diffusione delle applicazioni terapeutiche della RV.

La terapia basata sulla RV può aumentare l'accessibilità ai servizi di salute mentale. Molte persone potrebbero non avere accesso a terapie tradizionali a causa di barriere finanziarie, geografiche o sociali. La RV può ridurre alcune di queste barriere, consentendo alle persone di accedere a terapie di alta qualità da remoto o attraverso applicazioni specifiche.

Non tutte le condizioni psicologiche possono essere trattate con successo attraverso l'uso della RV, e le terapie tradizionali rimangono indispensabili per molte patologie. Non tutti i pazienti possono adattarsi alla terapia basata sulla RV o preferirebbero un approccio di persona. La combinazione di terapie tradizionali e terapie basate sulla RV può offrire un approccio più completo alla salute mentale.

L'uso della realtà virtuale come strumento terapeutico offre opportunità significative per affrontare una vasta gamma di disturbi psicologici e migliorare il benessere psicologico. Le implicazioni psicologiche sono positive in termini di possibilità di esposizione controllata e riduzione della stigmatizzazione associata alla terapia. Sono necessarie attente considerazioni etiche e una formazione adeguata dei terapisti. Dal punto di vista sociologico, questa tecnologia può rappresentare una svolta nell'accesso ai servizi di salute mentale, ma presenta anche sfide legate all'implementazione e all'accessibilità. Nel complesso, la terapia basata sulla RV rappresenta un campo in evoluzione con un grande potenziale per migliorare la salute mentale, se gestito con attenzione e competenza.

Nel panorama complesso della realtà virtuale (RV), un aspetto fondamentale da esplorare riguarda la creazione di identità online all'interno di mondi virtuali. Questo si prefigge di analizzare in profondità le implicazioni psicologiche e sociali di questa pratica, evidenziando come la possibilità di plasmare e sperimentare identità virtuali influisca sulla percezione di sé e sulla coerenza tra l'identità virtuale e quella reale.

La creazione di identità online all'interno della RV rappresenta un'opportunità unica per gli individui di esplorare e sperimentare diverse versioni di sé stessi. Gli utenti possono creare avatar che fungono da rappresentazioni digitali di sé stessi o adottare completamente nuove identità, spesso distanti dalla realtà. Questa pratica apre la porta a una serie di questioni psicologiche complesse.

Un aspetto cruciale è la possibilità di esplorare diversi aspetti della propria personalità e dell'identità. La creazione di un avatar virtuale può consentire agli individui di mettere in gioco aspetti nascosti o trascurati della loro personalità. Questo processo può avere un impatto significativo sulla psicologia individuale, poiché permette di confrontarsi con la propria complessità e di esplorare la gamma completa delle emozioni e delle sfaccettature dell'identità.

La creazione di identità online può comportare un aumento del senso di libertà e di anonimato. All'interno di mondi virtuali, gli individui possono sentirsi liberi da vincoli sociali e aspettative esterne. Questa libertà può portare a una maggiore espressione di sé e alla sperimentazione di nuove identità. Questa sensazione di anonimato può anche portare a comportamenti impulsivi e disinibiti, che sollevano questioni legate all'etica e alla responsabilità online.

La coerenza tra l'identità virtuale e quella reale è un altro aspetto importante da considerare. Mentre alcuni individui mantengono una distinzione chiara tra la loro identità online e quella reale, altri potrebbero confondere o sovrapporre queste identità. Questo può portare a un'ambiguità riguardo a chi si è veramente, con implicazioni significative per la percezione di sé. La discrepanza tra l'identità virtuale e quella reale può portare a una sfocatura della linea tra finzione e realtà.

Da un punto di vista sociologico, la creazione di identità online all'interno della RV ha un impatto sulle dinamiche sociali. La possibilità di interagire con gli altri attraverso avatar e identità virtuali comporta nuovi modelli di relazioni sociali. Le comunità virtuali si sviluppano spesso attorno a interessi comuni o alle identità create dagli utenti, creando legami sociali basati sulla condivisione di esperienze digitali.

Mentre le persone possono stabilire connessioni significative all'interno dei mondi virtuali, queste relazioni sono spesso sottoposte a una maggiore distanza emotiva rispetto alle relazioni faccia a faccia. La mancanza di espressioni facciali e di contatto fisico può rendere le interazioni virtuali meno intense dal punto di vista emotivo, e ciò può influenzare la qualità delle relazioni online.

La creazione di identità online può anche comportare conflitti e controversie. Gli individui possono scontrarsi con gli altri quando emergono differenze tra le identità virtuali o quando si verificano fraintendimenti online. Questi conflitti possono avere un impatto sulla percezione di sé e delle relazioni sociali, sollevando domande sulle dinamiche di potere e sulle modalità di risoluzione dei conflitti all'interno delle comunità virtuali.

La creazione di identità online solleva questioni etiche legate alla privacy e alla sicurezza. La condivisione di informazioni personali all'interno della RV può comportare rischi legati alla violazione della privacy e all'abuso di dati. La gestione responsabile delle informazioni personali all'interno dei mondi virtuali è fondamentale per garantire la sicurezza degli utenti.

Infine, la creazione di identità online può influire sulle dinamiche di potere e sulle questioni di identità di genere e di razza. Gli utenti possono scegliere l'aspetto e l'identità dei loro avatar, il che apre la porta a una vasta gamma di espressioni di genere e di identità etniche. Questo solleva questioni sulle rappresentazioni culturali e sociali all'interno della RV, e sulle implicazioni di tali scelte per la percezione di sé e delle identità di genere e di razza.

Relazioni umane tramite Realtà Virtuale

La creazione di identità online all'interno della realtà virtuale rappresenta un aspetto affascinante e complesso dell'interazione umana con questa tecnologia. Le implicazioni psicologiche riguardano l'esplorazione dell'identità e la percezione di sé, mentre le implicazioni sociali coinvolgono nuove dinamiche relazionali e questioni etiche. La coerenza tra l'identità virtuale e quella reale è una questione centrale, poiché la sfocatura tra queste identità può influenzare profondamente la percezione di sé e delle relazioni. Nel complesso, la creazione di identità online all'interno della RV offre un terreno fertile per l'esplorazione dell'identità e delle relazioni sociali, ma richiede una comprensione approfondita delle sue implicazioni psicologiche e sociologiche.

Nell'universo complesso della realtà virtuale (RV), un aspetto di notevole interesse riguarda l'analisi dell'incidenza di questa tecnologia sulle relazioni interpersonali. Questo mira a esaminare a fondo le implicazioni psicologiche e sociali dell'uso della RV sulle dinamiche relazionali, evidenziando come questa tecnologia possa influenzare in modo significativo il modo in cui le persone interagiscono tra di loro nella vita reale.

L'uso della RV può influenzare le relazioni interpersonali in diversi modi. Uno dei modelli emergenti è l'uso della RV come luogo di socializzazione virtuale. All'interno dei mondi virtuali, le persone possono incontrarsi, interagire e stabilire connessioni con individui da tutto il mondo. Questo tipo di socializzazione può offrire opportunità uniche per l'incontro con persone con interessi simili o per la partecipazione a attività collaborative. Ci sono molte sfide psicologiche e sociali associate a questa forma di socializzazione.

Una delle sfide principali riguarda il grado di distanza emotiva nelle relazioni virtuali rispetto a quelle nella vita reale. Mentre le amicizie online possono essere significative e soddisfacenti, la mancanza di contatto fisico e di espressioni facciali può limitare la profondità delle connessioni emotive. La distanza emotiva può rendere più difficile l'interpretazione delle emozioni e delle intenzioni degli altri, portando a fraintendimenti e a una maggiore necessità di chiarire le comunicazioni.

La creazione di relazioni virtuali può anche sollevare domande sul livello di impegno e di autenticità nelle interazioni online. Gli individui possono sentirsi meno vincolati alle norme sociali e alle aspettative quando interagiscono attraverso avatar virtuali, il che può portare a comportamenti più disinibiti o a una maggiore inclinazione a presentare se stessi in modo idealizzato. Questo può comportare una dissonanza tra l'identità virtuale di un individuo e la loro identità nella vita reale.

Un altro aspetto interessante riguarda il concetto di "dualità digitale," che si riferisce al fatto che molte persone mantengono sia una presenza nella vita reale che una virtuale. Questo può portare a un aumento della complessità nell'identità delle persone, poiché devono gestire e mantenere due identità separate. La dualità digitale può influire sulla coerenza tra l'identità virtuale e quella reale, e sulla percezione di sé.

La RV può anche comportare la nascita di legami significativi tra persone che condividono esperienze virtuali uniche. Ad esempio, i giocatori di MMORPG (Massively Multiplayer Online Role-Playing Games) spesso sviluppano legami forti attraverso le loro avventure virtuali. Questi legami possono portare a un senso di comunità e di appartenenza, che può influenzare positivamente il benessere psicologico. Ci sono dei pericoli anche in questo contesto, come la possibile dipendenza dai giochi online o il rischio di isolamento sociale dalla vita reale.

Le relazioni virtuali possono avere implicazioni sia positive che negative sulla salute mentale. Le connessioni sociali possono essere una fonte di sostegno emotivo e di gratificazione, ma possono anche comportare stress e ansia, specialmente quando emergono conflitti o controversie. La gestione delle relazioni online richiede competenze specifiche per affrontare questi aspetti psicologici complessi.

L'uso estensivo della RV come mezzo di socializzazione può portare a una maggiore isolamento dalla vita reale. Le persone potrebbero preferire trascorrere il loro tempo all'interno dei mondi virtuali a scapito delle interazioni nella vita reale. Questo può avere un impatto negativo sulla qualità delle relazioni reali e sulla salute mentale. La mancanza di contatto fisico e di interazioni faccia a faccia può portare a una maggiore solitudine e a una mancanza di supporto sociale nella vita reale.

Da un punto di vista sociologico, l'uso della RV come mezzo di socializzazione ha portato a una serie di cambiamenti nelle dinamiche sociali. Le comunità virtuali stanno diventando sempre più rilevanti e influenti, creando nuove forme di identità di gruppo. Questo può influenzare la percezione di sé e la coesione sociale.

Ci sono anche questioni etiche legate alla gestione delle comunità virtuali e alla gestione dei conflitti. La moderazione dei contenuti, la gestione delle molestie online e la tutela dei diritti individuali sono questioni cruciali che richiedono una maggiore attenzione. La creazione di comunità virtuali solleva questioni sulle dinamiche di potere e sulle disparità di accesso, in quanto non tutti gli individui possono partecipare a queste comunità in modo eguale.

L'uso della realtà virtuale come mezzo di socializzazione apre nuovi orizzonti nelle relazioni interpersonali. Questa tecnologia offre opportunità per connettersi con gli altri attraverso mondi virtuali, ma comporta anche sfide psicologiche e sociali. La distanza emotiva nelle relazioni virtuali, la dualità digitale e l'isolamento dalla vita reale sono aspetti da considerare. Le implicazioni sulla salute mentale sono significative e richiedono una gestione attenta. La RV ha anche un impatto sulle dinamiche sociali, creando nuove forme di comunità e di identità di gruppo. E' essenziale affrontare le questioni etiche e le sfide legate alla moderazione delle comunità virtuali e alla gestione dei conflitti. Nel complesso, l'uso della RV nelle relazioni interpersonali è un territorio affascinante e complesso, che richiede una comprensione approfondita delle sue implicazioni psicologiche e sociologiche.

Istruzione tramite Realtà Virtuale

All'interno del vasto panorama della realtà virtuale (RV), un aspetto cruciale da esaminare riguarda il suo impatto sull'istruzione. Questo si prefigge di esplorare in dettaglio le implicazioni psicologiche e sociali dell'uso della RV nell'apprendimento, sottolineando come questa tecnologia abbia il potenziale di trasformare le modalità di insegnamento e apprendimento.

La RV offre un ambiente immersivo che consente agli studenti di apprendere in modo coinvolgente e interattivo. Al contrario dell'apprendimento passivo basato su libri di testo o su lezioni tradizionali, la RV consente agli studenti di immergersi in mondi virtuali che rappresentano una vasta gamma di argomenti. Ad esempio, gli studenti possono esplorare l'antica Roma, scoprire l'ecosistema marino di una barriera corallina o esercitarsi in situazioni di apprendimento pratiche, come addestramento medico o ingegneristico. Questo tipo di esperienza può aumentare l'interesse e l'entusiasmo degli studenti, poiché li coinvolge in un apprendimento attivo.

Le implicazioni psicologiche di questa modalità di apprendimento sono significative. La RV offre un'esperienza di apprendimento multi sensoriale, coinvolgendo la vista, l'udito e talvolta persino il tatto. Questo coinvolgimento sensoriale può migliorare la memoria e la retenzione delle informazioni. Gli studenti tendono a ricordare meglio le esperienze vissute rispetto a contenuti astratti, e la RV offre l'opportunità di apprendere attraverso l'esperienza diretta.

La RV può adattarsi alle esigenze individuali degli studenti. Gli insegnanti possono personalizzare l'esperienza di apprendimento all'interno della RV, consentendo agli studenti di progredire a un ritmo che rispecchia le loro abilità e i loro interessi. Questo livello di flessibilità può contribuire al benessere psicologico degli studenti, riducendo lo stress legato alle prestazioni e migliorando la motivazione.

Nasce la considerazioni dei pericoli legati all'uso della RV nell'istruzione. Una delle principali preoccupazioni riguarda l'accessibilità e l'equità. Non tutti gli studenti possono avere accesso a dispositivi RV o a mondi virtuali di alta qualità. Questa disparità di accesso può portare a disuguaglianze nell'apprendimento e nel rendimento scolastico. L'uso eccessivo della RV nell'istruzione potrebbe portare a una dipendenza da tecnologia, che può avere conseguenze negative sulla salute mentale e sul benessere.

Dal punto di vista sociologico, l'uso della RV nell'istruzione comporta cambiamenti significativi nel modo in cui le scuole e le istituzioni educative operano. Gli insegnanti devono essere formati nell'uso della tecnologia e nell'implementazione di strumenti didattici basati sulla RV. Questo richiede investimenti significativi in formazione e infrastrutture educative. La RV può rendere possibile l'apprendimento a distanza attraverso mondi virtuali, eliminando le barriere geografiche e consentendo agli studenti di accedere a istruzione di alta qualità da qualsiasi parte del mondo.

L'apprendimento all'interno della RV può comportare una minore interazione faccia a faccia tra insegnanti e studenti, oltre a una riduzione delle interazioni tra pari. Questo può influenzare la qualità delle relazioni sociali all'interno delle istituzioni educative. L'uso della RV nell'istruzione solleva questioni sulla necessità di bilanciare l'apprendimento virtuale con quello in aula. Mentre la RV offre opportunità di apprendimento uniche, l'interazione faccia a faccia e la socializzazione sono ancora essenziali per lo sviluppo sociale e emotivo degli studenti.

La RV sta trasformando anche l'istruzione superiore e la formazione professionale. Le università e le aziende utilizzano la RV per creare simulazioni realistiche e addestramenti pratici. Ad esempio, gli studenti di medicina possono esercitarsi in chirurgia virtuale, e i lavoratori possono acquisire competenze specifiche attraverso simulazioni virtuali. Questo tipo di apprendimento può ridurre i rischi legati alla sicurezza e migliorare la preparazione per situazioni reali.

Ci sono considerazioni etiche legate all'uso della RV in questi contesti. Ad esempio, le simulazioni virtuali in medicina devono essere realistiche ma anche etiche, rispettando i principi del consenso informato e della protezione dei dati dei pazienti. L'uso eccessivo della RV nell'istruzione superiore e nella formazione può portare a una standardizzazione dell'apprendimento, riducendo la diversità di esperienze educative.

L'uso della RV nell'apprendimento ha il potenziale di rivoluzionare il concetto stesso di istruzione. Gli studenti possono accedere a conoscenze e competenze attraverso mondi virtuali che vanno oltre la tradizionale aula di lezione.

Questo apre la porta a un apprendimento a vita, in cui le persone possono continuare a sviluppare competenze e conoscenze nel corso della loro vita. Questa trasformazione richiede una riflessione sul ruolo dell'insegnante e delle istituzioni educative e su come garantire la qualità dell'apprendimento virtuale.

In sintesi, l'uso della realtà virtuale nell'istruzione rappresenta un campo in evoluzione con il potenziale di trasformare radicalmente le modalità di apprendimento. Le implicazioni psicologiche riguardano il coinvolgimento degli studenti e la personalizzazione dell'apprendimento, ma richiedono una gestione attenta della dipendenza dalla tecnologia. Dal punto di vista sociologico, questa tecnologia comporta cambiamenti nelle dinamiche educative e nell'accessibilità all'istruzione. Nel complesso, l'uso della RV nell'istruzione offre opportunità significative, ma richiede una riflessione approfondita sulle sue implicazioni psicologiche e sociologiche.

Videogiochi reali

Nel panorama sempre più interconnesso della realtà virtuale (RV), un aspetto rilevante e di notevole interesse riguarda il suo impatto nell'industria del gioco. Questo si prefigge di esplorare dettagliatamente le implicazioni psicologiche e sociali dell'uso della RV nei videogiochi, mettendo in luce come questa tecnologia abbia trasformato l'esperienza videoludica e le conseguenze che ne derivano.

La RV ha portato a un avanzamento straordinario nell'industria dei videogiochi, consentendo ai giocatori di immergersi completamente in mondi virtuali e di vivere esperienze di gioco altamente immersive. Questa trasformazione ha avuto impatti psicologici notevoli, in quanto ha ridefinito il modo in cui le persone interagiscono con i videogiochi. I giocatori non sono più semplici spettatori di mondi digitali, ma diventano parte attiva di queste esperienze virtuali. Questo coinvolgimento profondo può suscitare una serie di reazioni psicologiche.

Una delle principali reazioni psicologiche all'uso della RV nei videogiochi è l'aumento dell'immersione. Gli ambienti virtuali che avvolgono il giocatore contribuiscono a un coinvolgimento profondo, spesso causando una perdita temporanea della consapevolezza del mondo reale. I giocatori possono sentirsi completamente immersi nel gioco, con una riduzione delle distrazioni esterne. Questo stato di immersione può portare a un maggiore coinvolgimento emotivo e ad un'esperienza di gioco più intensa.

La RV può influenzare le emozioni dei giocatori in modo più diretto. I giochi virtuali possono essere progettati per generare emozioni intense, come paura, gioia, eccitazione o ansia. Queste emozioni possono essere amplificate dall'ambiente immersivo e dall'interazione diretta con il mondo virtuale. Ad esempio, un gioco horror in RV può creare una paura intensa, mentre un gioco di avventura può generare eccitazione e adrenalina. Questo impatto emozionale può avere conseguenze sulla salute mentale dei giocatori, sia positive che negative.

Da un punto di vista psicologico, i videogiochi in RV possono anche comportare il rischio di dipendenza da videogiochi. L'immersione profonda e l'emozione generata dai giochi possono portare alcuni giocatori a dedicare una quantità eccessiva di tempo e risorse ai giochi in RV. Questo può portare a una diminuzione delle attività nella vita reale, come il lavoro, lo studio e le interazioni sociali. La dipendenza da videogiochi è una preoccupazione significativa, e la RV solleva ulteriori interrogativi su come affrontare questa sfida.

Dal punto di vista sociologico, l'uso della RV nell'industria dei videogiochi ha apportato diversi cambiamenti. In primo luogo, la RV ha reso possibile il gioco collaborativo in ambienti virtuali. I giocatori possono interagire con gli altri attraverso mondi virtuali, creando squadre e cooperando per raggiungere obiettivi di gioco comuni. Questa forma di socializzazione nei videogiochi può portare a relazioni online significative e influire sulle dinamiche sociali.

Mentre il gioco collaborativo può portare a forti legami tra i giocatori, può anche comportare conflitti e tensioni. Ad esempio, la competizione all'interno dei giochi in RV può generare rivalità e conflitti tra i giocatori. L'uso della RV nei giochi ha sollevato questioni etiche legate alla moderazione dei contenuti e alla gestione delle molestie online. La gestione responsabile delle comunità di gioco virtuali è fondamentale per garantire un'esperienza positiva per tutti i giocatori.

Un altro aspetto sociologico interessante riguarda la dimensione economica dell'industria dei videogiochi in RV. Questo settore è in costante crescita, con un mercato in espansione e nuove opportunità di lavoro. L'industria della RV sta creando nuove professioni, come sviluppatori di giochi in RV, artisti di mondi virtuali e moderatori di comunità virtuali. Una problematica attuale è quella legata alla sicurezza e alla protezione dei dati, specialmente quando si tratta di giochi online e di RV.

I videogiochi in RV possono portare a una perdita di interesse per le attività nella vita reale. Mentre i giochi in RV offrono esperienze coinvolgenti e gratificanti, il tempo trascorso all'interno di mondi virtuali può competere con le attività nella vita reale, come il lavoro, lo studio, l'attività fisica e le interazioni sociali. Questo può portare a un aumento dell'isolamento sociale e a una diminuzione delle attività reali. L'uso della realtà virtuale nell'industria dei videogiochi ha apportato notevoli cambiamenti nell'esperienza di gioco. Le implicazioni psicologiche riguardano l'immersione, l'emozione e il rischio di dipendenza da videogiochi. Dal punto di vista sociologico, questa tecnologia ha trasformato le dinamiche sociali nei giochi, portando a nuove forme di socializzazione e a nuove sfide legate alle relazioni online. L'industria dei videogiochi in RV è in costante crescita, creando opportunità economiche ma anche questioni legate alla sicurezza e alla protezione dei dati. E' essenziale affrontare le sfide legate all'equilibrio tra il gioco virtuale e la vita reale, al fine di garantire una coesione sociale e una salute mentale equilibrate. Nel complesso, l'uso della RV nell'industria dei videogiochi è un campo affascinante e complesso, che richiede una comprensione approfondita delle sue implicazioni psicologiche e sociologiche.

Privacy nel virtuale

All'interno del vasto e in continua evoluzione panorama della realtà virtuale (RV), un aspetto di notevole rilevanza riguarda la questione della privacy. Questo mira a esplorare in dettaglio le implicazioni psicologiche e sociali legate all'uso della RV e alla gestione dei dati personali, mettendo in luce come questa tecnologia possa influenzare la nostra privacy e la nostra sicurezza online.

La RV è una tecnologia che richiede la raccolta e l'elaborazione di una vasta quantità di dati personali. Quando un individuo si immerge in un mondo virtuale, il sistema registra dettagliatamente le sue azioni, movimenti, interazioni e persino le reazioni emotive. Questi dati sono utilizzati per creare un'esperienza virtuale coinvolgente e personalizzata, ma sollevano gravi questioni sulla privacy.

Un impatto psicologico significativo della raccolta dei dati personali nella RV riguarda la percezione dell'individuo. Quando si utilizza la RV, si è consapevoli che le proprie azioni e reazioni sono registrate e analizzate. Questa consapevolezza può influenzare il comportamento delle persone all'interno del mondo virtuale, portandole a essere più caute nelle loro azioni e comunicazioni. Questa auto-censura può influire sulla libertà di espressione e sul senso di anonimato che molte persone cercano online.

La consapevolezza della raccolta dei dati nella RV può anche portare a una maggiore ansia legata alla privacy. Le persone possono preoccuparsi che i loro dati personali vengano compromessi o utilizzati in modo improprio. Questo può influenzare il benessere psicologico, causando preoccupazione e stress costante.

Un'altra questione psicologica riguarda la percezione di controllo. Le persone vogliono avere il controllo sui propri dati personali e sulla loro privacy online. Quando utilizzano la RV, possono sentirsi vulnerabili e fuori controllo, poiché il loro comportamento è monitorato da terzi. Questa mancanza di controllo può influenzare negativamente il senso di sicurezza e di fiducia nell'uso della tecnologia.

Dal punto di vista sociologico, l'uso della RV e la gestione dei dati personali hanno implicazioni significative. Una delle principali questioni riguarda la profilazione delle persone. I dati raccolti attraverso la RV possono essere utilizzati per creare profili dettagliati delle persone, comprendendo le loro preferenze, i loro comportamenti e le loro reazioni emotive. Questi profili possono essere utilizzati per scopi di marketing mirato e pubblicità, ma anche per scopi più sinistri, come la manipolazione dell'opinione pubblica e il controllo sociale.

La profilazione delle persone nella RV solleva preoccupazioni etiche e legali. I regolamenti sulla privacy, come il Regolamento Generale sulla Protezione dei Dati (GDPR) in Europa, cercano di proteggere la privacy delle persone e di regolare la raccolta e l'uso dei dati personali.

La RV può anche influenzare la percezione della realtà. Quando le persone trascorrono molto tempo in mondi virtuali, possono iniziare a confondere le esperienze virtuali con quelle reali. Questa sfumatura tra realtà virtuale e reale può influenzare la percezione della privacy. Ad esempio, una persona potrebbe sentirsi meno preoccupata per la privacy dei dati personali in un mondo virtuale, considerando che si tratta di un ambiente fittizio.

L'uso della RV solleva la questione della sicurezza online. La

RV offre nuove opportunità per l'hacking e la violazione della privacy. Ad esempio, gli hacker possono cercare di accedere a mondi virtuali per rubare dati personali o causare danni. La sicurezza online è una preoccupazione crescente, e la RV richiede una maggiore attenzione alla protezione dei dati e alla sicurezza degli utenti.

La RV può portare a un cambiamento nella percezione della privacy stessa. Mentre le generazioni più anziane possono essere più preoccupate per la protezione dei propri dati personali, le generazioni più giovani, cresciute nell'era digitale, potrebbero avere una percezione diversa della privacy. Queste differenze generazionali possono influenzare le norme sociali e le aspettative sulla privacy nella RV.

L'uso della realtà virtuale solleva importanti questioni sulla privacy e sulla sicurezza online. Le implicazioni psicologiche riguardano la percezione della privacy, la consapevolezza della raccolta dei dati e la gestione della sicurezza. Dal punto di vista sociologico, la RV comporta la profilazione delle persone e solleva questioni etiche e legali sulla protezione dei dati personali. È essenziale affrontare le sfide legate alla privacy nella RV, garantendo la regolamentazione e la protezione adeguate dei dati personali. Nel complesso, la questione della privacy nella RV è un campo cruciale e complesso, che richiede una comprensione approfondita delle sue implicazioni psicologiche e sociologiche.

Nel contesto in continua evoluzione della realtà virtuale (RV), uno degli aspetti più interessanti e complessi riguarda la possibile distorsione della percezione della realtà che può derivare dall'uso estensivo di questa tecnologia. Questo si prefigge di esplorare in dettaglio le implicazioni psicologiche e sociali di questa distorsione della realtà, mettendo in evidenza come la RV possa influenzare la nostra percezione del mondo e delle esperienze.

Un impatto psicologico significativo dell'uso intensivo della RV riguarda la percezione stessa della realtà. Quando le persone trascorrono molto tempo in mondi virtuali, possono iniziare a confondere le esperienze virtuali con quelle reali. Questa confusione può avere effetti profondi sulla psiche umana, in quanto le persone possono avere difficoltà a distinguere tra ciò che è reale e ciò che è virtuale. Questa sfumatura tra realtà virtuale e reale può portare a una sorta di "doppia vita", in cui le esperienze virtuali diventano altrettanto rilevanti e significative quanto quelle reali.

Un impatto psicologico correlato è la perdita della percezione del tempo. Quando le persone sono immerse in mondi virtuali coinvolgenti, possono perdere la cognizione del tempo trascorso nella realtà. Questo può portare a una gestione inadeguata del tempo e a un bilancio precario tra il mondo virtuale e quello reale. Questa perdita di percezione del tempo può influenzare la produttività, la gestione delle responsabilità quotidiane e la qualità della vita in generale.

La confusione tra realtà virtuale e reale può anche influire sulla salute mentale. Le persone possono sviluppare una sorta di "dissociazione" in cui si sentono scollegate dalla realtà e dalle loro emozioni. Questo stato di dissociazione può portare a sentimenti di alienazione, depressione e ansia. La linea sottile tra realtà virtuale e reale può rendere difficile per le persone affrontare le sfide della vita quotidiana, in quanto le loro risorse psicologiche sono spese in mondi virtuali.

Un'altra questione psicologica riguarda l'effetto della RV sulla percezione del corpo. Quando le persone utilizzano avatar o rappresentazioni virtuali di sé stesse, possono iniziare a identificarsi con queste rappresentazioni. Questo può portare a una distorsione della percezione del corpo, in cui le persone possono avere una visione distorta di sé stesse. Questa distorsione può portare a problemi di immagine corporea e a una percezione alterata dell'identità.

Dal punto di vista sociologico, la distorsione della percezione della realtà può avere implicazioni significative. Una delle principali questioni riguarda l'isolamento sociale. Quando le persone trascorrono molto tempo in mondi virtuali, possono ridurre le loro interazioni sociali nella vita reale. Le relazioni personali possono deteriorarsi, e la socializzazione in mondi virtuali può diventare una via di fuga dall'isolamento. Questo può portare a una diminuzione della coesione sociale e delle relazioni interpersonali.

La distorsione della percezione della realtà può comportare un aumento della dipendenza dalla RV. Le persone che confondono la realtà virtuale con quella reale possono sviluppare una dipendenza dalla tecnologia, trascorrendo sempre più tempo in mondi virtuali e trascurando la vita reale. Questa dipendenza può avere conseguenze significative sulla qualità della vita e sulla salute mentale.

La distorsione della percezione della realtà può anche portare a una perdita di senso di scopo nella vita. Quando le esperienze virtuali diventano così coinvolgenti e significative, le persone possono trascurare gli obiettivi e le attività nella vita reale. Questo può portare a una diminuzione del senso di realizzazione e a una mancanza di motivazione per perseguire i propri scopi e sogni.

La distorsione della percezione della realtà può influire sulle norme sociali e culturali. La RV sta cambiando il modo in cui le persone concepiscono il mondo e le esperienze. Le culture virtuali stanno emergendo, con le loro norme, valori e comportamenti. Questo può portare a conflitti tra le culture virtuali e le culture reali, e solleva domande sulla coesione sociale e sulla coesistenza di mondi virtuali e reali.

Realtà reale e realtà percepita

L'uso estensivo della realtà virtuale può comportare una distorsione della percezione della realtà, con implicazioni significative sia dal punto di vista psicologico che sociologico. Questa confusione tra realtà virtuale e reale può influenzare la percezione stessa della realtà, la gestione del tempo, la salute mentale e la percezione del corpo. Dal punto di vista sociologico, questa distorsione può portare all'isolamento sociale, all'aumento della dipendenza dalla RV e a una perdita di senso di scopo nella vita. È essenziale comprendere appieno queste implicazioni per affrontare le sfide che la RV pone alla nostra percezione del mondo e delle esperienze. Nel complesso, la distorsione della percezione della realtà è un campo complesso e affascinante che richiede una riflessione approfondita per garantire una coesione sociale e una salute mentale equilibrate.

Nel vasto paesaggio dell'uso sempre più diffuso della realtà virtuale (RV), un tema centrale e cruciale è la ricerca di un equilibrio tra l'immersione in mondi virtuali e la vita reale. Questo equilibrio rappresenta un punto d'incontro tra le implicazioni psicologiche e sociologiche dell'uso della RV, e richiede una riflessione approfondita sulla gestione di questa tecnologia innovativa.

Dal punto di vista psicologico, la ricerca di un equilibrio tra la realtà virtuale e quella reale comporta un'analisi attenta delle dinamiche del coinvolgimento. La RV offre esperienze coinvolgenti e immersive che possono catturare l'attenzione e richiedere una quantità significativa di tempo. Questo può portare a una diminuzione delle attività nella vita reale, poiché le persone possono preferire l'emozione delle esperienze virtuali. Questa immersione prolungata nella RV può avere effetti negativi sulla salute mentale, sulla gestione del tempo e sulla qualità della vita in generale.

Un aspetto cruciale della ricerca di equilibrio è l'autocontrollo. Le persone devono essere in grado di gestire il proprio tempo e l'uso della RV in modo responsabile. Questo richiede un controllo consapevole del proprio coinvolgimento nella tecnologia e la capacità di stabilire limiti e priorità. L'autocontrollo è un aspetto fondamentale per prevenire la dipendenza dalla RV e per garantire una vita equilibrata tra il mondo virtuale e quello reale.

La ricerca di equilibrio psicologico richiede una valutazione costante della percezione della realtà. Le persone devono essere in grado di distinguere tra le esperienze virtuali e quelle reali e di comprendere l'importanza di entrambe. Questa consapevolezza può aiutare a preservare una visione equilibrata del mondo e a evitare la confusione tra realtà virtuale e reale.

Dal punto di vista sociologico, la ricerca di equilibrio comporta una valutazione delle relazioni interpersonali. L'uso eccessivo della RV può influenzare negativamente le relazioni personali, poiché le persone possono preferire interagire in mondi virtuali piuttosto che nella vita reale. Questo può portare a un isolamento sociale e a una diminuzione delle interazioni faccia a faccia.

La ricerca di equilibrio può comportare una riflessione sulla cultura virtuale emergente. Le norme e i valori delle comunità virtuali possono essere diversi da quelli della cultura reale. Questa discrepanza può portare a conflitti culturali e a una sfida nell'integrazione dei mondi virtuali con quelli reali. La ricerca di equilibrio sociologico richiede una comprensione delle differenze culturali e delle sfide che emergono quando si naviga tra questi due mondi.

Un altro aspetto sociologico importante riguarda l'equità nell'accesso alla RV. Mentre questa tecnologia offre esperienze straordinarie, non tutti hanno pari accesso a essa. La ricerca di equilibrio deve tener conto delle disuguaglianze nell'accesso alla tecnologia e nel suo utilizzo. Questa questione solleva interrogativi sulla giustizia sociale e sull'accessibilità della RV a tutte le fasce della popolazione.

La ricerca di un equilibrio tra la RV e la vita reale comporta anche una riflessione sulla moderazione dei contenuti. Poiché la RV può offrire esperienze coinvolgenti e intense, è essenziale garantire che i contenuti siano appropriati e rispettino i valori etici e culturali. La moderazione dei contenuti è fondamentale per garantire un utilizzo responsabile della RV.

La ricerca di equilibrio richiede un'attenzione costante alla sicurezza online. La RV offre nuove opportunità per l'hacking, la violazione della privacy e la sicurezza informatica. È essenziale proteggere i dati personali e garantire la sicurezza degli utenti quando si utilizza la RV.

In sintesi, la ricerca di un equilibrio tra la realtà virtuale e quella reale rappresenta una sfida complessa che coinvolge aspetti psicologici e sociologici. Dal punto di vista psicologico, richiede un autocontrollo responsabile, una gestione consapevole del tempo e una chiara percezione della realtà. Dal punto di vista sociologico, comporta una valutazione delle relazioni interpersonali, delle differenze culturali e dell'equità nell'accesso alla RV. È essenziale affrontare queste sfide per garantire una coesione sociale e una salute mentale equilibrate nella società sempre più connessa e immersa nella realtà virtuale. La ricerca di un equilibrio rappresenta una pietra miliare per comprendere appieno le implicazioni psicologiche e sociologiche della RV.

GENERAZIONE Z
E MILLENNIALS

Le generazioni dei Millennials e della Generazione Z sono nate e cresciute nell'era digitale, caratterizzata da internet, smartphone e social media. L'ascesa delle tecnologie digitali ha avuto un profondo impatto sia a livello psicologico che sociologico, plasmando la psicologia individuale e le dinamiche sociali in modi significativi. I Millennials, nati tra la metà degli anni '80 e il 1996, sono spesso considerati i primi "digital natives." Cresciuti con l'ascesa di internet, hanno sperimentato la trasformazione digitale in modo significativo. Dalla loro infanzia, hanno assistito alla crescente ubiquità di computer e dispositivi mobili e hanno abbracciato la tecnologia come parte integrante della loro vita quotidiana. Questa precoce esposizione ha avuto un impatto notevole sulla loro relazione con il mondo digitale. L'adolescenza dei Millennials ha visto l'ascesa dei primi social media, come Friendster e MySpace, aprendo nuove opportunità di connessione e condivisione online. La Generazione Z invece è nata dopo il 1996 e si è sviluppata in un mondo già fortemente digitale. Questi giovani hanno accesso a tecnologie digitali fin dalla nascita. Per loro, il digitale è la norma e le piattaforme online sono un ambiente naturale per l'apprendimento, la comunicazione e l'espressione. Mentre i Millennials possono ricordare un mondo pre-digitale, la Generazione Z è cresciuta in un'epoca in cui lo smartphone è diventato una parte essenziale della vita quotidiana e i social media come Snapchat e TikTok sono diventati parte integrante della loro identità digitale.

Le differenze generazionali emergono in vari aspetti e uno dei più evidenti riguarda l'approccio a internet e la comunicazione. I Millennials hanno sperimentato la nascita dei social media, e per loro, questi strumenti rappresentano un'estensione delle relazioni reali. Hanno assistito all'evoluzione di piattaforme come Facebook, dove la connessione con amici e familiari era al centro dell'esperienza. I Millennials hanno sperimentato le prime fasi della comunicazione online, tra cui le chat room e le email, e sono cresciuti imparando l'importanza di gestire la loro presenza online, spesso utilizzando pseudonimi per mantenere un certo grado di anonimato.

Dall'altro lato, la Generazione Z ha condiviso queste piattaforme, ma le ha utilizzate in modo diverso. Per loro, la comunicazione è spesso effimera, incentrata su brevi messaggi e contenuti visivi. App come Snapchat hanno introdotto la cultura dell'effimero, con messaggi che scompaiono dopo essere stati visualizzati. TikTok ha reso la creazione di brevi video virali una parte essenziale dell'esperienza online. Questi aspetti riflettono la natura sempre più veloce e frammentata della comunicazione digitale per la Generazione Z.

Un altro impatto significativo delle tecnologie digitali è l'attivismo online. Entrambe le generazioni hanno abbracciato l'attivismo online come una forma di partecipazione civica e sociale. I Millennials hanno utilizzato le piattaforme digitali per difendere cause sociali, politiche e ambientali, dimostrando un impegno significativo. Ad esempio, il movimento "Occupy Wall Street" è stato in gran parte organizzato attraverso i social media, dimostrando il potenziale dell'attivismo online nel catalizzare il cambiamento sociale oppure il movimento Fridays for Future di Greta Thunberg per la giustizia climatica e ambientale.

La Generazione Z ha portato avanti questa tradizione di attivismo digitale. La loro esperienza online è caratterizzata dalla partecipazione attiva a movimenti sociali e alla diffusione di informazioni su questioni importanti. Hanno organizzato manifestazioni virtuali, sostenuto campagne di sensibilizzazione e utilizzato le piattaforme per sollevare questioni come il cambiamento climatico, il razzismo e l'uguaglianza di genere. Il loro modo di concepire l'attivismo è stato influenzato dalla loro crescente consapevolezza delle questioni globali e dalla facilità con cui possono connettersi con altri sostenitori in tutto il mondo.

Nonostante i benefici dell'attivismo online, entrambe le generazioni hanno affrontato le pressioni psicologiche legate all'uso delle tecnologie. La costante esposizione su piattaforme sociali ha contribuito all'ansia da prestazione, specialmente tra la Generazione Z. La ricerca di accettazione e validazione online può diventare un fardello psicologico, portando a problemi di autostima e auto-identità. La paura di essere giudicati o respinti dai propri coetanei online può essere paralizzante, portando a una costante autocensura e alla ricerca di approvazione esterna.

Le generazioni connesse hanno anche dovuto affrontare la formazione dell'identità online. La presentazione di sé sui social media può influenzare la percezione di sé e delle relazioni sociali. Mentre i Millennials hanno dovuto navigare nella presentazione di un'identità online che a volte differisce dalla loro vita reale, la Generazione Z ha affrontato questa sfida in un ambiente digitale dove l'immagine è altamente curata e spesso in tempo reale. La creazione di un'immagine di sé online può portare a un senso di pressione per mantenere una "faccia" costante e perfetta, alimentando ulteriormente le pressioni psicologiche.

Le abitudini di consumo sono cambiate notevolmente con l'avvento delle generazioni connesse. Il modo in cui le persone acquistano prodotti e consumano media è stato fortemente influenzato. L'e-commerce ha reso lo shopping online la norma, con un'enorme varietà di prodotti e servizi a portata di clic. Questo ha creato opportunità e sfide per entrambe le generazioni. I Millennials hanno assistito all'ascesa di piattaforme come Amazon e l'adozione di servizi di streaming come Netflix, ridefinendo il modo in cui si accede ai contenuti digitali. Dall'altra parte, la Generazione Z ha cresciuto con la convenienza dello shopping online e l'accesso a servizi di streaming come parte integrante della loro esperienza.

Le relazioni interpersonali, specialmente quelle romantiche, sono state influenzate dall'uso diffuso delle app di dating online. Questo ha creato nuove dinamiche sociali nel mondo degli appuntamenti. Per i Millennials, il dating online è emerso come una nuova modalità di incontri, aprendo la porta a una gamma più ampia di possibilità romantiche.

La Generazione Z ha conosciuto app di dating come Tinder, creando nuove norme e comportamenti nel dating online. La velocità e la superficialità delle interazioni sono aumentate, mentre i criteri di selezione si sono spesso concentrati su immagini e brevi descrizioni. Le relazioni virtuali possono avere una durata breve e il concetto di "slow dating" può sembrare stranamente anacronistico in questo contesto.

La condivisione di esperienze è diventata una parte centrale della cultura delle generazioni connesse. La possibilità di condividere momenti di vita, come viaggi, hobby o sfide personali, è diventata un'importante espressione dell'identità e una forma di connessione con gli altri. Le piattaforme come Instagram hanno amplificato questa cultura della condivisione, con le persone che cercano costantemente di catturare momenti significativi per il loro pubblico online. La condivisione è diventata un mezzo per cercare approvazione e riconoscimento, ma può anche portare a una percezione distorta della realtà, poiché le persone tendono a presentare solo il lato migliore della loro vita online.

Il futuro delle generazioni connesse solleva domande importanti. Come continueranno a influenzare la società e a navigare tra le sfide e le opportunità delle tecnologie digitali? Il modo in cui queste generazioni affronteranno l'evoluzione tecnologica e come useranno il loro potenziale per creare cambiamenti sociali rimangono da scoprire. E' evidente che il loro impatto sulle dinamiche sociali, sul consumismo e sull'attivismo online continuerà a plasmare il mondo in cui viviamo. Le generazioni connesse hanno la possibilità di plasmare il futuro, ma devono farlo con consapevolezza delle sfide psicologiche e delle implicazioni sociologiche che le tecnologie digitali comportano.

L'era digitale ha influenzato profondamente le generazioni dei Millennials e della Generazione Z, sia a livello psicologico che sociologico. La loro relazione con la tecnologia, la comunicazione, l'attivismo online, la formazione dell'identità, le abitudini di consumo, le relazioni interpersonali e la cultura della condivisione rappresentano aspetti chiave di questa trasformazione. Il futuro di queste generazioni connesse sarà determinato dalla loro capacità di adattarsi alle sfide in costante evoluzione delle tecnologie digitali e di sfruttare appieno le opportunità che queste tecnologie offrono.

Dal punto di vista psicologico, i Millennials sono stati i primi a sperimentare la dualità tra la vita offline e online. Questa generazione ha dovuto negoziare costantemente il confine tra il mondo fisico e quello digitale, sviluppando competenze per bilanciare le due realtà. Ciò ha comportato la gestione di una duplice identità, in cui la presentazione di sé online spesso differisce da quella offline. Questa dicotomia ha influenzato la formazione dell'identità dei Millennials, che sono cresciuti imparando a navigare tra le aspettative della vita virtuale e reale.

L'uso delle tecnologie digitali ha avuto un impatto significativo sull'attenzione e sulla concentrazione dei Millennials. La costante interazione con schermi e notifiche ha contribuito a una diminuzione dell'attenzione sostenuta, poiché spesso si sono trovati a saltare da un'attività all'altra in modo rapido e frammentato. Questo ha portato a un'esperienza di lettura e apprendimento diversa, con un'attenzione più breve alle informazioni e una maggiore ricerca di gratificazioni immediate.

Da un punto di vista sociologico, i Millennials sono stati al centro di una rivoluzione culturale e sociale guidata dalla tecnologia. La loro esperienza di crescita ha coinciso con l'ascesa dei primi social media, come Friendster, MySpace e, successivamente, Facebook. Queste piattaforme hanno ridefinito la natura delle amicizie e delle connessioni sociali, introducendo il concetto di "amici virtuali" e permettendo ai Millennials di allargare il proprio cerchio sociale ben oltre i confini fisici. Questa amplificazione delle connessioni sociali ha aperto nuove opportunità, ma ha anche innescato domande sulla qualità e la profondità delle relazioni.

I Millennials sono stati protagonisti di importanti cambiamenti nelle dinamiche del lavoro e dell'istruzione. La flessibilità lavorativa è diventata una priorità, con l'ascesa del lavoro remoto e la possibilità di collaborare a distanza. Questa generazione ha sperimentato la transizione da un mondo in cui il lavoro era spesso associato a un luogo fisico a uno in cui la connettività digitale ha reso possibile il lavoro da qualsiasi luogo. Allo stesso modo, l'istruzione superiore è stata trasformata dall'accesso online a risorse educative, consentendo ai Millennials di apprendere in modi nuovi e innovativi. Questi cambiamenti hanno comportato la necessità di sviluppare competenze digitali e una mentalità aperta al cambiamento.

Il crescente accesso a informazioni e contenuti digitali ha anche dato vita a una cultura della condivisione e della collaborazione. I Millennials sono cresciuti con l'idea di condividere informazioni e idee online, contribuendo a una cultura dell'apertura e dell'accessibilità. Questa apertura ha anche portato a una maggiore consapevolezza delle questioni sociali e politiche, con i Millennials che hanno utilizzato le piattaforme digitali per discutere di temi come l'uguaglianza di genere, i diritti LGBTQ+ e il cambiamento climatico. Questa generazione ha dimostrato un forte senso di responsabilità sociale e ha cercato di influenzare il cambiamento attraverso attività di attivismo online.

La pressione per mantenere un'immagine perfetta online ha portato a un aumento dei problemi di autostima e auto-identità. La ricerca costante di approvazione attraverso like e condivisioni può avere un impatto negativo sulla percezione di sé e sulla salute mentale. L'ansia da prestazione legata alla costante esposizione su piattaforme sociali può essere paralizzante, portando a una ricerca ossessiva di validazione online.

I Millennials hanno sperimentato il lato oscuro dell'iperconnettività. La dipendenza dai dispositivi digitali e la costante esposizione a notizie negative e contenuti stressanti possono contribuire all'ansia e all'isolamento sociale. La mancanza di privacy online è diventata una preoccupazione, con la consapevolezza che le informazioni personali possono essere facilmente acquisite da terze parti o esposte a pubblico dominio.

I Millennials, come prime "digital natives," hanno sperimentato in prima persona la trasformazione digitale che ha definito l'era contemporanea. La loro psicologia è stata plasmata dalla dualità tra vita online e offline, dall'attenzione frammentata e dalle pressioni legate all'identità digitale. Dal punto di vista sociologico, sono stati i protagonisti di importanti cambiamenti nelle dinamiche delle relazioni sociali, del lavoro e dell'istruzione. Hanno contribuito alla cultura della condivisione e dell'apertura, ma hanno anche affrontato sfide legate all'ansia da prestazione, all'isolamento e alla perdita di privacy. Il loro impatto sul mondo digitale e sulla società in generale è profondo e duraturo, e il loro contributo alla cultura digitale continuerà a plasmare il futuro.

La Generazione Z, nata dopo il 1996, è cresciuta in un mondo già fortemente digitale. Questi giovani hanno accesso a tecnologie digitali fin dalla nascita, il che ha avuto un impatto significativo sia a livello psicologico che sociologico. Questa generazione rappresenta un'evoluzione naturale delle dinamiche introdotte dai Millennials, poiché è nata in un ambiente in cui la tecnologia era la norma. Esaminiamo i molteplici aspetti di questa esperienza unica.

Dal punto di vista psicologico, la Generazione Z è cresciuta in un mondo caratterizzato da un'interconnessione digitale costante. L'uso pervasivo di dispositivi digitali, come smartphone e tablet, ha reso la tecnologia una parte integrante della loro vita fin dalla prima infanzia. Questo ha portato a una profonda familiarità con l'ambiente digitale e all'acquisizione di competenze digitali da una fase molto precoce. Questa esposizione costante ha anche dato vita a una generazione che può essere costantemente connessa, ma spesso si sente isolata. La capacità di comunicare istantaneamente con amici e familiari attraverso messaggi di testo, chat e social media ha ridotto l'importanza delle interazioni faccia a faccia, portando a una certa mancanza di competenze sociali.

La Generazione Z ha sperimentato il fenomeno della "FOMO" (Fear of Missing Out) in modo più pronunciato rispetto alle generazioni precedenti. L'idea che in ogni momento potrebbero essere trasmesse online esperienze o eventi significativi ha contribuito all'ansia legata alla paura di rimanere indietro o di essere esclusi dalla cultura digitale. Questa pressione costante per essere connessi e aggiornati può influenzare negativamente la salute mentale e aumentare i livelli di stress tra i membri di questa generazione.

L'esperienza della Generazione Z è caratterizzata da una maggiore frammentazione dell'attenzione. La capacità di multitasking è diventata una parte fondamentale della loro vita quotidiana, ma questa abitudine può avere effetti negativi sull'attenzione e sulla concentrazione. L'uso di dispositivi digitali per compiti diversi, come lo studio, l'intrattenimento e la comunicazione, può portare a una diminuzione dell'attenzione sostenuta e alla difficoltà nel concentrarsi su compiti complessi che richiedono approfondimento e riflessione.

Dal punto di vista sociologico, la Generazione Z è cresciuta in un mondo in cui l'identità digitale è centrale. La presentazione di sé sui social media, la cura della propria immagine online e la creazione di un marchio personale sono diventate attività quotidiane. La pressione per mostrare una versione perfetta di sé stessi online ha portato a una ricerca costante di validazione attraverso like e condivisioni. Questo ha reso la generazione Z particolarmente sensibile alle dinamiche sociali online e ha contribuito all'ansia da prestazione in un mondo digitale in cui l'immagine è tutto.

Un altro aspetto sociologico rilevante è il modo in cui la Generazione Z ha influenzato il concetto di privacy. Cresciuti in un mondo in cui la condivisione di informazioni personali è la norma, questa generazione è spesso meno preoccupata per la privacy online rispetto alle generazioni precedenti. La condivisione aperta di dettagli personali, foto e esperienze ha sollevato importanti questioni sulla sicurezza dei dati e sulle implicazioni di lungo termine di una tale esposizione.

La Generazione Z ha anche portato cambiamenti significativi nel modo in cui le informazioni sono ricevute e condivise. L'uso diffuso delle piattaforme di social media come Snapchat, Instagram e TikTok ha reso la comunicazione più visuale e orientata ai contenuti. Queste piattaforme si concentrano sulla condivisione di immagini e video, che possono essere effimeri o altamente curati. Ciò ha ridefinito la comunicazione in termini di immediatismo e creatività. La narrazione visiva è diventata una forma predominante di espressione e la competenza nella creazione di contenuti visivi è diventata una parte importante dell'identità digitale della Generazione Z.

Dall'altro lato, la Generazione Z ha dimostrato un forte senso di responsabilità sociale e una consapevolezza delle questioni globali. Questa generazione è cresciuta con l'accesso immediato alle notizie e alle informazioni su questioni come il cambiamento climatico, l'uguaglianza di genere e i diritti civili. Hanno dimostrato un forte impegno verso l'attivismo online, utilizzando le piattaforme digitali per sensibilizzare su questioni importanti e mobilitare il cambiamento sociale.

In sintesi, la Generazione Z è cresciuta in un mondo digitale caratterizzato da una costante interconnessione e familiarità con la tecnologia. Questa esperienza ha avuto impatti significativi sulla psicologia individuale, contribuendo a una certa dipendenza digitale, ansia da prestazione e frammentazione dell'attenzione. Dal punto di vista sociologico, la Generazione Z ha ridefinito il concetto di identità digitale, con una costante ricerca di validazione e una maggiore esposizione pubblica. Hanno anche introdotto nuove dinamiche di comunicazione basate sulla narrazione visuale e hanno dimostrato un forte senso di responsabilità sociale attraverso l'attivismo online. Il loro impatto sulla società e sulla cultura digitale è profondo, e il modo in cui gestiranno le sfide e le opportunità delle tecnologie digitali continuerà a essere oggetto di studio e riflessione.

Differenze generazionali

Le differenze generazionali emergono chiaramente nell'approccio a internet e nella comunicazione tra i Millennials e la Generazione Z. Questi due gruppi hanno vissuto la rivoluzione digitale in momenti diversi delle loro vite, portando a modelli di interazione e comunicazione distinti che hanno profondamente influenzato la loro psicologia e le dinamiche sociali.

I Millennials, come "digital natives" precoci, hanno assistito all'ascesa dell'era digitale in modo graduale. Mentre da bambini potevano essere estranei alla tecnologia, hanno rapidamente abbracciato i dispositivi digitali e la connettività internet man mano che crescevano. La loro prima esperienza di internet potrebbe essere stata lenta e limitata, con connessioni a 56k e dial-up, ma hanno vissuto la trasformazione del web in un ambiente interattivo e ricco di contenuti. La creazione di siti web personali, blog e forum erano pratiche comuni tra i giovani Millennials, che hanno sperimentato una forma precoce di auto-espressione online.

L'ascesa dei social media è stata una delle trasformazioni

più significative per i Millennials. Queste piattaforme hanno creato nuove opportunità per la connessione e la condivisione. Facebook, in particolare, è diventato un punto di riferimento per i Millennials, offrendo un luogo per connettersi con amici, familiari e colleghi. La comunicazione attraverso le reti sociali ha portato a una condivisione costante di foto, aggiornamenti di stato e notizie personali. Questo ha contribuito a ridefinire le relazioni sociali, consentendo ai Millennials di mantenere il contatto con amici di lunga data e di riconnettersi con conoscenti del passato. La presentazione di sé online spesso differisce dalla realtà, portando a dinamiche complesse di autenticità e cura dell'immagine. Online mettiamo la selezione della nostra realtà e ciò crea il mito della perfezione che sui social si è diffuso come standard.

La Generazione Z, al contrario, è cresciuta in un mondo in cui l'uso diffuso di dispositivi mobili e l'accesso costante a internet erano la norma fin dalla prima infanzia. Questi giovani hanno sperimentato l'era digitale come un ambiente in cui la tecnologia era pervasiva e onnipresente. L'uso di smartphone e tablet è diventato una parte essenziale della loro vita quotidiana, e l'interazione con il mondo digitale è stata quasi ininterrotta. I social media, come Snapchat, Instagram e TikTok, sono diventati i punti focali delle loro interazioni sociali.

La comunicazione della Generazione Z è stata profondamente influenzata da queste piattaforme. Snapchat, ad esempio, ha introdotto il concetto di messaggi effimeri, in cui le immagini e i video scompaiono dopo essere stati visualizzati. Questo ha creato una dinamica di comunicazione rapida e spontanea, in cui la condivisione di momenti istantanei è prioritaria. Instagram, d'altra parte, ha enfatizzato la presentazione visuale di sé stessi attraverso immagini curate, filtri e storie. La competenza nella creazione di contenuti digitali, visivi, video ed audio, è diventata un elemento essenziale dell'identità digitale della Generazione Z.

TikTok, un'app che consente di creare e condividere brevi video musicali, ha portato la comunicazione a un nuovo livello. La piattaforma ha creato una cultura di partecipazione attiva, in cui i membri della Generazione Z non sono solo consumatori di contenuti, ma anche creatori. Questo ha ridefinito il concetto di espressione personale e creatività, incoraggiando la produzione di video originali, spesso incentrati su comicità, coreografie e sfide virali. La viralità è diventata una moneta sociale, e il successo online è spesso misurato dal numero di visualizzazioni e follower.

L'approccio della Generazione Z alla comunicazione online è caratterizzato anche da una certa superficialità e frammentazione. La natura effimera dei contenuti su molte piattaforme sociali ha portato a interazioni rapide e fugaci, in cui il contenuto è spesso consumato senza un coinvolgimento profondo. Questo può influenzare l'attenzione e la capacità di concentrarsi su contenuti complessi o riflessivi.

Un'altra differenza significativa tra i Millennials e la Generazione Z riguarda la gestione dell'identità digitale. I Millennials hanno sperimentato la formazione di un'identità online quando già avevano una certa maturità, spesso nell'adolescenza o nell'età adulta. Questo processo ha coinvolto la creazione di pseudonimi o nomi utente, il bilanciamento tra la presentazione di sé online e offline e la gestione delle proprie tracce digitali.

La Generazione Z, al contrario, ha dovuto affrontare la formazione dell'identità online fin dalla giovane età. La presentazione di sé sui social media è diventata una parte integrante della loro crescita, e la linea tra la vita reale e virtuale è spesso sottolineata dalla presenza costante di dispositivi mobili. Questa esposizione costante ha portato a una maggiore pressione per mantenere una "faccia" costante e perfetta online. La ricerca di validazione attraverso like e condivisioni è diventata un aspetto centrale dell'esperienza online, con la percezione di sé spesso legata alla quantità di interazioni sociali.

Le differenze nell'approccio a internet e nella comunicazione tra i Millennials e la Generazione Z riflettono le loro esperienze di crescita in epoche diverse della rivoluzione digitale. I Millennials hanno assistito all'ascesa di internet e dei primi social media, mentre la Generazione Z è cresciuta in un mondo dominato da dispositivi mobili e piattaforme visive. Queste differenze hanno contribuito a modelli di interazione distinti, con i Millennials che hanno sperimentato la comunicazione social media come un'estensione delle relazioni reali e la Generazione Z che ha abbracciato una comunicazione più visuale e veloce. Etrambe le generazioni hanno dovuto affrontare problematichelegate all'identità digitale, all'ansia da prestazione e all'attenzione frammentata nel mondo digitale in cui viviamo.

Sia la generazione dei Millennials che la Generazione Z hanno abbracciato l'attivismo online come un mezzo per difendere cause sociali, politiche ed ambientali, dimostrando un impegno significativo e un forte senso di responsabilità sociale. L'uso delle tecnologie digitali ha amplificato la loro capacità di diffondere messaggi, mobilitare comunità e influenzare il cambiamento. Questo coinvolgimento nell'attivismo online ha portato con sé una serie di impatti psicologici e sociologici che vanno oltre la semplice partecipazione.

Dal punto di vista psicologico, l'attivismo online può avere un effetto polarizzante. Mentre le piattaforme digitali offrono uno spazio per il dialogo e la condivisione di opinioni, possono anche creare "camere d'eco" in cui le persone interagiscono principalmente con individui che condividono le loro stesse opinioni. Questo può portare a una polarizzazione delle idee e al rafforzamento delle convinzioni preesistenti, limitando la comprensione e la tolleranza per opinioni diverse. L'attivismo online può quindi contribuire alla creazione di "bolla ideologiche" in cui le persone sono esposte principalmente a prospettive simili alle proprie, rendendo difficile il dialogo costruttivo e l'apertura al compromesso.

Allo stesso tempo, l'attivismo online può anche essere una

fonte di gratificazione e di senso di appartenenza. Partecipare a cause che si ritengono importanti e vedere il proprio impegno riflesso nelle reazioni e nelle condivisioni può aumentare l'autostima e la sensazione di realizzazione personale. Le piattaforme sociali offrono un'opportunità di costruire una "comunità virtuale" di sostenitori che condividono le stesse convinzioni, creando un senso di appartenenza e di scopo.

La Generazione Z, in particolare, ha dimostrato una notevole sensibilità alle questioni ambientali e sociali. Questi giovani sono cresciuti in un'epoca in cui il cambiamento climatico è diventato una preoccupazione globale e le questioni di giustizia sociale hanno assunto maggiore rilevanza. L'attivismo online ha offerto loro una piattaforma per sensibilizzare e mobilitare su queste questioni. Iniziative come lo sciopero per il clima e il movimento Black Lives Matter sono diventate centrali nel discorso pubblico, in gran parte grazie all'attivismo online.

L'attivismo online ha anche portato alla cosiddetta "stanchezza dell'attivismo" o "activism fatigue." La costante esposizione a cause sociali ed ambientali può essere sopraffacente e contribuire all'ansia e allo stress. La pressione per essere costantemente informati e impegnati può essere schiacciante, portando a una sensazione di inadeguatezza o di disconnessione quando non si partecipa attivamente all'attivismo online.

Da un punto di vista sociologico, l'attivismo online ha trasformato la natura della partecipazione politica e sociale. Le piattaforme digitali hanno reso più accessibile l'attivismo, consentendo a individui di tutto il mondo di partecipare e di organizzarsi per cause comuni. Questo ha portato a un'espansione del movimento per i diritti civili, dell'attivismo ambientale e di altre iniziative di base. Le petizioni online, gli hashtag e le campagne di sensibilizzazione sono diventati strumenti comuni per la mobilitazione e il cambiamento.

La partecipazione a petizioni online o la condivisione di post sui social media possono offrire una gratificazione istantanea, ma è spesso difficile valutare il loro impatto reale, soprrattutto a lungo termine L'attivismo online può portare a una sensazione di "slacktivism," in cui le persone si sentono coinvolte senza dover compiere azioni concrete o sostenere cause in modo tangibile. La sfida sta nel tradurre l'attivismo online in azioni nel mondo reale, come il volontariato, la partecipazione a proteste o il supporto finanziario a organizzazioni benefiche.

L'attivismo online ha anche presentato nuove sfide per la privacy e la sicurezza. Mentre la partecipazione a cause sociali può essere gratificante, può anche comportare la condivisione di informazioni personali e politiche online. Questo può rendere le persone vulnerabili a minacce come il doxing, in cui le informazioni personali vengono esposte pubblicamente, o a campagne di diffamazione online. La condivisione di opinioni politiche o sociali controverse può anche avere implicazioni per la vita professionale e personale, specialmente quando le opinioni vengono esposte pubblicamente.

L'attivismo online rappresenta un aspetto significativo del coinvolgimento delle generazioni dei Millennials e della Generazione Z nella sfera politica e sociale. Ha un impatto psicologico complesso, offrendo gratificazione, ma anche causando stress e ansia legati all'attivismo. Dal punto di vista sociologico, l'attivismo online ha ampliato le opportunità di partecipazione e mobilitazione, ma ha anche sollevato questioni sulla sua efficacia a lungo termine e sulla sicurezza online. Entrambe le generazioni stanno ridefinendo la natura dell'attivismo attraverso le piattaforme digitali e il modo in cui affronteranno queste sfide e opportunità avrà un impatto significativo sulla direzione futura dell'attivismo online.

Le pressioni psicologiche legate all'uso delle tecnologie digitali rappresentano una sfida comune per le generazioni dei Millennials e della Generazione Z. L'essere cresciuti in un mondo altamente connesso e digitalizzato ha portato a una serie di impatti psicologici significativi che meritano una riflessione approfondita.

Uno dei principali impatti psicologici è l'ansia da prestazione. Entrambe le generazioni hanno dovuto affrontare una pressione costante per "esibirsi" online attraverso i social media. La presentazione di sé attraverso foto curate, aggiornamenti di stato e condivisione di esperienze può portare a una costante necessità di apparire sotto la luce migliore. L'ansia da prestazione è particolarmente prevalente tra i membri della Generazione Z, che sono cresciuti in un'epoca in cui l'immagine personale online è diventata un aspetto fondamentale della loro identità.

La cura dell'immagine online può portare a una costante autocensura e all'eliminazione delle parti della vita che non si ritengono abbastanza "interessanti" per essere condivise. Questo può portare a una percezione distorta della realtà, in cui la vita online sembra costantemente entusiasmante e perfetta. Le pressioni per mostrare una versione ideale di sé stessi possono contribuire alla creazione di un divario tra la vita online e quella offline, portando a una maggiore sensazione di solitudine e insoddisfazione.

La ricerca di validazione attraverso like, condivisioni e commenti è un altro impatto psicologico importante. La quantità di interazioni sociali online è diventata un indicatore di quanto qualcuno sia "popolare" o "accettato". Questa ricerca di validazione può portare a un comportamento ossessivo, in cui le persone controllano costantemente le loro notifiche e cercano conferme digitali. Il rifiuto o l'assenza di feedback positivi può causare stress e una sensazione di inadeguatezza.

Un impatto psicologico significativo dell'uso delle tecnologie digitali è la dipendenza da smartphone e social media. Entrambe le generazioni hanno sperimentato la costante tentazione di controllare i loro dispositivi digitali. La dipendenza può portare a un uso eccessivo, con le persone che passano ore al giorno a scorrere i feed sociali o a rispondere a messaggi. Questo può avere effetti negativi sulla salute mentale, poiché distrugge il tempo destinato ad attività più significative e può portare a sentimenti di ansia e depressione.

L'attenzione frammentata è un altro aspetto dell'uso eccessivo di dispositivi digitali. La capacità di multitasking, sebbene spesso promossa come un vantaggio, può in realtà danneggiare l'attenzione e la concentrazione. Le notifiche costanti e la continua interazione con i dispositivi possono rendere difficile concentrarsi su compiti complessi che richiedono riflessione e profondità.

Dal punto di vista sociologico, l'uso diffuso delle tecnologie digitali ha portato a una serie di cambiamenti significativi nelle dinamiche sociali. Le relazioni interpersonali sono state influenzate dall'uso costante di dispositivi digitali. La comunicazione attraverso messaggi di testo e social media è diventata predominante, riducendo l'importanza delle interazioni faccia a faccia. Questo può portare a una sensazione di distanza tra le persone e a una perdita della capacità di comunicare in modo efficace offline.

Le relazioni romantiche, in particolare, sono state profondamente influenzate dall'uso diffuso delle app di dating online. Queste piattaforme offrono l'opportunità di incontrare nuove persone in modo conveniente, ma possono anche portare a dinamiche complesse. La scelta illimitata di potenziali partner e la cultura di "swipe" possono portare a una sensazione di superficialità e alla difficoltà nel costruire relazioni significative. La rappresentazione di sé stessi sui profili online può essere altamente curata, creando aspettative spesso irrealistiche.

L'uso costante delle tecnologie digitali può anche portare a un'esperienza di condivisione di esperienze in cui le persone cercano costantemente di documentare e condividere ogni momento della loro vita. Questo può influenzare la percezione delle esperienze stesse, poiché le persone possono concentrarsi sulla loro presentazione online anziché sull'esperienza diretta. Questa cultura di condivisione può portare a una costante necessità di validazione e di riconoscimento da parte degli altri, influenzando la percezione dell'autostima e del benessere.

Le pressioni psicologiche legate all'uso delle tecnologie digitali rappresentano un impatto significativo sulle generazioni dei Millennials e della Generazione Z. L'ansia da prestazione, la ricerca di validazione, la dipendenza da smartphone e la frammentazione dell'attenzione sono impatti psicologici chiave. Dal punto di vista sociologico, l'uso costante di dispositivi digitali ha trasformato le relazioni interpersonali, in particolare le relazioni romantiche, e ha creato una cultura di condivisione di esperienze. Come queste generazioni affrontano queste sfide psicologiche e sociologiche nel contesto delle tecnologie digitali influenzerà in modo significativo il loro benessere e le dinamiche sociali future.

Formazione delle identità e del carattere

La formazione dell'identità online è diventata un aspetto centrale della vita per le generazioni dei Millennials e della Generazione Z. Questi giovani cresciuti nell'era digitale hanno dovuto affrontare la sfida di presentarsi e definire la propria identità in un contesto online, e questo processo ha portato a una serie di impatti psicologici e sociologici significativi.

Dal punto di vista psicologico, la formazione dell'identità online può essere un processo complesso e a volte conflittuale. Entrambe le generazioni hanno sperimentato la necessità di bilanciare la presentazione di sé online con la propria identità offline. Questo può portare a una sensazione di dualità, in cui si deve adattare la propria immagine online alle aspettative sociali e alle norme delle piattaforme digitali. Ad esempio, su piattaforme come Instagram, in cui le immagini curate e i filtri sono predominanti, c'è una pressione per presentarsi in modo estetico e attraente. Questa presentazione può differire significativamente dalla realtà della vita quotidiana, portando a una percezione distorta di sé stessi.

L'identità online può anche essere influenzata da aspetti come l'aspettativa di privacy. Le generazioni dei Millennials e della Generazione Z sono cresciute in un'epoca in cui la condivisione di informazioni personali è diventata la norma. La sensazione di privacy online può portare a una maggiore disinibizione nell'espressione di opinioni, comportamenti e dettagli personali. Questa mancanza di privacy può anche portare a una maggiore vulnerabilità, poiché le informazioni condivise possono essere utilizzate contro di loro o esposte pubblicamente.

La percezione di sé e la costruzione dell'identità possono anche essere influenzate dalla reazione degli altri online. Le generazioni dei Millennials e della Generazione Z cercano spesso validazione e riconoscimento attraverso like, commenti e condivisioni. La mancanza di risposte positive può influenzare la percezione di sé, portando a sentimenti di inadeguatezza o scarsa autostima. L'esposizione a critiche o attacchi online può avere effetti negativi sulla salute mentale, portando a ansia e stress.

Dal punto di vista sociologico, l'identità online ha apportato cambiamenti significativi nelle dinamiche sociali. La presentazione di sé sulle piattaforme sociali ha reso possibile la creazione di una "marca personale" online. Questa marca personale è spesso basata sull'estetica, sugli interessi e sui valori dell'individuo. La costruzione di una marca personale online è diventata un elemento chiave nel networking e nel raggiungimento di obiettivi professionali. Ad esempio, i Millennials e la Generazione Z spesso utilizzano piattaforme come LinkedIn per promuovere la propria identità professionale.

La formazione dell'identità online ha anche influenzato le relazioni sociali e la percezione delle amicizie. La "friends count" su piattaforme come Facebook o il numero di follower su Instagram sono diventati indicatori di popolarità e di status sociale. Questo può portare a una ricerca di connessioni superficiali e all'accumulo di amicizie online per scopi di auto-promozione, ma può anche portare a una sensazione di solitudine e di distacco, poiché le interazioni online spesso mancano della profondità delle relazioni offline.

La creazione di una marca personale online può avere implicazioni anche sulle opportunità professionali. La visibilità online può essere un vantaggio quando si cercano opportunità di lavoro o di carriera.Di contro può anche comportare rischi, poiché i datori di lavoro o i potenziali clienti possono valutare le informazioni personali online per prendere decisioni di assunzione o collaborazione. Questo solleva questioni sulla privacy e sulla discriminazione basata su informazioni personali condivise online.

Un'altra dinamica sociologica rilevante è la formazione di comunità online. Le generazioni dei Millennials e della Generazione Z spesso trovano un senso di appartenenza e di identità in gruppi online che condividono interessi, convinzioni o esperienze simili. Queste comunità possono offrire supporto emotivo e sociale, ma possono anche portare a dinamiche di gruppo, in cui l'identità del gruppo può prevalere sull'identità individuale. Questo può portare a una polarizzazione delle opinioni e alla chiusura alle prospettive diverse.

La formazione dell'identità online rappresenta un aspetto centrale della vita per le generazioni dei Millennials e della Generazione Z. Dal punto di vista psicologico, comporta una serie di sfide legate alla presentazione di sé, all'aspettativa di privacy e alla reazione degli altri online. Dal punto di vista sociologico, influisce sulle dinamiche sociali, influenzando la percezione delle amicizie, delle opportunità professionali e la formazione di comunità online. Come queste generazioni navigano attraverso la complessità dell'identità online avrà un impatto duraturo sulle loro vite personali e sociali.

Le abitudini di consumo e l'industria hanno subito notevoli trasformazioni con l'avvento delle generazioni dei Millennials e della Generazione Z, cresciute nell'era digitale e con una forte affinità per le tecnologie digitali. Questi cambiamenti hanno avuto impatti psicologici e sociologici che influenzano non solo il modo in cui le persone acquistano prodotti e consumano media, ma anche l'industria stessa.

Da un punto di vista psicologico, le abitudini di consumo online hanno portato a un aumento del desiderio di instant gratification. La possibilità di acquistare prodotti o accedere a contenuti istantaneamente ha creato una cultura dell'impazienza. Le generazioni dei Millennials e della Generazione Z sono cresciute con l'aspettativa di soddisfare i propri desideri immediatamente, il che può portare a una minore tolleranza per la frustrazione e la difficoltà di differire la gratificazione. Questo ha implicazioni significative sul controllo delle spese e sulla gestione finanziaria, con una maggiore inclinazione all'indebitamento e alla spesa impulsiva.

La personalizzazione delle esperienze di consumo è un altro impatto psicologico importante. La raccolta di dati online ha permesso alle aziende di offrire prodotti e contenuti altamente personalizzati, creando un senso di unicità e di riconoscimento per i consumatori. Questo può portare a una maggiore affinità per i marchi e una fedeltà al consumatore, ma può anche sollevare preoccupazioni sulla privacy e sulla manipolazione delle decisioni d'acquisto.

Le generazioni dei Millennials e della Generazione Z sono state esposte a una quantità straordinaria di pubblicità e contenuti di marketing, il che ha contribuito a plasmare il loro comportamento di consumo. La pubblicità online, in particolare, è diventata sempre più mirata e invasiva. Gli annunci pubblicitari vengono personalizzati in base ai dati demografici, alle preferenze di acquisto e persino all'ubicazione. Questo può portare a una costante esposizione a messaggi persuasivi, che influenzano le decisioni di acquisto in modi spesso subliminali.

Dal punto di vista sociologico, le abitudini di consumo online hanno trasformato il panorama del commercio al dettaglio. Il commercio elettronico ha sconvolto il tradizionale modello di negozio fisico, portando alla chiusura di molti punti vendita tradizionali. Questo ha un impatto significativo sulla struttura sociale delle comunità, in quanto i centri commerciali e i negozi locali sono stati un luogo di incontro e di socializzazione.

Le generazioni dei Millennials e della Generazione Z mostrano una crescente preferenza per gli acquisti online, spinti dalla comodità e dalla varietà di opzioni disponibili. Questo ha conseguenze significative per i negozi fisici, che devono adattarsi per rimanere competitivi. Molti negozi ora cercano di offrire un'esperienza di acquisto più immersiva, inclusa la possibilità di provare prodotti e di accedere a esperienze uniche che non possono essere replicate online.

L'accesso a contenuti digitali ha reso obsoleti i modelli tradizionali di consumo dei media. La televisore via cavo e la radio tradizionale stanno perdendo terreno a favore di servizi di streaming come Netflix, Hulu e Spotify. Questo ha portato a una maggiore flessibilità nella fruizione di contenuti, ma anche a una crescente frammentazione dell'audience. Le persone possono ora scegliere esattamente cosa e quando vogliono guardare o ascoltare, ma questo ha anche conseguenze per la condivisione delle esperienze culturali comuni.

La creazione di contenuti digitali è diventata accessibile a un pubblico più ampio grazie alle tecnologie digitali. Le piattaforme di condivisione video come YouTube e i social media hanno permesso a individui e creatori di contenuti di raggiungere un pubblico globale. Questo ha creato una nuova economia dei creatori di contenuti, in cui le persone possono guadagnare da attività come il vlogging, il podcasting e la creazione di video online. Questo ha apportato cambiamenti significativi nelle dinamiche di potere nell'industria dei media e dell'intrattenimento, consentendo a individui talentuosi di sfidare le strutture tradizionali.

Le abitudini di consumo online hanno anche sollevato questioni sulla sostenibilità. L'acquisto online comporta spesso la spedizione di prodotti, il che può avere un impatto significativo sull'ambiente. L'industria ha iniziato a esplorare modelli di consegna più sostenibili, ma ciò solleva la questione di come bilanciare la comodità del consumatore con l'importanza della sostenibilità ambientale.

Le abitudini di consumo e l'industria sono state profondamente trasformate dalle generazioni dei Millennials e della Generazione Z, cresciute nell'era digitale. Questi cambiamenti hanno avuto impatti psicologici, come l'impazienza e la personalizzazione delle esperienze, e sociologici, come la trasformazione del commercio al dettaglio, la frammentazione dei media e la creazione di una nuova economia dei creatori di contenuti. Come la società si adatta a queste trasformazioni e bilancia la comodità del consumatore con le preoccupazioni sulla sostenibilità avrà un impatto significativo sul futuro del consumo e dell'industria.

Le relazioni interpersonali e il dating online rappresentano un aspetto significativo della vita delle generazioni dei Millennials e della Generazione Z. Questi giovani cresciuti nell'era digitale hanno sperimentato profondi cambiamenti nelle dinamiche sociali e nell'approccio alle relazioni amorose, grazie all'ampio utilizzo delle app di dating online. L'incidenza delle relazioni online ha portato a impatti psicologici e sociologici di vasta portata che meritano una considerazione approfondita.

Da un punto di vista psicologico, il dating online ha aperto nuove possibilità, ma anche nuove sfide. Le app di dating offrono un'ampia scelta di potenziali partner, consentendo alle persone di incontrare altri individui che potrebbero non aver mia conosciuto nella vita reale. Questo può portare a un senso di entusiasmo e avventura nell'incontrare persone nuove, ma può anche creare una sensazione di superficialità. La cultura del "swipe" e la possibilità di respingere rapidamente i potenziali partner in base a una foto o a una breve descrizione possono portare a una sensazione di scartoffie, in cui le persone sono giudicate principalmente in base all'aspetto esteriore o a criteri superficiali.

Il dating online può comportare una sensazione di ansia e pressione. La possibilità di incontrare rapidamente nuove persone può portare a una costante ricerca del "perfetto" partner, portando a ansia da prestazione e a una costante sensazione di inadeguatezza. Le aspettative sollevate da una società che promuove relazioni romantiche ideali possono essere un fardello emotivo.

Le relazioni online possono anche portare a una sensazione di disumanizzazione. L'interazione attraverso uno schermo può rendere più difficile riconoscere l'umanità dell'altro individuo. Questo può portare a comportamenti più impulsivi e incivili, come il "ghosting" (scomparire improvvisamente senza spiegazione) o il "benching" (tenere qualcuno in attesa senza impegnarsi completamente).

Dal punto di vista sociologico, il dating online ha trasformato le dinamiche delle relazioni amorose. Le app di dating hanno aperto nuove opportunità per le persone LGBTQ+ e per le comunità che potrebbero non avere avuto la possibilità di incontrarsi altrimenti. Questo ha anche portato a una crescente frammentazione delle comunità LGBTQ+ online, con varie app che si rivolgono a sotto-comunità specifiche.

Il dating online ha creato un mercato altamente competitivo per i servizi di dating e le app stesse. Questo ha portato a un'enorme quantità di dati personali raccolti dalle app di dating, che possono essere utilizzati per scopi di marketing o venduti a terzi. La questione della privacy e della sicurezza online è diventata centrale, con preoccupazioni per la condivisione di informazioni personali e per il rischio di truffe o abusi.

Le app di dating hanno anche contribuito a una cultura di appuntamenti veloci e senza impegno. La possibilità di trovare rapidamente nuovi partner ha reso le relazioni più "liquide," con una minore tendenza a impegnarsi in relazioni a lungo termine. Questo può comportare una sensazione di instabilità e incertezza nelle relazioni.

Il dating online ha anche apportato benefici significativi, per alcuni. Ha reso le relazioni più accessibili, consentendo alle persone di incontrare altri individui in base a interessi e preferenze comuni, soprattutto in mancanza di tempo per uscire ed incontrarsi per conoscersi. Ha creato un ambiente in cui le persone possono esplorare la propria sessualità e identità di genere in modo più aperto e accogliente. Ha anche permesso a individui che potrebbero avere difficoltà a incontrare persone offline di avere accesso a una gamma più ampia di partner potenziali.

Il dating online ha aperto nuove opportunità per le relazioni interculturali e internazionali. Le persone possono ora incontrare partner provenienti da diverse parti del mondo, ampliando le prospettive culturali e linguistiche.

Il dating online ha avuto un impatto significativo sulle relazioni interpersonali e sulle dinamiche sociali delle generazioni dei Millennials e della Generazione Z. Ha comportato sfide psicologiche legate all'ansia, alla pressione e alla disumanizzazione, ma ha anche apportato benefici in termini di accessibilità e possibilità di esplorare la sessualità e l'identità. Dal punto di vista sociologico, ha trasformato il panorama delle relazioni amorose, creando opportunità per le comunità LGBTQ+ e spingendo l'industria delle app di dating verso una maggiore concorrenza e preoccupazioni sulla privacy. Come queste generazioni navigano attraverso il dating online e le sfide ad esso associate influenzerà in modo significativo il futuro delle relazioni romantiche e sociali.

La condivisione di esperienze e il senso di comunità online sono diventati aspetti distintivi delle generazioni dei Millennials e della Generazione Z. Cresciute nell'era digitale, queste generazioni hanno sviluppato una cultura di connessione e condivisione che ha portato a impatti psicologici e sociologici di ampia portata. Esploriamo come queste dinamiche abbiano influenzato la percezione di sé, le relazioni sociali e il senso di appartenenza.

Da un punto di vista psicologico, la condivisione di esperienze online ha creato un desiderio di validazione e di riconoscimento. La condivisione di momenti significativi della vita, come viaggi, eventi speciali o successi personali, è diventata la norma. La quantità di like, commenti e condivisioni che questi post ricevono può influenzare la percezione di sé e il benessere emotivo. Le persone possono sviluppare una dipendenza da feedback positivi online, cercando costantemente conferme della loro importanza attraverso il numero di interazioni sociali.

Questa cultura della condivisione può anche portare a una costante pressione per "migliorarsi" e "fare di meglio". La costante esposizione a vite apparentemente perfette e appaganti online può portare a sentimenti di inadeguatezza e insoddisfazione. Le persone possono sentirsi in competizione con gli altri per il miglior post, la migliore foto o la migliore esperienza condivisa.

La cultura della condivisione può portare a una percezione distorta della realtà. Le persone tendono a condividere i momenti più positivi e significativi delle loro vite online, creando una visione idealizzata della realtà. Questo può portare a una sensazione di dissonanza tra la vita online e quella offline, con la sensazione che la vita online sia più eccitante e appagante. Questo divario può influenzare la percezione delle proprie esperienze e delle relazioni sociali.

Dal punto di vista sociologico, la condivisione di esperienze online ha creato una cultura di connessione e di appartenenza. Le piattaforme sociali, come Facebook, Instagram, Twitter e altre, hanno permesso alle persone di connettersi con amici, familiari e perfetti sconosciuti attraverso interessi comuni, esperienze simili o opinioni condivise. Queste comunità online offrono un senso di appartenenza e di identità condivisa, creando legami tra individui che potrebbero essere geograficamente distanti.

La condivisione di esperienze è diventata uno strumento per la creazione di legami sociali. Le persone possono connettersi attraverso esperienze condivise, come l'essere parte di una comunità di appassionati di un particolare hobby o il sostenere una causa sociale. Questi legami possono portare a una maggiore solidarietà e supporto emotivo tra gli individui.

Le esperienze condivise online hanno anche portato a una maggiore sensibilizzazione e attivismo. Le persone possono essere informate su questioni sociali, politiche o ambientali attraverso la condivisione di notizie, articoli o post sui social media. Questo può portare a una maggiore partecipazione civica e politica, con persone che si uniscono per sostenere cause che considerano importanti.

La condivisione di esperienze online può anche portare a una polarizzazione delle opinioni, ovvero dare inconsciamente una direzione alle opinioni ed idee collettive su varie tematiche attuali. Le persone tendono a seguire e interagire con coloro che condividono le loro opinioni, creando "bolle informative" in cui le prospettive diverse sono spesso ignorate o respinte. Questa polarizzazione può portare a una mancanza di comprensione reciproca e a una maggiore divisione nella società.

La condivisione di esperienze è stata anche un motore di cambiamento nell'industria dell'intrattenimento e della cultura pop. Le persone condividono recensioni, raccomandazioni e discussioni su film, libri, musica, giochi e altri media. Questo può influenzare le decisioni di acquisto e portare a una maggiore attenzione verso prodotti e contenuti di qualità.

La condivisione di esperienze e il senso di comunità online hanno trasformato le dinamiche sociali e la percezione di sé delle generazioni dei Millennials e della Generazione Z. Da un punto di vista psicologico, ha comportato una ricerca costante di validazione, pressione per "migliorarsi" e una percezione distorta della realtà. Dal punto di vista sociologico, ha creato una cultura di connessione e di appartenenza, con la possibilità di connettersi con individui attraverso interessi e opinioni condivise, ma anche il rischio di polarizzazione e divisione. Come queste generazioni continuano a navigare attraverso la complessità della condivisione di esperienze online influenzerà in modo significativo il futuro delle relazioni sociali, dell'attivismo e dell'industria culturale.

Il futuro delle generazioni dei Millennials e della Generazione Z, fortemente influenzate dalle tecnologie digitali e dalla cultura della connessione, è oggetto di grande interesse e speculazione. Queste generazioni hanno vissuto cambiamenti profondi nella loro vita quotidiana, nell'identità, nelle relazioni sociali, nell'industria e nella cultura. Esplorare come continueranno a influenzare la società e a navigare tra le sfide e le opportunità delle tecnologie digitali è essenziale per comprendere il loro ruolo nel futuro.

Dal punto di vista psicologico, il futuro delle generazioni dei Millennials e della Generazione Z sarà influenzato dalla crescente importanza della tecnologia nella vita quotidiana. Queste generazioni sono cresciute con la presenza onnipervasiva degli smartphone, dei social media e di internet. Questi strumenti hanno plasmato le loro interazioni sociali, le abitudini di consumo e la percezione di sé stessi. Nel futuro, è probabile che l'uso delle tecnologie digitali continuerà a crescere, portando a una maggiore integrazione tra la vita online e offline.

La costante esposizione a contenuti online, la ricerca di feedback sociale e l'aspettativa di risposte istantanee possono portare a una maggiore ansia e stress. La mancanza di privacy online e il rischio di cyberbullismo o di truffe possono creare preoccupazioni per la sicurezza e la salute mentale. Le generazioni dei Millennials e della Generazione Z dovranno sviluppare abilità per gestire queste sfide e per trovare un equilibrio tra la tecnologia e il benessere emotivo.

Dal punto di vista sociologico, il futuro vedrà queste generazioni continuare a influenzare l'evoluzione delle dinamiche sociali. La cultura della condivisione e del senso di comunità online continuerà a plasmare le relazioni sociali e la partecipazione civica. Le persone continueranno a cercare validazione e riconoscimento attraverso i social media, creando una cultura di condivisione e di cura dell'immagine online.

L'attivismo online diventerà sempre più influente nel plasmare il futuro sociale e politico. Le generazioni dei Millennials e della Generazione Z hanno dimostrato un forte impegno nell'utilizzare le tecnologie digitali per sostenere cause sociali, politiche e ambientali. Questo impegno può portare a un maggiore cambiamento sociale e politico, spingendo per riforme e cambiamenti significativi nelle politiche pubbliche.

Nel settore dell'industria, il futuro sarà segnato da ulteriori trasformazioni. Le abitudini di consumo continueranno a evolversi, con un maggiore spostamento verso il commercio elettronico e i servizi di streaming. Le aziende dovranno adattarsi a queste tendenze, sviluppando strategie di marketing più mirate e personalizzate. La privacy dei dati e la sicurezza online diventeranno ancora più importanti, con l'accento sulla protezione delle informazioni personali dei consumatori.

Il futuro dell'industria dei media e dell'intrattenimento sarà influenzato dalle generazioni dei Millennials e della Generazione Z, che hanno abbracciato le piattaforme digitali e la creazione di contenuti online. I creatori di contenuti continueranno a giocare un ruolo significativo nell'industria, influenzando le tendenze culturali e la produzione di contenuti. Le piattaforme di streaming continueranno a competere per l'attenzione del pubblico, portando a una maggiore diversità di contenuti e di opportunità creative.

Le relazioni amorose e il dating online continueranno a evolversi, con una maggiore accettazione delle relazioni online come parte integrante delle dinamiche sociali. Le app di dating continueranno a influenzare il modo in cui le persone si incontrano e formano legami romantici. Ci sarà anche una crescente consapevolezza delle sfide legate alla privacy e alla sicurezza online nelle relazioni.

Nel settore dell'istruzione, l'uso della tecnologia continuerà a trasformare il modo in cui le persone apprendono.

L'apprendimento online e l'accesso a risorse digitali saranno sempre più comuni, consentendo una maggiore flessibilità nell'istruzione. Le generazioni dei Millennials e della Generazione Z saranno al centro di queste trasformazioni, poiché sono cresciute nell'era della tecnologia e sono abituate a utilizzare strumenti digitali per l'apprendimento.

Il futuro delle generazioni dei Millennials e della Generazione Z sarà influenzato dalla loro capacità di adattarsi alle sfide delle tecnologie digitali e di bilanciare la vita online e offline. Sarà fondamentale sviluppare una consapevolezza critica dell'uso delle tecnologie e delle conseguenze psicologiche e sociali. Il futuro vedrà queste generazioni continuare a plasmare la società attraverso la loro partecipazione attiva, il loro impegno politico e la loro influenza sull'industria e la cultura. Saranno protagonisti nello sviluppare il futuro digitale e sociale, affrontando le sfide e abbracciando le opportunità che si presenteranno.

CONSEGUENZE MENTALI DELL'ERA DIGITALE

L'uso esagerato delle tecnologie digitali ha avuto un impatto sconvolgente sulla salute mentale di individui di tutte le età. Questo fenomeno ha sollevato preoccupazioni significative nell'ambito della psicologia e della sociologia, poiché ha messo in luce una serie di conseguenze sia a livello individuale che sociale. Uno dei fattori più preoccupanti è l'ansia, che sembra essere diventata una compagna costante per molti individui immersi nel mondo digitale. Questo senso di ansia è spesso alimentato dall'incessante flusso di informazioni, richieste e stimoli visivi; dalla sensazione di obbligo di connessione e di rispondere immediatamente ai messaggi in arrivo nelle innumerevoli app di messaggistica, social, mail, eccetera. Si genera una sensazione di inquietudine che può sfociare in una forma di ansia generalizzata. La paura inconscia di essere "sempre connessi" e la percezione di non poter mia staccare la spina possono erodere gradualmente il benessere psicologico. Una ovvia conseguenza, spesso è la depressione associata all'uso eccessivo delle tecnologie digitali. Passare ore sui social media, dove la gente presenta spesso le versioni più curate e idilliache delle proprie vite, può creare un senso di inadeguatezza e insoddisfazione. Le persone tendono a confrontarsi con le vite apparentemente perfette dei loro amici online, generando un ciclo di autovalutazione negativa. Questo confronto costante può alimentare la depressione e minare l'autostima soprattutto nelle giovani menti degli adolescenti.

Parallelamente agli impatti psicologici, le tecnologie digitali hanno provocato anche cambiamenti significativi a livello sociale. Un aspetto rilevante riguarda l'emergere di una società sempre più connessa ma potenzialmente isolata. Sebbene le tecnologie offrano la possibilità di comunicare in modo rapido e costante, spesso manca la vera connessione umana. Ed è proprio questo il messaggio ed il senso profondo celato dietro al titolo di questa opera: La scomparsa degli abbracci. Le relazioni online, spesso basate su scambi superficiali o sui "mi piace" virtuali, non riescono a soddisfare il bisogno umano fondamentale di interazioni faccia a faccia, fatto di linguaggio non verbale, di sguardi, di tono di voce, di profumi e sensazioni condivise. Questo può portare a un senso di isolamento sociale nonostante la presenza costante su piattaforme digitali.

L'uso eccessivo delle tecnologie digitali ha contribuito ad un aumento della sedentarietà, con conseguenze negative sulla salute fisica che, a sua volta, possono influenzare la salute mentale in un circolo negativo auto-alimentato. La mancanza di attività fisica e l'abbassamento della qualità del sonno dovuto alla costante esposizione agli schermi hanno un impatto significativo sul benessere psicologico dovuto anche agli squilibri ormonali. Questi fattori possono contribuire alla comparsa di sintomi depressivi e ansiosi, creando un circolo vizioso che è importante comprendere e affrontare.

Un ulteriore impatto psicologico da considerare è la dipendenza dai dispositivi digitali stessi. La costante connessione a internet, la facilità di accesso a giochi, contenuti e piattaforme sociali può portare allo sviluppo di una vera e propria dipendenza con smartphone, tablet e quant'altro. La paura di perdersi qualche aggiornamento sui social o il bisogno compulsivo di controllare costantemente i dispositivi sono sintomi di questa dipendenza, che ha chiare implicazioni sulla salute mentale. La dipendenza digitale può portare a una diminuzione della produttività, a tensioni nelle relazioni personali e a una serie di problemi psicologici.

L'uso eccessivo delle tecnologie ha portato alla creazione di nuovi disturbi legati alla tecnologia, tra cui il disturbo da gioco d'azzardo online e il disturbo da uso di internet. Questi disturbi possono avere un impatto devastante sulla vita delle persone, causando isolamento sociale, problemi finanziari e squilibri significativi sulla salute mentale. Questo fenomeno ha portato a un aumento dell'ansia e della depressione, all'isolamento sociale nonostante la connessione digitale costante e alla creazione di nuove dipendenze e disturbi legati alla tecnologia. Comprendere appieno queste complesse dinamiche è fondamentale per affrontare le sfide della salute mentale nell'era digitale e sviluppare strategie per mitigarne gli effetti negativi. Questi aspetti complessi riflettono una sfida significativa per la salute mentale e la società nel suo complesso.

L'uso eccessivo delle tecnologie digitali può condurre alla formazione di dipendenze comportamentali, un fenomeno noto come "dipendenza digitale". Questo tipo di dipendenza è spesso scatenato da elementi di gratificazione istantanea che le tecnologie offrono. La possibilità di ricevere notifiche, feedback positivi o di raggiungere obiettivi virtuali può diventare estremamente gratificante dal punto di vista psicologico, portando gli individui a desiderare sempre di più queste ricompense digitali. Questo desiderio crescente può trasformarsi in una dipendenza, con le persone che trascorrono ore al giorno sui loro dispositivi alla ricerca di gratificazione istantanea.

Uno degli aspetti più evidenti della dipendenza digitale è il disturbo da gioco d'azzardo online, in cui le persone scommettono denaro su giochi d'azzardo o scommesse sportive attraverso piattaforme online. Questo comportamento può diventare compulsivo, con gli individui che spendono ingenti somme di denaro e tempo, spesso portando a problemi finanziari e relazionali. Gli impatti psicologici di questo disturbo sono significativi, poiché le persone possono sperimentare ansia, depressione e disperazione a causa delle perdite finanziarie e del ciclo di gioco compulsivo.

Il disturbo da uso di internet è un altro problema psicologico correlato all'uso eccessivo delle tecnologie digitali. Questo disturbo si manifesta attraverso un bisogno compulsivo di navigare in rete, utilizzare social media o impegnarsi in altre attività online, a scapito delle responsabilità quotidiane e delle relazioni personali. Gli individui con questo disturbo possono ritrovarsi incapaci di controllare il tempo trascorso online, portando a una serie di impatti negativi sulla salute mentale, tra cui isolamento sociale, ansia e depressione.

Anche la società si è adeguata ed in alcuni casi ha approfittato di questi cambiamenti. Il disturbo da gioco d'azzardo online ha dato origine ad un'industria multimiliardaria basata su giochi d'azzardo virtuali, con conseguenze sociali significative. Molti individui finiscono per spendere ingenti somme di denaro online, spesso a scapito della loro situazione finanziaria e delle relazioni personali. Questo può portare a problemi di debito, divorzi e altre difficoltà sociali. La crescente disponibilità di giochi d'azzardo online ha suscitato preoccupazioni riguardo alla vulnerabilità dei giovani di fronte a questa forma di intrattenimento, aumentando i rischi di sviluppare una dipendenza in età giovanile.

Il disturbo da uso di internet ha implicazioni sociologiche legate all'isolamento. Le persone che trascorrono la maggior parte del loro tempo online a scapito di interazioni faccia a faccia possono vedere le loro relazioni personali indebolirsi. La mancanza di comunicazione diretta può portare a un senso di isolamento sociale, con individui che si ritrovano sempre più distanti dai loro amici, familiari e comunità. Questo fenomeno può avere ripercussioni a lungo termine sulla coesione sociale, poiché l'interazione umana è fondamentale per il tessuto sociale.

La dipendenza digitale può avere un impatto economico su scala nazionale. Ad esempio, il settore dei giochi d'azzardo online è spesso oggetto di tassazione e regolamentazione governativa. Gli Stati devono affrontare la sfida di bilanciare il sostegno all'industria del gioco d'azzardo online con la necessità di proteggere i cittadini dai pericoli della dipendenza. Queste dinamiche sociologiche implicano decisioni politiche e una riflessione approfondita sul modo in cui la società affronta il problema delle dipendenze tecnologiche.

La dipendenza digitale è un fenomeno complesso che può avere gravi ripercussioni sulla salute mentale degli individui, portando all'ansia, alla depressione e all'isolamento sociale. Dal punto di vista sociologico, questi disturbi hanno creato sfide significative in settori come l'industria del gioco d'azzardo online e hanno richiesto un maggiore coinvolgimento da parte delle istituzioni governative per affrontare tali problemi. Comprendere appieno queste dinamiche è fondamentale per affrontare le sfide della salute mentale nell'era digitale e sviluppare strategie per mitigarne gli effetti negativi.

Iniziamo dal punto di vista psicologico. I social media, come Facebook, Instagram e Twitter, forniscono una piattaforma per condividere momenti di vita, realizzazioni personali e immagini di successo. Questo, tuttavia, spesso si traduce in una forma di competizione sociale digitale, in cui le persone cercano di presentare la propria vita sotto una luce positiva. Questa costante esposizione alle versioni "migliorate" delle vite altrui può innescare una spirale di comparazione sociale. Gli individui tendono a confrontare le loro realtà quotidiane con le rappresentazioni idealizzate dei loro amici e conoscenti online. Questo processo di paragone può minare l'autostima, creare sensi di inadeguatezza e innescare sentimenti di depressione e ansia.

Da un punto di vista sociologico, l'invidia online può avere un impatto sulle dinamiche sociali più ampie. Mentre le persone cercano di presentarsi sotto una luce positiva, l'invidia e la gelosia possono emergere tra coloro che seguono le vite altrui sui social media. Questo può portare a tensioni nelle relazioni personali e può influenzare la percezione reciproca all'interno delle cerchie sociali. Le persone potrebbero sentirsi in competizione tra loro per cercare di dimostrare che le loro vite sono altrettanto interessanti o soddisfacenti. Questa competizione può mettere a rischio la genuinità delle relazioni personali, in quanto si basa su rappresentazioni online anziché sulla vera comprensione reciproca.

Un aspetto significativo è il fenomeno del "FOMO," ovvero la paura di perdere qualcosa. Le persone spesso temono di essere escluse da eventi o esperienze a cui partecipano i loro amici online, creando un senso di ansia e di inadeguatezza. Questa paura di essere tagliati fuori può spingere le persone a partecipare a eventi o attività che non desiderano, solo per cercare di evitare questa sensazione di esclusione. Il FOMO può avere un impatto significativo sulla salute mentale, portando a una sensazione costante di dover seguire il ritmo delle vite degli altri.

Il confronto costante e l'invidia online possono portare alla perdita di autenticità. Le persone potrebbero sentirsi obbligate a presentare solo i lati positivi della loro vita, nascondendo le sfide e le difficoltà. Questo può rendere le interazioni online meno sincere e autentiche, contribuendo a una percezione distorta della realtà. Le vite online sembrano perfette e prive di problemi, mentre la realtà è molto diversa. Questa mancanza di autenticità può avere un impatto negativo sulle relazioni personali e sulla salute mentale, poiché si crea una pressione costante per presentare una versione "migliorata" di sé stessi.

Dalla prospettiva sociologica, l'invidia online può anche alimentare la cultura del consumismo e del materialismo. Gli individui spesso mostrano i loro beni materiali, i viaggi esotici e le esperienze di lusso sui social media, suscitando invidia tra i loro seguaci. Questo può portare a una corsa al consumismo, con le persone che cercano di emulare lo stile di vita dei loro amici online. Questa corsa al consumismo può avere un impatto significativo sull'indebitamento e sullo stress finanziario, creando ulteriori pressioni psicologiche.

Da un punto di vista psicologico, il cyberbullismo è una forma di molestia che può avere effetti devastanti sulla salute mentale delle vittime. Gli individui che subiscono attacchi online possono sperimentare sintomi di ansia, depressione e stress post-traumatico. Le parole feroci e gli insulti digitali possono generare ferite profonde nell'autostima e nella percezione di sé delle vittime, portando a una sensazione di impotenza e isolamento.

Le vittime di cyberbullismo spesso vivono nella costante apprensione di nuovi attacchi online, creando un ambiente di stress cronico. La paura di essere esposti a ulteriori abusi online può portare a un iper-vigilanza costante, alimentando la sensazione di insicurezza e ansia. Questi sintomi possono durare a lungo termine e avere conseguenze a lungo raggio sulla salute mentale delle vittime. L'abuso online può anche assumere la forma di minacce e molestie serie. Le vittime possono sentirsi fisicamente in pericolo e sviluppare un'ansia costante per la propria sicurezza. Questa paura può limitare la libertà personale e influenzare le decisioni quotidiane delle vittime, portando a sentimenti di oppressione e stress. Dal punto di vista sociologico, il cyberbullismo ha conseguenze significative sulla dinamica sociale e sull'ambiente digitale. Le piattaforme online possono trasformarsi in luoghi di abuso, minacce e inciviltà, rendendo le esperienze online meno piacevoli e sicure. Questo a sua volta può dissuadere alcune persone dall'essere attive online, limitando la loro partecipazione e interazione con il mondo digitale.

Il cyberbullismo può portare a un deterioramento delle relazioni personali e della coesione sociale. Le vittime di abusi online possono sentirsi emarginate e isolare, evitando il contatto con gli amici e la famiglia. Questo isolamento sociale può peggiorare i sintomi di ansia e depressione, creando un circolo vizioso.

La cultura del cyberbullismo può anche perpetuare stereotipi e pregiudizi, aumentando l'ostilità e la divisione nelle comunità online. L'anonimato offerto dal mondo digitale può portare alcune persone a comportarsi in modo più aggressivo e insensibile rispetto a quanto farebbero nella vita reale, alimentando ulteriormente l'abuso online. Questa dinamica può avere conseguenze a lungo termine sulla percezione e sulle relazioni tra individui online.

È importante notare che il cyberbullismo non riguarda solo giovani, ma può colpire individui di tutte le età. Le conseguenze psicologiche e sociali possono variare a seconda dell'età e del contesto, ma il dolore causato dall'abuso online è una realtà per molte persone in tutto il mondo.

Per combattere il problema del cyberbullismo e dell'abuso online, è fondamentale l'adozione di politiche rigorose da parte delle piattaforme digitali e l'educazione sulla consapevolezza digitale. Gli sforzi devono essere concentrati sulla promozione di un ambiente online più sicuro e rispettoso, in cui l'abuso sia punito e in cui le vittime possano trovare supporto e protezione.

L'uso delle tecnologie digitali può contribuire all'isolamento sociale nonostante la costante connettività virtuale. Questo paradosso si manifesta in vari modi. Ad esempio, passare troppe ore online può portare a una mancanza di tempo per le relazioni in persona. Le persone possono trascorrere ore sui social media, a scapito delle opportunità di interagire con amici e familiari nella vita reale. Questo può portare a una sensazione di isolamento e distacco dalle relazioni personali.

Le relazioni digitali spesso mancano della profondità e della qualità delle interazioni faccia a faccia. Le conversazioni online sono spesso superficiali, basate su messaggi rapidi e brevi. Questo può portare a un senso di isolamento emotivo, poiché le persone possono non sentirsi veramente ascoltate o comprese. Le emozioni e le sfumature della comunicazione umana possono essere perdute nell'ambiente digitale, portando a relazioni meno soddisfacenti.

L'uso eccessivo delle tecnologie digitali può anche portare a un circolo vizioso di isolamento. Le persone che trascorrono molto tempo online possono sviluppare una sorta di dipendenza digitale, dove preferiscono le interazioni virtuali alle relazioni reali. Questo comportamento può allontanare ulteriormente le persone dalla possibilità di connessioni significative nella vita reale, contribuendo all'isolamento sociale.

Da un punto di vista sociologico, il paradosso dell'isolamento sociale nell'era digitale può influenzare la coesione sociale e le dinamiche comunitarie. Mentre le persone sono più connesse globalmente, le comunità locali possono soffrire. Le interazioni online possono spesso sostituire quelle nella vita reale, portando a un declino delle comunità locali. Questo può avere effetti diretti sulla coesione sociale, con meno partecipazione alle attività comunitarie e meno supporto sociale.

L'isolamento sociale online può portare alla formazione di gruppi isolati e polarizzati. Le persone tendono a connettersi con altri che condividono opinioni e interessi simili, creando "bolle" sociali in cui i punti di vista diversi sono esclusi. Questo può portare a una mancanza di diversità di pensiero e ad una crescente polarizzazione nelle discussioni online. Le conseguenze di questo fenomeno sono evidenti anche nella sfera politica, con divisioni profonde e radicalizzazione di gruppi.

Un aspetto significativo è la perdita di empatia e di comprensione reciproca nelle interazioni digitali. La distanza fisica e l'asincronia delle conversazioni online possono portare a una deumanizzazione delle persone con cui interagiamo. Gli insulti e i comportamenti incivili online possono diventare la norma, alimentando un ciclo di comportamento aggressivo. Questa mancanza di empatia e di comprensione reciproca può contribuire all'isolamento sociale, rendendo difficile l'instaurarsi di relazioni significative.

Affrontare il paradosso dell'isolamento sociale nell'era digitale richiede una consapevolezza e un equilibrio tra le interazioni online e quelle nella vita reale. È essenziale incoraggiare una comunicazione di qualità sia online che offline e promuovere la partecipazione attiva nelle comunità locali. La consapevolezza digitale è cruciale, poiché implica il riconoscimento dei rischi dell'isolamento sociale e il prendere misure per mitigarli.

La consapevolezza digitale implica la comprensione dei rischi e delle sfide legate all'uso delle tecnologie digitali. Questa consapevolezza è essenziale per proteggere la salute mentale individuale. Chi possiede una buona consapevolezza digitale è in grado di riconoscere i segnali di dipendenza digitale e di evitare situazioni che potrebbero innescare ansia, depressione o isolamento. La capacità di regolare il proprio utilizzo delle tecnologie digitali, stabilendo limiti sani, è un aspetto chiave della gestione della salute mentale nell'era digitale.

La consapevolezza digitale implica una comprensione critica delle rappresentazioni online. Le persone dovrebbero essere consapevoli del fatto che le vite degli altri mostrate sui social media spesso sono versioni idealizzate della realtà. Questa comprensione può ridurre l'effetto della comparazione sociale e dell'invidia online, aiutando a preservare l'autostima e la stabilità emotiva. La capacità di distinguere tra la realtà e le rappresentazioni digitali è fondamentale per mantenere un equilibrio psicologico.

Da un punto di vista sociologico, la consapevolezza digitale può avere impatti positivi sulla società. Una popolazione consapevole digitalmente è meno suscettibile all'abuso online e alle dinamiche dannose delle comunità virtuali. La consapevolezza digitale può promuovere un comportamento più responsabile e civile online, contribuendo a creare un ambiente digitale più sano. Ciò significa meno cyberbullismo, meno conflitti online e una maggiore empatia tra gli individui.

La consapevolezza digitale può influenzare la politica e la regolamentazione delle tecnologie digitali. Una società consapevole delle implicazioni psicologiche e sociali dell'uso eccessivo delle tecnologie digitali è più incline a sostenere politiche che proteggano gli individui, in particolare i giovani, dall'abuso online e dalla dipendenza digitale. Questo può portare a una maggiore attenzione alle questioni di privacy, alla regolamentazione dei social media e alla promozione di un uso responsabile delle tecnologie digitali.

Un aspetto importante della consapevolezza digitale è la capacità di insegnare e promuoverla tra i giovani. Gli educatori e i genitori devono svolgere un ruolo fondamentale nell'insegnare ai giovani come utilizzare in modo responsabile le tecnologie digitali e riconoscere i rischi associati. La consapevolezza digitale può essere parte integrante dell'educazione per la salute mentale, aiutando i giovani a sviluppare abilità di gestione del tempo, autocontrollo e autostima online.

La consapevolezza digitale è una responsabilità condivisa tra individui, istituzioni e aziende tecnologiche. Le aziende tech hanno un ruolo fondamentale nella progettazione di piattaforme e servizi che promuovano un uso sano e responsabile delle tecnologie digitali. Questo può includere strumenti per il controllo del tempo trascorso online, avvertenze su contenuti sensibili e il riconoscimento attivo di comportamenti dannosi, come il cyberbullismo. Le aziende tech dovrebbero anche svolgere un ruolo attivo nell'educare gli utenti su come utilizzare i loro prodotti in modo responsabile.

La consapevolezza digitale contribuisce anche a creare un ambiente digitale più sicuro e rispettoso, riducendo il cyberbullismo e promuovendo un comportamento civile online. Affrontare la sfida della salute mentale nell'era digitale richiede una consapevolezza diffusa e un impegno congiunto da parte di individui, istituzioni e aziende tech per promuovere un uso responsabile delle tecnologie digitali e una società più consapevole digitalmente.

Dal punto di vista psicologico, le tecnologie digitali offrono una vasta gamma di applicazioni e strumenti che possono essere utilizzati per il monitoraggio e il miglioramento della salute mentale. Le app di mindfulness, ad esempio, consentono agli individui di praticare la consapevolezza e la meditazione, riducendo lo stress e l'ansia. Queste applicazioni forniscono esercizi guidati e risorse per la gestione dello stress, aiutando le persone a sviluppare abilità per la gestione delle emozioni.

Le tecnologie digitali possono supportare il monitoraggio della salute mentale. Le app e i dispositivi di tracciamento della salute consentono alle persone di tenere traccia del loro benessere psicologico, registrando dati come l'umore, il sonno e i livelli di stress. Questo monitoraggio può essere un utile strumento per individuare eventuali modelli di salute mentale e fornire dati oggettivi da condividere con i professionisti della salute mentale.

L'uso di tecnologie digitali per il miglioramento della salute mentale è particolarmente rilevante nel contesto della telemedicina. La telemedicina offre servizi di salute mentale accessibili da remoto, consentendo alle persone di ottenere consulenza da professionisti qualificati senza doversi spostare fisicamente. Questa forma di supporto è particolarmente preziosa per coloro che vivono in aree remote o che hanno difficoltà ad accedere ai servizi di salute mentale in modo tradizionale.

Da un punto di vista sociologico, l'uso positivo delle tecnologie digitali per la salute mentale può avere un impatto significativo sulla società. Le comunità online e le reti di supporto possono fornire un ambiente in cui le persone si sostengono reciprocamente. I forum online e i gruppi di supporto possono offrire un senso di appartenenza e un'opportunità di condividere esperienze simili. Questo può ridurre il senso di isolamento che molte persone con problemi di salute mentale possono sperimentare.

Le tecnologie digitali possono essere utilizzate per l'istruzione e la sensibilizzazione riguardo alla salute mentale. Le campagne di sensibilizzazione online e i contenuti educativi possono contribuire a ridurre lo stigma associato ai problemi di salute mentale e promuovere la comprensione e l'empatia. Questa consapevolezza pubblica può favorire un ambiente più comprensivo per coloro che lottano con la salute mentale.

Un aspetto importante è il ruolo delle organizzazioni di

salute mentale e delle istituzioni sanitarie nell'incoraggiare
e sostenere l'uso positivo delle tecnologie digitali. Queste
organizzazioni possono sviluppare e promuovere applicazioni
e risorse che sono basati sulla scienza e progettati per
migliorare il benessere psicologico. possono svolgere un ruolo
attivo nell'educare il pubblico su come utilizzare in modo
responsabile le tecnologie digitali per la salute mentale.

È cruciale riconoscere che l'uso positivo delle tecnologie
digitali per la salute mentale non è una panacea, ma piuttosto
un componente di un approccio più ampio alla gestione
della salute mentale. Le tecnologie digitali possono essere
strumenti utili, ma non dovrebbero sostituire il supporto
di professionisti della salute mentale qualificati quando
necessario. È importante trovare un equilibrio tra l'uso di
queste risorse digitali e il sostegno umano.

Le applicazioni, i servizi di telemedicina e le reti
di supporto online offrono opportunità significative per
affrontare le sfide della salute mentale nell'era digitale.
Questi strumenti non sostituiscono il supporto umano, ma
possono complementarlo, contribuendo a creare un ambiente
più informato e comprensivo riguardo alla salute mentale
sia a livello individuale che sociale. La consapevolezza e
l'uso responsabile di queste risorse sono fondamentali per
massimizzare i benefici della tecnologia per la salute mentale.

Il costante flusso di informazioni e stimoli digitali può essere
sopraffacente. L'uso eccessivo delle tecnologie digitali, come i
social media o i videogiochi, può portare all'alienazione sociale
e all'ansia. L'abbondanza di informazioni e di connettività può
creare una costante tensione per essere "sempre connessi",
causando ansia e stress.

Una delle sfide più significative è la dipendenza digitale. Le
tecnologie digitali sono progettate per essere coinvolgenti, con
notifiche, messaggi, e contenuti che catturano l'attenzione
in modo persistente. Questo può portare a una dipendenza
comportamentale, simile a quella dei giochi d'azzardo o delle
sostanze. Le persone possono sentirsi costantemente attratte

dai loro dispositivi digitali, portando a una dipendenza digitale che può danneggiare la salute mentale.

L'uso eccessivo delle tecnologie digitali può portare all'isolamento sociale, nonostante la promessa di connessione costante. Le relazioni digitali spesso non riescono a soddisfare il bisogno umano fondamentale di interazioni faccia a faccia. Questo può portare a un senso di solitudine e di isolamento, con gravi implicazioni sulla salute mentale.

Da un punto di vista sociologico, la mancanza di un equilibrio tra digitale e reale può influenzare la dinamica sociale. Le persone possono diventare sempre più disconnesse dalla realtà, immergendosi in mondi virtuali e sociali online. Questo può portare a una mancanza di partecipazione nelle comunità locali e alla diminuzione delle relazioni interpersonali significative nella vita reale.

L'alienazione sociale può anche contribuire alla polarizzazione delle opinioni. Le persone che passano molto tempo in gruppi e comunità online possono essere esposte a opinioni e prospettive molto simili alle loro, creando un ciclo di rafforzamento delle proprie convinzioni. Questo può portare a una mancanza di diversità di pensiero e a una crescente divisione nella società.

La mancanza di un equilibrio tra digitale e reale può influenzare il senso di identità e di autostima delle persone. Le rappresentazioni online spesso sono ideali, con le persone che mostrano le versioni migliori di sé stesse. Questo può portare a una percezione distorta della realtà e a sentimenti di inadeguatezza e di invidia.

E' importante sottolineare che trovare un equilibrio tra digitale e reale non significa necessariamente disconnettersi completamente dalle tecnologie digitali. Invece, si tratta di sviluppare un uso consapevole e responsabile delle tecnologie digitali. Ecco alcune strategie per raggiungere questo equilibrio:

1. Impostare limiti di tempo: Stabilire limiti di tempo per l'uso delle tecnologie digitali può aiutare a evitare l'uso

eccessivo e promuovere interazioni nella vita reale.

2. Praticare la consapevolezza digitale: Essere consapevoli dei propri comportamenti online e delle emozioni che essi scatenano può aiutare a regolare l'uso delle tecnologie digitali.

3. Promuovere l'interazione faccia a faccia: Cerca attivamente opportunità di interagire con gli altri nella vita reale. Partecipare a eventi locali, gruppi o attività può aiutare a colmare il divario tra digitale e reale.

4. Bilanciare il tempo online: Assicurarsi di dedicare tempo a interessi e attività al di fuori del mondo digitale, come lo sport, l'arte, la lettura o la natura.

5. Promuovere la comunicazione offline: Incentivare le conversazioni in persona con amici e familiari. Questo può contribuire a rafforzare le relazioni e a ridurre il senso di isolamento.

6. Imparare a dire di no: Non sentirsi in obbligo di rispondere immediatamente a ogni messaggio o notifica online. Imparare a stabilire confini digitali può aiutare a ridurre lo stress e l'ansia associati all'uso eccessivo delle tecnologie digitali.

Le istituzioni educative, le aziende e la società nel suo complesso possono svolgere un ruolo nel promuovere un equilibrio tra digitale e reale. Le scuole possono educare gli studenti sulla consapevolezza digitale e sull'importanza delle interazioni nella vita reale. Le aziende possono incentivare politiche di equilibrio tra lavoro e vita privata e promuovere l'uso responsabile delle tecnologie digitali tra i dipendenti.

La comunicazione online spesso manca di sfumature e di espressioni facciali e vocali, elementi chiave per la comprensione e l'empatia. Questo può rendere le interazioni online meno ricche e meno soddisfacenti dal punto di vista emotivo.

Le relazioni online possono spesso essere superficiali. Le conversazioni sui social media, ad esempio, si concentrano spesso su argomenti leggeri o fugaci, e non offrono spazio per discussioni profonde o supporto emotivo significativo. Questo può portare a una mancanza di connessione autentica tra le persone, con implicazioni sulla salute mentale.

L'uso eccessivo delle tecnologie digitali può anche portare a una sorta di isolamento sociale. Mentre le persone sono connesse virtualmente con molti altri, possono sentirsi sempre più sole nella vita reale. Questo è particolarmente evidente tra i giovani, che possono passare ore online, ritirandosi dalla partecipazione alle attività sociali nella vita reale. L'isolamento sociale è una delle principali cause di problemi di salute mentale.

Da un punto di vista sociologico, le tecnologie digitali hanno rivoluzionato la dinamica delle relazioni sociali. Le persone possono ora connettersi con individui da tutto il mondo, rompendo le barriere geografiche e culturali. Questa possibilità di connessione globale ha portato a comunità online e a reti sociali che spesso superano quelle della vita reale. Le persone possono trovare supporto e comprensione da individui che condividono interessi e sfide simili, anche se si trovano a migliaia di chilometri di distanza.

Le tecnologie digitali hanno anche facilitato la comunicazione empatica in molti contesti. Le persone possono condividere storie di vita, esperienze e sfide attraverso blog, podcast, video e altri mezzi digitali. Questo ha contribuito a ridurre lo stigma associato ai problemi di salute mentale, poiché sempre più individui si aprono riguardo alle proprie esperienze personali. Questa comunicazione aperta e empatica può contribuire a promuovere la comprensione e l'empatia nei confronti delle persone con problemi di salute mentale.

Un aspetto significativo è il ruolo delle organizzazioni di salute mentale e delle comunità online di supporto. Queste organizzazioni offrono spazi sicuri in cui le persone possono condividere le proprie esperienze e trovare supporto reciproco. Questi luoghi di discussione possono essere estremamente utili per coloro che si sentono isolati o che cercano comprensione e sostegno.

L'uso delle tecnologie digitali per promuovere il supporto sociale e la comunicazione empatica può avere implicazioni positive anche a livello politico. La consapevolezza pubblica e la mobilitazione online possono influenzare le decisioni politiche e la promozione di politiche a favore della salute mentale. Le organizzazioni di salute mentale possono utilizzare le tecnologie digitali per diffondere informazioni, risorse e programmi di sostegno.

Mentre le tecnologie digitali continuano a evolversi, è fondamentale considerare come esse influenzeranno la psicologia individuale e le dinamiche sociali legate al benessere mentale.

Dal punto di vista psicologico, il futuro della salute mentale è destinato a essere sempre più interconnesso con le tecnologie digitali. L'innovazione in settori come l'intelligenza artificiale, la realtà virtuale e la telemedicina offre nuove opportunità per la diagnosi, la terapia e il monitoraggio dei problemi di salute mentale. Ad esempio, l'AI potrebbe essere utilizzata per riconoscere i segnali precoci dei disturbi mentali e offrire suggerimenti basati su dati per il miglioramento del benessere. La realtà virtuale potrebbe essere impiegata per la terapia espositiva, utile nel trattamento di disturbi come il disturbo da stress post-traumatico e le fobie. Questa tecnologia offre un ambiente controllato per l'esposizione graduale ai trigger, consentendo ai pazienti di affrontare le loro paure in modo sicuro.

La telemedicina, continuerà a rivoluzionare l'accesso alla salute mentale. Gli individui potranno ricevere consulenza e terapia online, superando le barriere geografiche e riducendo lo stigma associato alla ricerca di aiuto. Questo rende i servizi di salute mentale più accessibili e convenienti per un pubblico più ampio.

La privacy dei dati diventa un'importante preoccupazione, poiché sempre più informazioni personali vengono condivise con piattaforme e servizi digitali. Le persone dovranno bilanciare i benefici dell'innovazione con la protezione delle proprie informazioni personali.

Da un punto di vista sociologico, il futuro della salute mentale nell'era digitale solleverà domande importanti sullo stigma e sull'uguaglianza nell'accesso ai servizi. L'uso crescente di tecnologie digitali per migliorare la salute mentale potrebbe contribuire a ridurre lo stigma associato ai problemi di salute mentale. Poiché le persone si abituano sempre di più all'idea di cercare aiuto online o attraverso app, potrebbero sentirsi meno giudicate o etichettate per i loro problemi di salute mentale.

C'è il rischio che coloro che non hanno accesso alle tecnologie digitali siano lasciati indietro. La disparità nell'accesso a dispositivi e connessioni internet potrebbe escludere alcune persone dalla possibilità di trarre vantaggio dai servizi digitali per la salute mentale. le persone anziane o quelle che non sono a loro agio con la tecnologia potrebbero trovarsi in una situazione di svantaggio.

L'aspetto della connessione umana rimarrà un elemento cruciale nel futuro della salute mentale. Anche se le tecnologie digitali possono offrire terapie online e supporto virtuale, nulla può sostituire il comfort di una presenza umana. Trovare modi per equilibrare le innovazioni tecnologiche con l'importanza delle relazioni interpersonali sarà una sfida chiave.

Per affrontare queste sfide, è fondamentale un coinvolgimento continuo delle organizzazioni di salute mentale, dei professionisti sanitari, delle istituzioni educative e delle aziende tecnologiche. Questi attori devono lavorare insieme per garantire che le tecnologie digitali siano progettate e utilizzate in modo etico e inclusivo. La protezione della privacy, la formazione per l'uso responsabile delle tecnologie e l'accesso equo ai servizi digitali sono obiettivi chiave.

La ricerca continua svolgerà un ruolo fondamentale nel comprendere come le tecnologie digitali influenzano la salute mentale. Gli studi dovranno esaminare l'efficacia delle nuove forme di terapia digitale, valutare l'impatto delle reti sociali online sulla salute mentale e identificare le best practices per l'uso responsabile delle tecnologie digitali.

Mentre le tecnologie digitali continuano a evolversi e a interagire con la salute mentale, emergono opportunità e sfide significative. L'innovazione tecnologica offre strumenti nuovi e potenti per la diagnosi e il trattamento dei problemi di salute mentale, ma richiede un equilibrio tra progresso e protezione della privacy. La società dovrà affrontare le sfide dell'accesso equo e dello stigma, cercando modi per garantire che nessuno venga lasciato indietro nell'era digitale. In definitiva, il futuro della salute mentale sarà influenzato in modo significativo dalle tecnologie digitali e dalla nostra capacità di gestire questi cambiamenti in modo etico ed inclusivo.

EQUILIBRIO TRA INNOVAZIONE E RESPONSABILITÀ

Nel contesto dell'era digitale, la rapida avanzata delle nuove tecnologie ha trasformato profondamente la nostra società. L'innovazione tecnologica è diventata una forza trainante in settori che spaziano dalla comunicazione alla medicina, dalla produzione industriale all'intrattenimento. Con questo progresso incessante, emergono questioni etiche complesse che richiedono una riflessione attenta e ponderata.

L'innovazione tecnologica è un fenomeno che ha plasmato il mondo moderno in misura senza precedenti. La velocità con cui nuove invenzioni e scoperte diventano parte integrante della nostra vita quotidiana è straordinaria. Questa accelerazione senza freni dell'innovazione solleva domande profonde riguardo al modo in cui la tecnologia influenza la nostra psiche e la società nel suo complesso.

Uno degli impatti psicologici più evidenti dell'era digitale è il costante stimolo cognitivo a cui siamo sottoposti. L'abbondanza di dispositivi e applicazioni digitali ha creato un ambiente in cui siamo costantemente connessi, bombardati da notifiche, messaggi, e-mail e feed di notizie. Questo flusso incessante di informazioni e distrazioni può portare a problemi di concentrazione, stress e, in alcuni casi, addirittura dipendenza da dispositivi digitali. Le implicazioni psicologiche di questa costante esposizione a stimoli possono manifestarsi in molteplici modi. La crescente incidenza di disturbi dell'attenzione e l'ansia da FOMO (Fear Of Missing Out, la paura di perdere qualcosa) sono solo alcune delle manifestazioni psicologiche dell'era digitale. Questo solleva la questione della necessità di una maggiore consapevolezza e autoregolazione nell'uso delle tecnologie digitali, insieme alla promozione di abitudini sane per mitigare questi impatti negativi.

Un altro aspetto psicologico cruciale è la nostra relazione con la privacy. Nel mondo digitale, il confine tra pubblico e privato è diventato sfumato. La condivisione costante di informazioni personali sui social media, la navigazione online e l'uso di dispositivi connessi alla rete comportano un costante scambio di dati. La comprensione di come queste informazioni vengano raccolte, utilizzate e condivise può suscitare preoccupazioni sulla privacy. La consapevolezza di essere costantemente osservati o profilati da algoritmi può influenzare il benessere psicologico delle persone. Questo solleva l'importante questione dell'equilibrio tra la necessità di condividere informazioni per partecipare alla società digitale e la tutela della privacy individuale.

Da una prospettiva sociologica, l'era digitale ha portato a cambiamenti significativi nella struttura e nei modelli di interazione sociale. Le reti sociali online hanno ampliato il nostro accesso alla comunicazione globale, ma allo stesso tempo possono isolare le persone dalla comunicazione faccia a faccia. L'uso eccessivo di dispositivi digitali può portare a una mancanza di interazione sociale offline, con impatti potenziali sulla qualità delle relazioni umane. La crescente diffusione di piattaforme di social media ha anche dato luogo a problemi sociologici come il cyberbullismo, la disinformazione e il comportamento antisociale online. Questi fenomeni mettono in discussione il modo in cui la tecnologia digitale sta influenzando il tessuto stesso della società e la qualità delle nostre interazioni sociali.

In termini di impatto economico e sociale, l'innovazione tecnologica ha contribuito a creare una società sempre più polarizzata. L'automatizzazione e l'introduzione dell'intelligenza artificiale nel mondo del lavoro sollevano questioni riguardo all'equità e alla disuguaglianza economica. Alcuni settori prosperano grazie alla tecnologia digitale, mentre altri vedono la scomparsa di posti di lavoro tradizionali. La crescente disuguaglianza economica può avere ripercussioni sociali profonde, portando a tensioni e divisioni nella società. La responsabilità etica nell'innovazione tecnologica è essenziale per affrontare queste questioni e cercare di creare una società più equa.

Un altro aspetto sociologico di rilievo è la questione dell'accesso alle tecnologie digitali. Mentre molte persone nei paesi sviluppati godono di un accesso facile e ampio a internet e alle ultime tecnologie, molte altre in tutto il mondo sono escluse da questa rivoluzione digitale. L'accesso diseguale alle tecnologie digitali crea divari socioeconomici significativi e solleva domande etiche sulla giustizia e l'inclusione. La mancanza di accesso a internet può influire sulle opportunità educative, occupazionali e di partecipazione alla società digitale, amplificando ulteriormente le disuguaglianze sociali.

La disinformazione e la manipolazione online sono temi sociologici che richiedono un'attenzione particolare. La diffusione di notizie false, teorie cospiratorie e la manipolazione dell'opinione pubblica attraverso la rete possono avere un impatto devastante sulla società. La disinformazione può alimentare la divisione e contribuire a una società polarizzata. La manipolazione dell'opinione pubblica attraverso le reti sociali può influenzare elezioni e decisioni politiche, minando la fiducia nei processi democratici. La responsabilità etica nel contrastare la disinformazione e la manipolazione online è fondamentale per preservare l'integrità della società e della democrazia.

Infine, la censura e la libertà di espressione sono temi sociologici complessi nell'era digitale. La censura online è spesso giustificata come un mezzo per prevenire la diffusione di contenuti dannosi o illegali. Bilanciare la necessità di proteggere la società con la libertà di espressione è un compito etico delicato. La censura eccessiva possono soffocare la libertà di espressione e ostacolare la diversità di opinioni, mentre la mancanza di regolamentazione può consentire la diffusione di contenuti nocivi. La responsabilità etica consiste nell'equilibrare questi due obiettivi in conflitto per garantire una società libera ma responsabile.

L'equilibrio tra innovazione e responsabilità etica è una questione cruciale nell'era digitale, con impatti profondi sia a livello psicologico che sociologico. La costante esposizione a stimoli digitali, le questioni sulla privacy, la trasformazione delle interazioni sociali, la disuguaglianza economica, l'accesso diseguale alle tecnologie, la disinformazione e la censura sono tutte sfide etiche che richiedono un approccio ponderato. La riflessione continua sulla responsabilità etica nell'innovazione tecnologica è fondamentale per garantire che la tecnologia sia al servizio della società in modo responsabile, equo e sostenibile. Queste questioni sono il cuore dell'etica nell'era digitale e saranno fondamentali per il futuro della nostra società.

La sorveglianza digitale e la Privacy

La sorveglianza digitale è una questione etica di primaria importanza nell'era digitale, che solleva profonde preoccupazioni sia a livello psicologico che sociologico. La nostra crescente dipendenza dalla tecnologia digitale ha reso la raccolta di dati personali una parte inevitabile della nostra vita quotidiana. L'uso di dispositivi connessi a internet, come smartphone, computer e dispositivi indossabili, genera una quantità enorme di dati che vengono costantemente raccolti, analizzati e condivisi. Questo solleva questioni fondamentali sulla privacy individuale, sull'autodeterminazione e sull'uso etico di queste informazioni.

A livello psicologico, la consapevolezza di essere costantemente sotto sorveglianza digitale può avere effetti significativi sul benessere individuale. La sensazione di essere osservati o profilati può generare ansia, sfiducia e persino paranoia. Il fatto che le nostre azioni online e offline siano costantemente tracciate può influenzare il nostro comportamento. Le persone potrebbero sentirsi costrette a conformarsi a norme sociali o comportamenti "accettabili" per evitare il giudizio o il monitoraggio costante. Questo può portare a una perdita di autenticità e libertà individuale, con impatti psicologici negativi.

La vulnerabilità delle informazioni personali può portare a un crescente senso di insicurezza. La paura di essere vittime di furto di identità o di essere esposti a violazioni della privacy può generare stress e preoccupazione costante. Le conseguenze psicologiche della sorveglianza digitale sono ulteriormente accentuate dal fatto che molte persone non comprendono appieno come i loro dati vengano raccolti e utilizzati. La mancanza di trasparenza in questo processo può aumentare la sensazione di impotenza e di perdita di controllo sulla propria privacy.

Dal punto di vista sociologico, la sorveglianza digitale solleva questioni di potere e controllo. Le organizzazioni, inclusi governi e aziende, raccolgono enormi quantità di dati personali che possono essere utilizzati per scopi vari, dal marketing mirato alla sorveglianza di massa. Questo solleva questioni sulla concentrazione di potere e sulla possibilità di abusi. Ad esempio, il monitoraggio da parte delle autorità governative può essere utilizzato per controllare la dissidenza politica o la libertà di espressione. La raccolta di dati da parte delle aziende può portare a pratiche commerciali sleali, come la vendita di informazioni personali a terzi senza il consenso dei titolari dei dati.

La sorveglianza digitale può anche minare la fiducia nella società. La scoperta di gravi violazioni della privacy, come il caso di Cambridge Analytica di Facebook, ha sollevato preoccupazioni sulla protezione dei dati personali e sulla responsabilità delle aziende nel gestire queste informazioni. La mancanza di regolamentazione efficace e di norme etiche per la raccolta e l'uso dei dati può erodere la fiducia del pubblico nelle istituzioni e nell'industria tecnologica.

La sorveglianza digitale ha implicazioni politiche significative. La sorveglianza di massa da parte di governi può minare la privacy dei cittadini e minacciare le libertà civili. La lotta per trovare un equilibrio tra la sicurezza nazionale e la privacy individuale è una questione complessa e costantemente dibattuta. Le rivelazioni di Edward Snowden nel 2013 hanno evidenziato l'entità della sorveglianza di massa da parte delle agenzie governative, sollevando preoccupazioni sulla violazione dei diritti costituzionali e dei principi democratici.

La sorveglianza digitale ha anche un impatto significativo sulla sicurezza e la libertà delle persone. La diffusione di dispositivi di sorveglianza, come telecamere di sicurezza e sistemi di riconoscimento facciale, solleva questioni sulla sicurezza personale e sulla protezione della privacy. Le tecnologie di sorveglianza possono essere utilizzate per il controllo sociale, il monitoraggio dei movimenti e la limitazione della libertà di movimento. Ad esempio, in alcuni paesi, il monitoraggio digitale è utilizzato per controllare l'adesione alle misure di quarantena durante le epidemie, generando discussioni sulla bilancia tra sicurezza pubblica e diritti individuali.

Infine, la questione della sorveglianza digitale è intrinsecamente legata alla questione della fiducia nell'era digitale. La protezione della privacy e la gestione responsabile dei dati personali sono essenziali per garantire che le persone possano partecipare alla società digitale con fiducia. Senza la fiducia nella protezione della privacy, le persone possono essere riluttanti a utilizzare servizi online, con conseguenze negative sull'innovazione digitale e sull'economia.

La sorveglianza digitale e la privacy sono questioni etiche

complesse che hanno profondi impatti sia a livello psicologico che sociologico. La sensazione di essere costantemente sotto sorveglianza può generare stress e ansia, minando la privacy individuale e la libertà. Dal punto di vista sociologico, la sorveglianza digitale solleva questioni di potere e controllo, con la possibilità di abusi da parte di organizzazioni governative e aziende. la sorveglianza digitale ha implicazioni politiche significative e può minare la fiducia nella società. La protezione della privacy e la gestione responsabile dei dati personali sono fondamentali per garantire una società digitale equa e basata sulla fiducia. Queste questioni rimarranno al centro dell'etica digitale nel futuro.

Algoritmi, discriminazione ed etica

Nell'era digitale, gli algoritmi sono divenuti un elemento onnipresente e nascosto della nostra vita quotidiana. Essi guidano motori di ricerca, consigliano prodotti online, determinano la pubblicità che vediamo e influenzano persino le decisioni di reclutamento. Gli algoritmi sono regole matematiche che seguono istruzioni per analizzare dati e compiere calcoli, rendendo possibile l'automazione di compiti complessi. La crescente influenza degli algoritmi nella nostra società solleva questioni etiche profonde relative alla discriminazione, alla parità e alla giustizia sociale. In questo contesto, esamineremo gli impatti psicologici e sociologici della presenza pervasiva degli algoritmi nell'era digitale, concentrandoci sul loro potenziale per amplificare i pregiudizi e la discriminazione.

A livello psicologico, l'uso di algoritmi può influenzare la percezione di giustizia e uguaglianza. Quando le persone interagiscono con sistemi guidati da algoritmi, come i motori di ricerca o i social media, spesso si aspettano di ricevere risultati oggettivi e imparziali. Se si scopre che gli algoritmi promuovono contenuti o offerte che riflettono pregiudizi o discriminazioni, ciò può generare frustrazione, rabbia e una sensazione di ingiustizia. Le persone possono percepire che gli algoritmi stiano esacerbando le disuguaglianze invece di mitigarle, il che può avere un impatto significativo sul benessere psicologico.

Gli algoritmi spesso operano in modo non trasparente, e le logiche esatte alla base delle loro decisioni sono spesso nascoste agli utenti. Questo può generare una sensazione di mancanza di controllo e un'incertezza sull'equità delle decisioni prese dagli algoritmi. La mancanza di trasparenza può portare le persone a sentirsi disorientate e vulnerabili, generando una crescente sfiducia nell'uso delle tecnologie digitali.

Dal punto di vista sociologico, il potenziale per la discriminazione basata sugli algoritmi è un problema di primaria importanza. Gli algoritmi possono amplificare i pregiudizi presenti nei dati con cui vengono addestrati. Ad esempio, se un algoritmo di reclutamento viene addestrato su dati storici che riflettono disparità di genere o razza nell'assunzione di personale, l'algoritmo potrebbe perpetuare queste disuguaglianze nei processi di selezione. Questo può portare a discriminazione sistematica contro gruppi svantaggiati e alla riproduzione di stereotipi nocivi.

L'uso di algoritmi nei processi decisionali può anche influenzare la giustizia sociale. Ad esempio, negli Stati Uniti, alcune corti stanno sperimentando l'uso di algoritmi per determinare le condanne e le pene da assegnare ai reati. Questa pratica solleva preoccupazioni sul fatto che gli algoritmi possano amplificare le disuguaglianze esistenti nel sistema giudiziario, come la discriminazione razziale. L'uso di algoritmi in ambito legale può portare a ingiustizie e minare la fiducia nel sistema giudiziario.

Gli algoritmi utilizzati nelle decisioni finanziarie, come l'approvazione di prestiti, possono influenzare l'accesso alle risorse economiche. Se gli algoritmi considerano in modo errato alcune categorie di persone come meno affidabili sulla base di dati demografici o socioeconomici, ciò può portare a discriminazione economica. Questo tipo di discriminazione può avere conseguenze sociali significative, contribuendo alla disuguaglianza economica e all'esclusione sociale.

Gli algoritmi possono anche influenzare la sfera politica e la democrazia. L'uso di algoritmi nei social media e nelle piattaforme di distribuzione delle notizie può creare "bolle informative", in cui le persone vengono esposte principalmente a contenuti che confermano le loro opinioni esistenti. Ciò può portare a una polarizzazione politica e alla mancanza di comprensione tra gruppi con punti di vista diversi. la manipolazione degli algoritmi può essere utilizzata per influenzare elezioni e processi decisionali, sollevando preoccupazioni sulla manipolazione dell'opinione pubblica.

La questione dell'equità e della giustizia nell'uso degli algoritmi è intrinsecamente collegata alla responsabilità etica delle organizzazioni che li sviluppano e utilizzano. La mancanza di regolamentazione e di norme etiche chiare può portare a comportamenti irresponsabili e alla perpetuazione di pregiudizi. In risposta a queste sfide, vi è una crescente attenzione alla necessità di "algoritmi equi", ossia algoritmi che evitano la discriminazione e promuovono la giustizia sociale. Questi sforzi includono la revisione dei dati utilizzati per addestrare gli algoritmi, l'implementazione di misure di trasparenza e l'adozione di procedure di audit indipendenti per valutare l'impatto degli algoritmi.

Gli algoritmi rappresentano una doppia spada nell'era digitale, con impatti psicologici e sociologici profondi. A livello psicologico, l'opacità degli algoritmi e la percezione di ingiustizia possono minare il benessere individuale e generare sfiducia nell'uso delle tecnologie digitali. A livello sociologico, il potenziale per la discriminazione basata sugli algoritmi solleva questioni cruciali di giustizia sociale e uguaglianza. La responsabilità etica nell'uso degli algoritmi è fondamentale per garantire un'era digitale più equa e inclusiva, che rispetti i principi di giustizia e dignità umana. Queste questioni continueranno a rimanere al centro del dibattito etico nell'era digitale e saranno determinanti per il futuro della società.

Decisioni autonome dell'AI

Nel tessuto stesso dell'era digitale, l'intelligenza artificiale (AI) emerge come una forza trainante, una tecnologia capace di rivoluzionare settori che spaziano dalla medicina all'automazione industriale, dall'assistenza domestica all'assistenza sanitaria. Questo progresso tecnologico, però, è affiancato da una serie di questioni etiche complesse, in particolare quando si tratta delle decisioni autonome prese dalle macchine. Esploreremo adesso gli impatti psicologici e sociologici dell'uso dell'AI nell'era digitale, concentrandoci sulle decisioni autonome delle macchine, come ad esempio quelle che coinvolgono veicoli autonomi e sistemi di intelligenza artificiale utilizzati in ambito medico.

L'uso dell'AI ha il potenziale per trasformare radicalmente la nostra società. Ad esempio, le auto autonome rappresentano una promessa di una maggiore sicurezza stradale e di una mobilità più efficiente. Le macchine intelligenti sono spesso chiamate a prendere decisioni complesse che coinvolgono la vita umana, come situazioni di emergenza sulla strada. Queste decisioni innescano una serie di questioni etiche e psicologiche.

A livello psicologico, l'idea di affidarsi a veicoli autonomi o a sistemi di intelligenza artificiale per situazioni di emergenza può generare ansia e insicurezza. Le persone possono sentirsi vulnerabili nell'anticipare che una macchina faccia scelte critiche che coinvolgono la loro sicurezza. Questa ansia può influenzare la percezione del controllo e la fiducia nell'adozione di tecnologie autonome.

L'AI solleva questioni sulla responsabilità delle decisioni autonome. In caso di incidente o errore, chi è responsabile? Questa domanda può generare una sensazione di mancanza di responsabilità individuale, con implicazioni per la percezione della giustizia. Se una macchina causa un incidente mortale, chi dovrebbe essere ritenuto responsabile? Questa domanda apre una complessa discussione su come attribuire responsabilità in un contesto in cui la decisione è stata presa da un'entità non umana.

Dal punto di vista sociologico, l'uso dell'AI nell'ambito delle decisioni autonome solleva questioni sulle dinamiche sociali. L'adozione diffusa di veicoli autonomi potrebbe alterare le interazioni sociali nelle città, poiché cambierebbe la dinamica delle strade e delle aree urbane. Ad esempio, potrebbe ridurre l'importanza dei conducenti di taxi o dei conducenti di camion, influenzando direttamente le dinamiche economiche e sociali in queste industrie.

L'AI utilizzata nella diagnosi e nel trattamento medico presenta importanti implicazioni etiche. Ad esempio, i sistemi di intelligenza artificiale possono essere utilizzati per l'analisi di immagini mediche, come radiografie o scansioni MRI, per rilevare malattie o patologie. Questo offre il potenziale per una diagnosi più accurata e tempestiva, ma solleva anche questioni sul ruolo del medico e sull'importanza della relazione medico-paziente. La fiducia nei sistemi di intelligenza artificiale e nelle decisioni autonome è cruciale nel settore medico, dove una diagnosi errata può avere conseguenze gravi.

L'adozione dell'AI nella medicina può influenzare la percezione del paziente sulla sua diagnosi e sul trattamento proposto. Alcune persone potrebbero sentirsi più sicure di ricevere una diagnosi da un sistema di AI, mentre altre potrebbero preferire la consulenza di un medico umano. Questa dinamica solleva questioni sulla percezione della competenza e dell'empatia tra l'AI e il professionista medico.

A livello sociologico, l'AI nell'ambito medico può avere un impatto significativo sui professionisti della salute. Molti medici utilizzano strumenti di ai per migliorare la loro pratica clinica, ma ciò può portare a preoccupazioni sul futuro della professione medica. La crescente automazione nella diagnosi e nel trattamento potrebbe ridurre la necessità di medici in alcuni contesti, influenzando l'occupazione e la formazione medica. Questo può avere conseguenze sociali, come la necessità di una riconversione professionale e il cambiamento delle dinamiche di lavoro nel settore medico.

L'uso dell'AI nella medicina può sollevare questioni etiche legate all'accesso alle cure. L'adozione di tecnologie di intelligenza artificiale per le diagnosi potrebbe non essere equamente distribuita, creando divari nell'accesso alle cure. Questo solleva questioni di giustizia sociale e di disparità nell'assistenza sanitaria, con possibili conseguenze negative sulla salute delle persone.

La questione dell'etica nell'uso dell'AI nelle decisioni autonome è cruciale per garantire che queste tecnologie migliorino effettivamente la vita umana e rispettino i principi umani fondamentali. La trasparenza, la responsabilità e la regolamentazione sono componenti essenziali per affrontare le questioni psicologiche e sociologiche legate all'AI. La collaborazione tra ingegneri, eticisti, professionisti della salute e sociologi è fondamentale per affrontare queste sfide in modo completo ed equo.

L'era digitale è caratterizzata dall'adozione crescente dell'AI, che solleva questioni etiche complesse legate alle decisioni autonome. A livello psicologico, le persone devono affrontare ansia e incertezza nell'affidarsi alle macchine per decisioni critiche. A livello sociologico, l'AI influisce sulle dinamiche sociali, economiche e professionali. La responsabilità etica nell'uso dell'AI è essenziale per garantire che queste tecnologie migliorino la vita umana e rispettino i principi di giustizia e dignità. Queste questioni continueranno a rimanere centrali nell'etica digitale nel futuro.

La disinformazione e la manipolazione online

Nell'era digitale, la diffusione della disinformazione e la manipolazione dell'opinione pubblica rappresentano sfide etiche di crescente rilevanza. Questi fenomeni hanno profondi impatti psicologici e sociologici, influenzando la percezione della realtà, la fiducia nelle istituzioni e la stabilità della società.

A livello psicologico, la disinformazione può generare confusione e sfiducia. Quando le persone sono esposte a notizie false o fuorvianti, possono avere difficoltà a distinguere la verità dalla falsità. Questa confusione può portare a una sensazione di disorientamento e a una perdita di fiducia nelle fonti di informazione tradizionali. La percezione della realtà diventa sfumata, e le persone possono sentirsi incapaci di comprendere appieno gli eventi che si svolgono intorno a loro. La disinformazione può anche avere impatti sulla coesione sociale. La diffusione di teorie cospirative o notizie false può creare divisioni nella società, generando conflitti tra gruppi con punti di vista divergenti. Questo può minare la coesione sociale e la fiducia reciproca, con conseguenze per la stabilità delle comunità.

Dal punto di vista sociologico, la disinformazione può influenzare la percezione dell'opinione pubblica. Le notizie false o fuorvianti possono plasmare l'opinione delle persone su questioni importanti, come la politica o la salute pubblica. Questo può influenzare le decisioni politiche, la partecipazione civica e la salute pubblica, con conseguenze su larga scala per la società.

La manipolazione dell'opinione pubblica è un'altra sfida etica nell'era digitale. Attraverso l'uso di algoritmi e strategie di marketing mirate, gruppi o individui possono influenzare le opinioni delle persone in modo sottile ma potente. La creazione di "bolle informative" online può esporre le persone principalmente a contenuti che confermano le loro opinioni esistenti, rafforzando le loro convinzioni e isolandole da punti di vista alternativi. Questo può portare a una polarizzazione politica e all'incapacità di trovare un terreno comune nel dibattito pubblico.

A livello psicologico, la manipolazione dell'opinione pubblica può generare una sensazione di perdita di controllo. Le persone possono sentirsi influenzate da forze invisibili e manipolative, con conseguenze sulla percezione della loro autodeterminazione e sul senso di potere nella società. La diffidenza verso le istituzioni e le élite può crescere, minando la fiducia nel processo democratico.

Dal punto di vista sociologico, la manipolazione dell'opinione pubblica può influenzare il clima politico e la coesione sociale. La diffusione di disinformazione e la manipolazione online possono generare conflitti, alimentare tensioni etniche o politiche e mettere in discussione la validità delle istituzioni. Questo può avere conseguenze per la stabilità delle nazioni e per la democrazia.

L'etica nella gestione della disinformazione e della manipolazione online è una questione di primaria importanza. Le piattaforme digitali, come i social media e i motori di ricerca, hanno un ruolo fondamentale nella diffusione della disinformazione, ma anche nella sua mitigazione. Le aziende tecnologiche devono affrontare la responsabilità etica di monitorare e limitare la diffusione di contenuti dannosi. Allo stesso tempo, è essenziale bilanciare la necessità di prevenire la disinformazione con il rispetto della libertà di espressione.

A livello individuale, è fondamentale sviluppare una capacità critica nell'analisi delle informazioni online. Gli individui devono essere in grado di discernere tra fonti affidabili e non affidabili, verificare le notizie e valutare in modo critico le informazioni che incontrano. L'educazione mediatica è un elemento chiave per affrontare la disinformazione e la manipolazione.

A livello collettivo, è importante promuovere la trasparenza e la responsabilità delle piattaforme digitali. Queste aziende devono rendere più chiare le politiche di moderazione dei contenuti e adottare misure per identificare e rimuovere la disinformazione. La collaborazione tra governi, organizzazioni della società civile e il settore tecnologico è essenziale per affrontare queste sfide in modo efficace.

La diffusione della disinformazione e la manipolazione dell'opinione pubblica sono sfide etiche nell'era digitale con impatti psicologici e sociologici profondi. La disinformazione può generare confusione e sfiducia, mentre la manipolazione può influenzare sottilmente le opinioni delle persone. Affrontare queste sfide richiede un impegno condiviso per promuovere la trasparenza, la responsabilità e l'educazione mediatica. La promozione di una cittadinanza informata e critica è cruciale per garantire una società in cui la verità e la democrazia siano rispettate. Queste questioni continueranno a rimanere al centro dell'etica digitale nel futuro.

Censura e libertà di espressione

Nell'era digitale, la questione della censura e della libertà di espressione assume una complessità senza precedenti. Con la diffusione di internet e dei social media, le piattaforme digitali sono diventate i principali luoghi di discussione pubblica, ma allo stesso tempo, l'accesso a queste piattaforme è spesso mediato da politiche di contenuto e regolamenti aziendali. Questo crea sfide etiche significative legate alla censura, alla moderazione dei contenuti e alla tutela della libertà di espressione. La censura e la moderazione dei contenuti online possono generare reazioni emotive intense. Quando un contenuto viene rimosso o un account viene sospeso, gli individui coinvolti possono sentirsi censurati, limitati nella loro capacità di esprimersi e spesso arrabbiati o frustrati. Queste reazioni possono avere un impatto sulla percezione delle piattaforme digitali e sulla fiducia nelle loro politiche. La censura può anche avere impatti sulla percezione della realtà. Quando certi contenuti vengono rimossi o nascosti, le persone possono percepire una distorsione della verità o una mancanza di pluralismo nell'informazione. Questo può portare a teorie del complotto e a una crescente sfiducia nelle fonti di informazione tradizionali.

Dal punto di vista sociologico, la censura può influenzare le dinamiche sociali e politiche. La rimozione di contenuti o la sospensione di account possono avere conseguenze nelle discussioni pubbliche, nelle campagne politiche e nei movimenti sociali. Ad esempio, la sospensione di account legati a movimenti politici o sociali può suscitare polemiche sulla libertà di espressione e sulla neutralità delle piattaforme digitali.

Allo stesso tempo, la moderazione dei contenuti è fondamentale per prevenire l'abuso online, come l'incitamento all'odio, la diffusione di discorsi d'odio o la promozione di violenza. Queste pratiche possono danneggiare la coesione sociale e mettere in pericolo la sicurezza pubblica. Pertanto, le politiche di moderazione dei contenuti hanno un ruolo importante nella prevenzione dell'abuso online. A livello psicologico, l'abuso online può avere impatti gravi sulla salute mentale delle vittime. Gli individui che sono bersaglio di insulti, minacce o molestie online possono sperimentare ansia, depressione e stress. Questi effetti psicologici possono influenzare la percezione della sicurezza e del benessere delle persone nell'ambiente digitale. Dal punto di vista sociologico, l'abuso online può influenzare la partecipazione civica. Le persone che subiscono abusi online possono ritirarsi dai dibattiti pubblici o evitare l'attivismo online per paura di ritorsioni. Questo può ridurre la diversità di voci nelle discussioni pubbliche e limitare la partecipazione civica.

Il bilanciamento tra censura e libertà di espressione è una questione etica complessa. Da un lato, la censura e la moderazione dei contenuti sono necessarie per prevenire l'abuso e garantire un ambiente digitale sicuro. Dall'altro lato, esiste il rischio di eccessi, con la censura che può essere utilizzata per reprimere la libertà di espressione legittima.

La definizione delle linee guida etiche per la moderazione dei contenuti è cruciale. Le piattaforme digitali devono sviluppare politiche chiare, trasparenti e coerenti per affrontare il contenuto dannoso. La collaborazione tra esperti in etica, diritti umani e tecnologia è essenziale per garantire che queste politiche siano equilibrate e rispettino la libertà di espressione.E' importante coinvolgere il pubblico nella definizione delle politiche di moderazione dei contenuti. Consultazioni pubbliche e meccanismi di feedback possono aiutare a garantire che le decisioni siano basate su una vasta gamma di punti di vista. Questo processo di coinvolgimento può contribuire a promuovere la legittimità e la responsabilità delle piattaforme digitali. La censura e la libertà di espressione nell'era digitale rappresentano una sfida etica complessa con impatti psicologici e sociologici significativi. La moderazione dei contenuti è essenziale per prevenire l'abuso online, ma deve essere bilanciata con il rispetto della libertà di espressione. La definizione di politiche etiche e il coinvolgimento del pubblico sono chiave per affrontare queste sfide in modo equilibrato e responsabile. La protezione della libertà di espressione e la prevenzione dell'abuso online sono obiettivi cruciali per garantire una società digitale sana e inclusiva.

Chi considera l'etica nel progresso tecnologico?

Nell'era digitale, l'innovazione tecnologica procede a un ritmo senza precedenti. Nuove scoperte e applicazioni tecnologiche emergono costantemente, trasformando la nostra società e la nostra vita quotidiana. Questa accelerazione dell'innovazione solleva importanti questioni etiche riguardo al modo in cui sviluppiamo, utilizziamo e regolamentiamo le nuove tecnologie.

L'innovazione tecnologica può avere impatti psicologici significativi sulla nostra percezione del mondo. L'adozione di nuove tecnologie può generare entusiasmo e curiosità, ma anche ansia e incertezza. La rapida evoluzione delle tecnologie può farci sentire come se fossimo costantemente alla ricerca di aggiornamenti e di nuove competenze per rimanere al passo. Questo può portare a una crescente pressione psicologica, in particolare tra coloro che si sentono costretti a seguire il ritmo dell'innovazione.

L'innovazione tecnologica può avere impatti sulla nostra percezione della privacy e della sicurezza. L'integrazione di nuove tecnologie, come i dispositivi connessi a internet e l'intelligenza artificiale, solleva preoccupazioni sulla raccolta e l'uso dei dati personali. Queste preoccupazioni possono influenzare la fiducia delle persone nel mondo digitale e nella protezione dei loro dati personali.

Dal punto di vista sociologico, l'innovazione tecnologica può generare divisioni nella società. L'accesso alle nuove tecnologie e alle opportunità che offrono non è uniforme. Questo può creare divari socio-economici e accentuare le disuguaglianze. Le persone che non hanno accesso a internet o a dispositivi avanzati possono trovarsi in svantaggio nell'istruzione, nell'occupazione e nell'accesso ai servizi pubblici. Questa disparità nell'accesso all'innovazione può creare una società a due velocità.

L'innovazione tecnologica solleva domande etiche sulla responsabilità delle aziende e dei governi. Chi è responsabile di regolamentare le nuove tecnologie? Come possiamo garantire che l'innovazione tecnologica rispetti i principi etici fondamentali? Queste domande sono cruciali per la definizione di un quadro etico che guidi lo sviluppo e l'uso responsabile delle nuove tecnologie.

La definizione di norme etiche per l'innovazione tecnologica è un processo complesso. Le organizzazioni governative, le aziende tecnologiche e gli esperti in etica devono collaborare per sviluppare linee guida etiche che bilancino l'innovazione con i valori umani fondamentali. Queste linee guida devono affrontare questioni chiave come la privacy dei dati, la sicurezza, l'equità nell'accesso alle tecnologie e la responsabilità nell'uso delle nuove scoperte.

Le decisioni etiche devono riflettere i valori e le priorità della società nel suo complesso. Consultazioni pubbliche, tavole rotonde e dibattiti pubblici possono essere utili per coinvolgere i cittadini nella definizione delle norme etiche che regoleranno il futuro dell'innovazione.

L'etica dell'innovazione tecnologica è cruciale per garantire che il progresso tecnologico non avvenga a spese dei principi umani fondamentali. L'equilibrio tra innovazione e responsabilità etica è una sfida continua che richiede la collaborazione di governi, aziende e individui. La definizione di un quadro etico per l'innovazione tecnologica è un passo fondamentale per assicurare che le nuove tecnologie siano sviluppate e utilizzate in modo responsabile, rispettando i diritti e i valori delle società in tutto il mondo.

L'innovazione tecnologica nell'era digitale solleva questioni etiche importanti che influenzano sia il piano psicologico che sociale. La rapida evoluzione delle tecnologie può generare entusiasmo e ansia, mentre la disparità nell'accesso alle nuove tecnologie può creare divisioni nella società. La definizione di norme etiche per l'innovazione tecnologica è cruciale per garantire che il progresso tecnologico sia guidato dai valori umani fondamentali. Il coinvolgimento del pubblico è essenziale per garantire che queste norme etiche riflettano le priorità e i valori della società. Queste sfide etiche saranno al centro della discussione nell'era digitale in continua evoluzione.

L'Etica nell'Uso delle Tecnologie in Medicina: Tra Innovazione e Responsabilità

L'applicazione delle tecnologie digitali nel campo della medicina è uno dei pilastri dell'innovazione nella salute. L'integrazione di queste tecnologie solleva questioni etiche complesse che riguardano l'accesso ai dati dei pazienti, la sicurezza delle informazioni mediche e la condivisione responsabile delle informazioni. Questi aspetti influenzano sia la sfera psicologica che quella sociologica, contribuendo a definire il futuro della medicina digitale.

Dal punto di vista psicologico, l'uso delle tecnologie digitali in campo medico può avere impatti profondi sulla percezione del paziente. L'accesso ai propri dati medici tramite piattaforme digitali può generare un senso di empowerment, consentendo ai pazienti di avere un maggiore controllo sulla propria salute. Questa stessa accessibilità può anche portare ad ansia o stress nel caso in cui i risultati dei test o le diagnosi siano negativi. la fiducia dei pazienti nella sicurezza dei loro dati personali è un aspetto critico. Le violazioni della privacy o i casi di accesso non autorizzato possono minare la fiducia dei pazienti nelle tecnologie digitali mediche.

Dal punto di vista sociologico, l'adozione di tecnologie digitali in medicina può avere un impatto sulla dinamica tra pazienti, medici e sistemi sanitari. La condivisione dei dati medici tra professionisti sanitari e istituzioni è fondamentale per garantire una migliore assistenza sanitaria, ma presenta sfide etiche legate alla privacy dei pazienti e alla sicurezza dei dati. La disponibilità di dati medici digitali può anche influenzare la trasparenza nel settore sanitario, consentendo ai pazienti di essere meglio informati sulle decisioni mediche e sui costi delle cure.

La sicurezza dei dati medici digitali è una delle principali preoccupazioni etiche. Le informazioni mediche sono estremamente sensibili e l'esposizione di tali dati può portare a gravi conseguenze per i pazienti. La protezione dei dati e la prevenzione delle violazioni della privacy sono essenziali per garantire che i pazienti abbiano fiducia nelle tecnologie digitali in campo medico. L'implementazione di robusti protocolli di sicurezza informatica e la formazione del personale medico sono misure cruciali per affrontare queste preoccupazioni.

Un altro aspetto etico importante nell'uso delle tecnologie in medicina riguarda l'equità nell'accesso alle cure. Mentre le tecnologie digitali possono migliorare l'accesso alle cure mediche, esiste il rischio che alcune persone, in particolare quelle con risorse economiche limitate o scarsa alfabetizzazione digitale, possano essere escluse da questi benefici. È necessario un impegno etico per garantire che le tecnologie mediche siano accessibili a tutti, contribuendo così a ridurre le disuguaglianze nella salute.

La condivisione delle informazioni mediche tra pazienti e professionisti sanitari è una parte fondamentale dell'etica nell'ambito delle tecnologie mediche. La trasparenza e la condivisione delle informazioni possono migliorare la collaborazione tra pazienti e medici, consentendo una migliore presa di decisione condivisa. Una possibile minaccia alla sicurezza e ad una garanzia etica legata alla proprietà e al controllo dei dati medici, si sta affacciando come nuovo pericolo moderno. Chi dovrebbe avere accesso a queste informazioni e in che misura? Come possiamo garantire che i dati vengano utilizzati in modo etico e in linea con gli interessi del paziente?

L'etica nell'uso delle tecnologie in medicina richiede la creazione di linee guida e normative chiare che garantiscano la protezione della privacy del paziente, la sicurezza dei dati e l'equità nell'accesso alle cure. è essenziale l'educazione dei professionisti sanitari e dei pazienti sulle migliori pratiche nell'uso delle tecnologie mediche. La formazione e la sensibilizzazione sono fondamentali per garantire che le persone siano consapevoli dei loro diritti e delle opportunità offerte dalla medicina digitale.

L'uso delle tecnologie digitali in medicina solleva questioni etiche importanti che influenzano sia il piano psicologico che sociale. La protezione della privacy del paziente, la sicurezza dei dati medici e l'equità nell'accesso alle cure sono aspetti chiave dell'etica in medicina digitale. La definizione di norme etiche e la formazione sono cruciali per garantire che l'innovazione tecnologica in campo medico avvenga in modo responsabile e nel rispetto dei diritti e dei valori dei pazienti. Queste sfide etiche rimarranno al centro della discussione nell'era digitale in continua evoluzione. Nell'era digitale, coinvolgere il pubblico nell'etica digitale è cruciale per determinare il futuro delle tecnologie digitali in modo responsabile. Questa forma di partecipazione offre vantaggi significativi sia a livello psicologico che sociologico, plasmando il modo in cui le tecnologie influenzano le vita delle persone e l'intera società. Coinvolgere il pubblico nell'etica digitale può avere impatti positivi sul senso di appartenenza e responsabilità. Quando le persone partecipano alle decisioni etiche, si sentono parte integrante del processo decisionale e sviluppano un senso di fiducia nella governance digitale. Questa fiducia può portare a una maggiore adesione alle norme etiche e a una maggiore accettazione delle tecnologie digitali.

La partecipazione pubblica nell'etica digitale può promuovere la consapevolezza e l'educazione. Le discussioni pubbliche sulle questioni etiche offrono alle persone l'opportunità di apprendere e comprendere meglio le implicazioni delle tecnologie digitali. Questo può portare a una cittadinanza più informata e consapevole, in grado di prendere decisioni informate sull'uso delle tecnologie digitali nella vita quotidiana e di sviluppare una maggiore alfabetizzazione digitale. Le decisioni etiche che riguardano la sorveglianza digitale, l'uso dell'intelligenza artificiale e altre questioni tecnologiche hanno un impatto significativo sulla vita delle persone. Coinvolgere il pubblico in queste decisioni garantisce che una varietà di prospettive e voci siano ascoltate, riducendo così il rischio di concentrazione di potere nelle mani di pochi.

Coinvolgere il pubblico nell'etica digitale può contribuire a identificare sfide etiche emergenti e a sviluppare soluzioni più efficaci. Le persone che utilizzano attivamente le tecnologie digitali spesso riconoscono le questioni etiche prima che emergano come problemi su larga scala. Coinvolgerle nel processo decisionale consente di identificare tempestivamente le sfide e di sviluppare strategie per affrontarle in modo proattivo.

Ci sono sfide nel coinvolgere il pubblico nell'etica digitale. La complessità delle questioni etiche e la rapida evoluzione delle tecnologie possono rendere difficile la partecipazione pubblica informativa. garantire che il coinvolgimento sia rappresentativo di diverse comunità e gruppi sociali richiede sforzi attivi per superare le barriere di accesso e inclusione.

È importante anche garantire che le voci del pubblico siano effettivamente ascoltate e influenzino le decisioni. La partecipazione pubblica non dovrebbe essere una semplice formalità, ma dovrebbe essere un processo significativo in cui le opinioni e le preoccupazioni del pubblico sono prese in considerazione nella definizione delle norme etiche. La partecipazione pubblica nell'etica digitale è fondamentale per garantire che le decisioni etiche riflettano i valori della società e siano equilibrate e responsabili. Questo approccio promuove una maggiore consapevolezza, responsabilità e fiducia nelle tecnologie digitali, contribuendo a creare un ambiente digitale più equo e inclusivo.

Evoluzione morale

All'orizzonte si staglia un futuro incerto e allettante, dove le tecnologie digitali continuano a ridefinire il nostro modo di vivere, lavorare e connetterci. L'etica rimane un faro necessario in questa corsa verso l'innovazione. L'etica non è una mera appendice alle nuove tecnologie, ma un pilastro su cui poggiano i destini della società.

Nel futuro dell'etica digitale, vediamo emergere sfide e opportunità sorprendenti. Una di queste sfide è l'equilibrio tra la spinta all'innovazione e la responsabilità. La velocità con cui nuove tecnologie sorgono e si diffondono può superare la capacità della società di comprendere e gestire le loro implicazioni etiche. Questo pone la domanda: riusciremo a evolvere al ritmo delle innovazioni digitali o rimarremo sempre un passo indietro?

La sorveglianza digitale e la privacy restano una questione cruciale. Con la crescente raccolta di dati personali online e offline, si profila l'ombra della perdita di privacy e dell'influenza sulle scelte personali. Il futuro richiede una solida cornice etica che protegga i diritti individuali e assicuri che la tecnologia non diventi uno strumento di controllo invasivo.

Gli algoritmi e l'intelligenza artificiale avranno un ruolo sempre più centrale. Il potenziale per l'accentuazione dei pregiudizi e la discriminazione richiede una supervisione etica costante. L'obiettivo è garantire che l'AI sia un alleato per l'umanità, aiutandoci a prendere decisioni migliori senza perpetuare disuguaglianze e pregiudizi.

L'accesso alle tecnologie digitali rimane un'importante questione etica. L'ineguaglianza nell'accesso alle nuove tecnologie crea divari socioeconomici sempre più profondi. Il futuro richiede un impegno costante per garantire l'accesso equo e l'inclusione digitale, affinché nessuno venga lasciato indietro nell'era digitale.

La disinformazione e la manipolazione online sono sfide che non perderanno la loro rilevanza. Nel futuro, la società dovrà affrontare le conseguenze sociali della diffusione di informazioni false e manipolazione dell'opinione pubblica. La verità e l'accuratezza dell'informazione rimarranno questioni etiche centrali.

La censura e la libertà di espressione sono eterni contendenti. La sfida sta nel trovare un equilibrio tra la necessità di prevenire la diffusione di contenuti dannosi e la protezione della libertà di espressione. Nel futuro, questa sarà una battaglia costante, dove il dibattito etico guiderà la definizione dei confini.

Per guardare al futuro dell'etica digitale, dobbiamo affrontare le complessità dell'innovazione tecnologica. Spesso supera le normative etiche esistenti, richiedendo lo sviluppo di nuove linee guida etiche e giuridiche che guidino l'innovazione in modo responsabile.

Nell'ambito della medicina, l'uso di tecnologie digitali apre un mondo di possibilità e sfide etiche. L'accesso ai dati dei pazienti, la sicurezza e la condivisione delle informazioni mediche saranno temi centrali. La promessa di una cura più personalizzata si scontra con la necessità di proteggere la privacy e la sicurezza dei dati sensibili dei pazienti.

Il coinvolgimento pubblico sarà una costante nel futuro dell'etica digitale. Le decisioni etiche devono riflettere i valori e le priorità della società, e coinvolgere il pubblico è essenziale per garantire la legittimità di tali decisioni. La sfida sta nel rendere il coinvolgimento pubblico significativo ed efficace.

Il futuro dell'etica nell'era digitale è un territorio in continua evoluzione. Le sfide etiche e le opportunità rimarranno al centro della discussione mentre affrontiamo l'incertezza e le promesse di un mondo digitale sempre più complesso. L'etica continuerà a essere un faro che ci guida nella navigazione di questa frontiera digitale, assicurando che le tecnologie rispettino i principi umani fondamentali.

NOSTALGIA DEL PASSATO

La rapidità con cui la tecnologia ha trasformato la società è un fenomeno che non può essere sottovalutato. Attraverso l'innovazione tecnologica e la crescita esponenziale delle comunicazioni digitali, il mondo si è trasformato in una realtà frenetica, in cui il cambiamento è costante e inarrestabile. Questa rapida evoluzione ha portato con sé una serie di impatti significativi a livello psicologico e sociologico, costringendo le persone a confrontarsi con nuove realtà e sfide.

Uno dei fenomeni psicologici più evidenti che sorge in risposta a questa accelerazione del cambiamento è la nostalgia. La nostalgia, da sempre connessa all'idea di rimpianto per un passato lontano, si è trasformata in una sorta di rifugio emotivo in un mondo che sembra sempre più instabile e volubile. Questa emozione, pur essendo intrinseca all'esperienza umana, assume un significato particolarmente rilevante nell'attuale contesto sociale, caratterizzato da una rapida successione di innovazioni tecnologiche, cambiamenti culturali e trasformazioni strutturali.

La nostalgia, in quanto reazione alla velocità del cambiamento, si manifesta in varie sfaccettature. In primo luogo, è importante considerare come l'individuo si trovi costantemente esposto a nuovi prodotti tecnologici, a nuove informazioni e a nuove modalità di comunicazione. Questo flusso continuo di novità crea una sorta di frattura con il passato, spingendo le persone a rimpiangere un'epoca in cui la vita era percepita come più semplice e genuina. La nostalgia diventa, quindi, un meccanismo di difesa contro l'ansia e l'incertezza generate da un ambiente in costante mutamento.

A livello psicologico, la nostalgia può essere vista come un tentativo di riconnettersi con il proprio passato, di trovare stabilità in un mondo che sembra sfuggire al controllo. Le persone cercano conforto nelle esperienze, nei ricordi e nelle emozioni legate a un periodo precedente, spesso idealizzandolo e creando una sorta di "mito del passato". Questo mito può essere un rifugio sicuro, un'immagine di un tempo in cui le cose sembravano più chiare e autentiche.

In aggiunta agli impatti psicologici, la nostalgia ha anche profonde implicazioni sociologiche. La velocità del cambiamento ha portato a una frammentazione della società e delle identità culturali. Le tradizioni e i valori condivisi sono messi costantemente in discussione, e ciò ha portato a una crescente sensazione di perdita di radici e appartenenza. In risposta a questo, la nostalgia diventa un potente collante sociale, un modo per riaffermare un senso di identità condivisa. Le persone si ritrovano a condividere ricordi e storie del passato con gli altri, creando così legami più forti all'interno delle comunità e delle reti sociali.

La nostalgia può anche svolgere un ruolo importante nella formazione di sottoculture e movimenti sociali che cercano di rivivere e preservare tradizioni e stili di vita del passato. L'ossessione per l'era vittoriana, ad esempio, ha portato alla nascita del movimento steampunk, che combina elementi storici con tecnologia moderna. Questi gruppi offrono uno spazio in cui le persone possono immergersi in un mondo nostalgico e costruire comunità basate su interessi condivisi.

La nostalgia può influenzare le decisioni e le scelte delle persone. Le aziende sanno bene quanto il richiamo del passato possa essere potente, e spesso utilizzano immagini o riferimenti nostalgici per commercializzare i loro prodotti. Il revival di vecchi oggetti, come i dischi in vinile o i giocattoli vintage, è un chiaro esempio di come la nostalgia possa spingere le persone a cercare esperienze e prodotti che evocano un'epoca precedente.

La tecnologia digitale stessa è stata in grado di capitalizzare la nostalgia. Le piattaforme sociali come Instagram e TikTok spesso promuovono l'idea di condividere ricordi e momenti del passato. La condivisione di foto, video e storie personali attraverso queste piattaforme offre alle persone un modo per ricollegarsi al loro passato e per condividere quei momenti nostalgici con il mondo.

La nostalgia non è sempre una forza positiva. Troppo attaccamento al passato può ostacolare il cambiamento e il progresso. Le persone potrebbero rifiutarsi di adattarsi alle nuove tecnologie o alle nuove realtà sociali, cercando invece di riprodurre fedelmente il passato. Questo atteggiamento può limitare la crescita e l'innovazione e creare divisioni tra generazioni che vedono il mondo in modi diversi.

La nostalgia può anche diventare un luogo comune, portando alla banalizzazione del concetto. Inondati da una costante marea di riferimenti nostalgici nella cultura pop e nella pubblicità, le persone potrebbero perdere di vista l'importanza vera e propria della nostalgia come risposta genuina e personale al cambiamento.

La rapidità con cui la tecnologia ha trasformato la società ha portato la nostalgia a svolgere un ruolo sempre più significativo nella vita delle persone. Questa emozione offre un rifugio emotivo, un legame con il passato e un collante sociale in un mondo caratterizzato da cambiamenti continui. Come sempre, è importante trovare un equilibrio tra la nostalgia per il passato e la necessità di adattarsi al progresso tecnologico, altrimenti si rischia di rimanere intrappolati in un loop di rimpianti senza consentire alla società di evolversi. La nostalgia, quando vissuta in modo equilibrato, può arricchire le nostre vite, offrendoci un legame con il nostro passato e contribuendo a definire chi siamo nel presente. È un'emozione complessa, ma se gestita saggiamente, può offrire una profonda connessione tra il nostro passato, il nostro presente e il nostro futuro, nel mondo sempre in cambiamento in cui viviamo.

Il fascino del retro

Il fascino del retro, o del vintage, è un fenomeno culturale che ha guadagnato notevole risonanza negli ultimi decenni. Si tratta di una reazione alla velocità con cui la società moderna si evolve, una risposta tangibile all'incessante avanzamento tecnologico e alle trasformazioni culturali che caratterizzano la nostra epoca. Questa attrazione per il passato, per le epoche precedenti, si manifesta in diversi aspetti della vita quotidiana, dall'abbigliamento alla musica, dall'arredamento agli oggetti di uso comune. Ma cosa sta dietro a questo affascinante ritorno alle radici, e quali impatti psicologici e sociologici sottendono a questa tendenza?

Il revival del retro riflette innanzitutto una crescente sensazione di disorientamento che molte persone sperimentano di fronte all'incessante avanzamento tecnologico e ai rapidi cambiamenti nella cultura di consumo. In un mondo in cui le nuove tecnologie diventano obsolete in un batter d'occhio e le tendenze culturali si evolvono in modo vertiginoso, il desiderio di tornare a un'epoca precedente può offrire un senso di stabilità e continuità. Questo desiderio di tornare al passato, di riavvolgere il nastro della vita a quando le cose erano percepite come più semplici, può essere interpretato come una reazione psicologica alla complessità e all'incertezza del presente.

Sul piano psicologico, il fascino del retro può essere visto come un tentativo di trovare conforto in una visione idealizzata del passato. La nostalgia per le epoche precedenti crea un'immagine di un'epoca in cui le cose sembravano più autentiche, più genuine. Questa idealizzazione del passato può essere una fonte di conforto emotivo in un mondo che spesso sembra dominato da superficialità e da una ricerca costante di gratificazioni istantanee. I vinili, ad esempio, non rappresentano solo una forma di ascolto musicale, ma simboleggiano anche l'esperienza tangibile e autentica della musica, lontana dall'effimero streaming digitale.

Sul fronte sociologico, il revival del retro è un fenomeno che ha creato nuove comunità e sub culture. Gruppi di appassionati si sono formati intorno all'amore per le epoche passate, riunendosi per scambiare idee, collezionare oggetti vintage e organizzare eventi che celebrano il passato. Queste comunità offrono un senso di appartenenza e di identità condivisa, spesso in contrapposizione al main stream culturale dominante. Ad esempio, i cultori della moda vintage possono trovare un'intera comunità di simpatizzanti con cui condividere la loro passione, creando uno spazio in cui il passato è onorato e celebrato.

Il revival del retro ha un impatto significativo sull'industria e sull'economia. Le aziende, consapevoli del potere del fascino del retro, hanno iniziato a sfruttare questa tendenza per commercializzare i propri prodotti. Oggetti, abbigliamento e persino interi marchi sono stati riproposti con uno stile vintage per attingere a questo sentimento nostalgico. Questa strategia è stata particolarmente evidente nel settore della moda, dove marchi di alta moda e catene di abbigliamento veloci hanno lanciato collezioni che evocano stili di moda di epoche precedenti.

Ma c'è un aspetto critico da considerare quando si parla del fascino del retro: il rischio di idealizzazione e di distorsione della realtà. La tendenza a idealizzare il passato può portare a una visione distorta di ciò che era veramente. Le epoche precedenti avevano le loro sfide e i loro problemi, e spesso il ritorno al passato si concentra solo sugli aspetti positivi, ignorando le ombre che hanno accompagnato quelle epoche. Questo può portare a un'immagine romantica e irrealistica del passato, che a sua volta può ostacolare la comprensione accurata del presente.

Il revival del retro può innescare dinamiche complesse di gentrificazione e di appropriazione culturale. Ad esempio, la gentrificazione di quartieri urbani può comportare l'espulsione delle comunità storiche a vantaggio di nuovi residenti attratti dal fascino retrò dell'area. Allo stesso modo, l'adozione di elementi culturali da epoche precedenti può essere vista come un'azione di appropriazione culturale, privando spesso le comunità di origine della loro identità culturale.

Il fascino del retro è una reazione complessa alla velocità del cambiamento nella società moderna. Si basa su una nostalgia per un passato idealizzato e offre conforto emotivo in un mondo caratterizzato da complessità e incertezza. Allo stesso tempo, crea comunità e sottoculture che celebrano il passato e offrono un senso di appartenenza. E' importante affrontare questa tendenza con un occhio critico, evitando l'idealizzazione e considerando le implicazioni sociologiche più ampie. Il revival del retro è una parte integrante della cultura contemporanea, ma deve essere esplorato e compreso in modo approfondito per riconoscere le sue sfumature e i suoi impatti complessi.

La ricerca di autenticità

La ricerca di autenticità è un aspetto cruciale del fenomeno del revival del retro. In un mondo sempre più immerso nella tecnologia e nell'immaginario digitale, molte persone avvertono un senso di distacco dalla realtà, una sensazione di perdita di autenticità nelle esperienze quotidiane. La tecnologia digitale, pur offrendo innumerevoli opportunità e vantaggi, può talvolta creare un vuoto emotivo, portando le persone a cercare un ritorno a un passato in cui le esperienze erano percepite come più sincere e viscerali.

A livello psicologico, la ricerca di autenticità è spesso una risposta alla natura filtrata e curata delle interazioni e delle esperienze digitali. I social media, ad esempio, consentono alle persone di creare e condividere un'immagine di sé che può essere molto diversa dalla realtà. Questa rappresentazione idealizzata di sé stessi può creare un senso di alienazione e inautenticità, portando le persone a cercare esperienze che ritengono più vere e sincere. In questo contesto, il revival del retro offre un'opportunità di connettersi con il passato, quando le relazioni interpersonali erano basate su interazioni faccia a faccia, e le esperienze erano meno filtrate e curate.

L'attrazione per l'autenticità si estende anche alle esperienze culturali e artistiche. Molte persone si rivolgono al passato alla ricerca di opere d'arte, musica, letteratura e cinema che percepiscono come più autentiche rispetto alla produzione contemporanea. Ad esempio, la popolarità dei concerti dal vivo e dei festival musicali è in parte dovuta al desiderio di sperimentare la musica in modo autentico, senza l'intermediazione della registrazione digitale. Queste esperienze offrono un senso di connessione più profonda con gli artisti e la musica stessa, creando un'esperienza autentica che può essere difficile da replicare attraverso i mezzi digitali.

Sul piano sociologico, la ricerca di autenticità ha un impatto significativo sul modo in cui le persone si relazionano tra loro e con la cultura circostante. La tecnologia digitale ha creato nuove forme di comunicazione e interazione sociale, ma spesso queste interazioni sono mediati da schermi e dispositivi digitali. Questo può portare a un senso di distacco e solitudine, spingendo le persone a cercare connessioni più autentiche e significative.

La ricerca di autenticità può anche influenzare il modo in cui le persone si rapportano alla natura e all'ambiente circostante. La crescente consapevolezza delle questioni ambientali ha portato molte persone a cercare una connessione più autentica con la natura. Questo desiderio si manifesta attraverso attività come l'escursionismo, il campeggio e la coltivazione di cibo biologico. Queste esperienze offrono un senso di ritorno alle radici, una connessione più profonda con la terra e una percezione di autenticità che può essere difficilmente raggiunta nella vita urbana moderna.

La ricerca di autenticità ha un impatto sull'industria alimentare. Sempre più persone cercano cibi freschi, locali e non trasformati, spinte dalla volontà di consumare in modo più autentico e sostenibile. Questa tendenza ha portato alla crescita dei mercati contadini e all'interesse per la coltivazione domestica di ortaggi, che offrono un legame più diretto con la produzione alimentare.

C'è un aspetto importante da considerare quando si tratta di ricerca di autenticità: il rischio di idealizzazione e la possibilità di cadere in stereotipi e semplificazioni. L'idealizzazione del passato può portare le persone a credere che le epoche precedenti fossero sempre più autentiche, ignorando i problemi e le complessità che caratterizzavano quei periodi. la ricerca di autenticità può portare a una sorta di ossessione per l' "essenziale", che può essere limitante e escludente.

C'è un lato oscuro nell'approccio alla ricerca di autenticità. Il desiderio di autenticità può spesso sfociare nell'appropriazione culturale, con persone che cercano di adottare elementi culturali di gruppi o comunità senza una comprensione profonda o un rispetto genuino per la cultura di origine. Questo può portare a stereotipi dannosi e a una mancanza di rispetto per le culture e le tradizioni altrui.

La ricerca di autenticità è una risposta alla crescente digitalizzazione e artificialità della vita moderna. A livello psicologico, offre un modo per connettersi con esperienze e relazioni più sincere e significative. A livello sociologico, ha un impatto sulle relazioni interpersonali, sulla cultura e sull'ambiente. E' importante affrontare questa tendenza con un atteggiamento critico, evitando l'idealizzazione e considerando le implicazioni sociologiche più ampie. La ricerca di autenticità può arricchire la vita delle persone, ma deve essere esplorata in modo equilibrato e rispettoso delle complessità del passato e del presente. In un mondo sempre più complesso e interconnesso, la ricerca di autenticità è una ricerca in continua evoluzione, una ricerca che ci spinge a riconnetterci con le nostre radici e a trovare significato in un mondo in rapida evoluzione.

Nostalgia dei rapporti umani

La nostalgia non è solo una riflessione solitaria sul passato, ma spesso diventa un'esperienza condivisa che gioca un ruolo fondamentale nelle relazioni interpersonali. Questa emozione complessa può avere un impatto profondo e positivo sul modo in cui le persone si connettono tra loro, condividono esperienze e costruiscono legami sociali. Esplorare il rapporto tra nostalgia e relazioni interpersonali ci consente di comprendere meglio come questa emozione contribuisca a definire chi siamo e come ci rapportiamo con gli altri in un mondo in costante mutamento.

A livello psicologico, la nostalgia può diventare un terreno fertile per la condivisione di ricordi e storie personali. Quando le persone condividono le loro esperienze e memorie nostalgiche, creano un'opportunità per una connessione più profonda. Questa condivisione può avvenire in vari contesti, dall'intimità delle conversazioni tra amici o familiari alle dinamiche più ampie dei social media. La nostalgia diventa un ponte tra il passato e il presente, un modo per far emergere e dare vita ai ricordi condivisi.

La condivisione di ricordi nostalgici può avere un impatto positivo sulle relazioni, in quanto crea un senso di connessione e comprensione reciproca. Quando le persone si raccontano storie del passato, si aprono a una maggiore empatia e vicinanza. L'ascolto e la condivisione di esperienze passate possono rafforzare i legami tra amici, familiari e partner romantici. Queste conversazioni possono anche creare un senso di appartenenza a un gruppo o a una comunità, in quanto le persone si riconoscono l'una nell'altra attraverso esperienze comuni.

La nostalgia può essere uno strumento potente per superare momenti difficili nelle relazioni. Quando le coppie o gli amici si confrontano con conflitti o sfide, la condivisione di ricordi felici può fungere da balsamo emotivo. I ricordi positivi del passato possono aiutare a lenire le tensioni presenti, offrendo un punto di riferimento per ristabilire l'armonia e la comprensione reciproca.

Sul piano sociologico, la nostalgia può avere un impatto sulle dinamiche delle comunità e delle sottoculture. La condivisione di ricordi e storie nostalgiche può unire le persone intorno a valori e tradizioni condivisi. Ad esempio, le comunità culturali spesso si riuniscono per celebrare feste tradizionali e condividere racconti del passato. Questi eventi contribuiscono a preservare le tradizioni culturali e rafforzano i legami tra i membri della comunità.

La nostalgia può essere un motore per l'attivismo e il cambiamento sociale. Quando le persone si sentono legate da un senso di nostalgia per un'epoca passata in cui i valori erano diversi o in cui esistevano ingiustizie, possono essere motivate a lavorare per creare un mondo migliore. Questa nostalgia per un'idea di giustizia o equità può spingere le persone a unirsi a movimenti sociali e a cercare il cambiamento.

La nostalgia può anche presentare problemi nelle relazioni interpersonali. L'eccessiva idealizzazione del passato può portare a confronti e insoddisfazione nei confronti del presente. Ad esempio, se una persona idealizza una relazione passata, potrebbe avere difficoltà a costruire una nuova relazione soddisfacente. la nostalgia per un passato condiviso può creare pressioni per cercare di ricreare o ripristinare situazioni che potrebbero non essere più possibili o appropriate nel presente.

La nostalgia svolge un ruolo significativo nella definizione delle relazioni interpersonali. A livello psicologico, offre un modo per condividere ricordi e storie personali, creando connessioni più profonde e un senso di comprensione reciproca. A livello sociologico, la nostalgia può unire le persone intorno a tradizioni condivise e valori, contribuendo a preservare le culture e a promuovere il cambiamento sociale. Il sentimento della nostalgia può arricchire la vita delle persone, ma deve essere gestita in modo equilibrato per favorire relazioni sane e soddisfacenti. In un mondo in cui le connessioni umane sono più importanti che mia, la nostalgia offre un ponte tra il passato e il presente, un filo che collega le persone attraverso esperienze e ricordi condivisi.

L'innovazione alimenta la nostalgia

Nell'era digitale in cui viviamo, la tecnologia svolge un ruolo centrale nella nostra vita quotidiana. È un aspetto pervasivo che influenza ogni aspetto della società moderna, eppure, in un'ironia affascinante, la tecnologia stessa è diventata un catalizzatore per la nostalgia. Questo paradosso è intrigante poiché mentre la tecnologia avanza costantemente verso il futuro, ha anche il potere di accendere il sentimento nostalgico che ci spinge a guardare al passato con affetto e rimpianto. Esploriamo in che modo la tecnologia agisce come catalizzatore della nostalgia e come questo fenomeno ha impatti psicologici e sociologici significativi.

A livello psicologico, la tecnologia digitale agisce come una finestra su un mondo ricco di ricordi passati. Le piattaforme di social media come Instagram e Facebook consentono alle persone di condividere immagini, video e storie personali, creando così una sorta di diario digitale della propria vita. Questo archivio virtuale di momenti passati può diventare una fonte inesauribile di ricordi che sono facilmente accessibili. Ciò che rende la tecnologia un catalizzatore della nostalgia è la sua abilità di curare i contenuti in modo da far emergere emozioni positive legate a ricordi ed esperienze del passato.

Le piattaforme di condivisione di foto, ad esempio, spingono gli utenti a pubblicare immagini che mostrino momenti felici, luoghi pittoreschi e interazioni sociali appaganti. Questo processo di selezione e condivisione crea un'immagine distorta della realtà, mettendo in risalto i momenti più belli e gratificanti della vita di una persona e nascondendo i momenti più difficili o scomodi. Questa curazione intenzionale contribuisce a creare un ideale nostalgico, in cui il passato appare come un periodo di continua gioia e soddisfazione.

Da un punto di vista sociologico, la tecnologia digitale ha un impatto profondo sulla cultura della nostalgia. Le piattaforme sociali favoriscono la condivisione e la visualizzazione di ricordi passati non solo a livello individuale, ma anche all'interno di comunità virtuali. Gruppi online e forum dedicati a specifici periodi storici, tendenze culturali o oggetti vintage sono diventati luoghi in cui le persone possono condividere la loro nostalgia e connettersi con altri che condividono interessi simili.

La tecnologia ha reso possibile il recupero e la conservazione di media vintage. La digitalizzazione di vecchi film, registrazioni musicali e fotografie ha permesso alle nuove generazioni di esplorare e apprezzare il passato in modi precedenti inimmaginabili. Le piattaforme di streaming musicale offrono un vasto catalogo di brani d'epoca, consentendo alle persone di immergersi nella musica di generazioni passate e creando una connessione emotiva con il passato.

La tecnologia, mentre ci offre una finestra sul passato, crea anche una sorta di "cultura della superficie". Le persone possono scorrere le immagini e i post dei social media in modo superficiale, senza veramente immergersi nei ricordi o approfondire la comprensione del passato. Questo può portare a una comprensione limitata del passato e alla perdita della profondità e del significato dei ricordi.

La tecnologia digitale può anche creare una sorta di dipendenza dalla nostalgia. Le notifiche e i feed infiniti dei social media possono incentivare le persone a trascorrere più tempo a guardare indietro e condividere ricordi piuttosto che vivere pienamente il presente. Questa dipendenza dalla nostalgia può impedire alle persone di impegnarsi appieno nella loro vita attuale, portando a una costante insoddisfazione e al desiderio di tornare indietro nel tempo.

La tecnologia può anche amplificare l'aspetto negativo della nostalgia, poiché spesso incoraggia la comparazione tra il passato e il presente. Le persone possono confrontare la loro vita attuale con i momenti di felicità e successo del passato, creando un senso di insoddisfazione e rimpianto. Questa costante esposizione a ricordi positivi può far sentire le persone inadeguate o incoerenti con la loro esperienza attuale. La tecnologia digitale agisce come un catalizzatore della nostalgia, offrendoci un accesso senza precedenti ai ricordi passati e creando un ambiente in cui la nostalgia può prosperare. A livello psicologico, la tecnologia cura i contenuti per far emergere emozioni positive e crea un ideale nostalgico. A livello sociologico, la tecnologia favorisce la condivisione di ricordi e la connessione tra comunità virtuali. La tecnologia può arricchire la nostra comprensione del passato, ma è fondamentale trovare un equilibrio tra il nostro legame con le memorie e la nostra capacità di vivere nel presente. In un mondo in cui il tempo scorre sempre più veloce, la nostalgia offre un modo per ancorarsi nel passato, ma è importante non perdere di vista il valore del presente.

Cercare conforto online

La nostalgia, oltre a essere un legame affettivo con il passato e una connessione con i ricordi, svolge un ruolo significativo come fonte di conforto emotivo. In un mondo in costante evoluzione, caratterizzato da sfide, stress e incertezze, la nostalgia offre un rifugio emotivo, un'ancora di stabilità e serenità che può essere particolarmente preziosa. Esplorando il ruolo della nostalgia come fonte di conforto emotivo, possiamo capire meglio come questa emozione contribuisca al benessere psicologico e sociale delle persone.

A livello psicologico, la nostalgia può svolgere un ruolo terapeutico nel gestire lo stress e le sfide della vita moderna. Quando le persone si sentono sopraffatte da problemi o ansie, possono rivolgersi ai ricordi del passato per ottenere conforto e rassicurazione. La nostalgia offre un rifugio emotivo in cui è possibile immergersi in ricordi felici e spensierati. Questi ricordi possono funzionare come un antidoto alla tensione e come un modo per lenire le preoccupazioni del presente.

La nostalgia è spesso legata alla memoria autobiografica, che riguarda l'archivio dei ricordi personali di un individuo. La memoria autobiografica ha il potere di influenzare l'autostima e la percezione del sé. Rivivere momenti felici del passato può contribuire a rafforzare una sana autostima, poiché le persone possono ricordare i loro successi e le loro realizzazioni. Questo può portare a un senso di realizzazione personale e a una maggiore fiducia nelle proprie capacità, creando un ciclo di positività.

La nostalgia può svolgere un ruolo nel trattamento di condizioni di salute mentale, come la depressione. La riflessione sui momenti felici del passato può offrire una via di fuga temporanea dalle sensazioni di tristezza e disperazione. Sebbene la nostalgia non possa sostituire un trattamento professionale per la depressione, può essere un mezzo complementare per affrontare le emozioni negative.

Dal punto di vista sociologico, la nostalgia può avere un impatto positivo sulle relazioni interpersonali e sulla coesione sociale. Le persone spesso condividono ricordi e storie nostalgiche con gli altri, creando così un'opportunità per connettersi emotivamente. Questa condivisione di esperienze passate può rinforzare i legami tra amici, familiari e comunità, poiché le persone si riconoscono l'una nell'altra attraverso esperienze condivise. La nostalgia diventa un collante sociale, un modo per unire le persone attraverso un legame comune con il passato.

La nostalgia può anche svolgere un ruolo nel consolidamento delle relazioni romantiche. Le coppie spesso condividono ricordi e tradizioni nostalgiche, creando così un legame emotivo più profondo. Questi rituali nostalgici possono contribuire a rafforzare l'intimità e a costruire una storia condivisa che unisce le persone in modo unico.

E' importante notare che la nostalgia non è una panacea e

può anche avere effetti negativi se gestita in modo sbagliato. L'eccessiva immersione nel passato può portare a un distacco dal presente e all'incapacità di affrontare le sfide attuali. l'idealizzazione eccessiva del passato può portare a confronti negativi con il presente, creando insoddisfazione e senso di perdita.

La nostalgia può presentare sfide nelle relazioni, specialmente se una persona è eccessivamente legata ai ricordi del passato. Questo può portare a incomprensioni e tensioni, specialmente se un partner si sente trascurato o in competizione con le memorie nostalgiche. La gestione equilibrata della nostalgia è fondamentale per garantire che non diventi un ostacolo alle relazioni.

La nostalgia è una fonte preziosa di conforto emotivo in un mondo complesso e in continua evoluzione. A livello psicologico, offre un rifugio emotivo per affrontare lo stress e le sfide della vita, contribuendo a una sana autostima e al benessere mentale. A livello sociologico, la nostalgia può rafforzare i legami interpersonali e promuovere la coesione sociale attraverso la condivisione di ricordi e storie condivise. La nostalgia offre un collegamento prezioso tra il passato e il presente, e può contribuire al benessere emotivo e alle relazioni interpersonali quando viene vissuta in modo sano e consapevole. In un mondo in cui lo stress e le pressioni sono onnipresenti, la nostalgia offre un rifugio emotivo e un compagno fidato nella navigazione delle acque della vita.

Equilibrio tra passato e futuro

Nel dialogo tra nostalgia e progresso, l'equilibrio è

fondamentale. Mentre la nostalgia ci offre un'ancora di stabilità emotiva e ci connette con il passato, il progresso ci spinge verso l'innovazione e il futuro. Questo equilibrio tra il desiderio di abbracciare il passato e la necessità di adattarsi al cambiamento tecnologico è una sfida significativa che molti individui e la società nel suo complesso devono affrontare. Esploriamo in che modo la ricerca di equilibrio tra nostalgia e progresso influenzi la nostra psicologia e la dinamica sociale.

A livello psicologico, la ricerca di equilibrio tra nostalgia e progresso comporta la capacità di gestire il conflitto tra il desiderio di riconnettersi con i ricordi del passato e la necessità di affrontare le sfide e le opportunità del presente. Questo equilibrio richiede una consapevolezza dell'importanza di entrambi gli elementi nella nostra vita. La nostalgia ci fornisce una bussola emotiva, un riferimento per i momenti di incertezza e una fonte di conforto emotivo. Allo stesso tempo, il progresso rappresenta la spinta per l'innovazione, l'apprendimento e la crescita personale.

La gestione efficace di questa tensione tra nostalgia e progresso può contribuire al benessere psicologico. Essa consente alle persone di trarre forza dai ricordi del passato senza rimanere intrappolate in essi. Questo equilibrio può favorire la resilienza emotiva, poiché le persone sono in grado di affrontare le sfide del presente con una base emotiva stabile fornita dalla nostalgia.

La ricerca di equilibrio tra nostalgia e progresso può anche contribuire alla crescita personale. L'incorporazione delle lezioni apprese dal passato nel processo decisionale presente può portare a scelte più consapevoli e orientate al futuro. Questo approccio bilanciato favorisce la maturità emotiva e l'autenticità.

Dal punto di vista sociologico, l'equilibrio tra nostalgia e progresso è cruciale per la società in quanto determina come una cultura o una comunità gestisce il cambiamento. Mentre la nostalgia per il passato può essere un potente legame sociale, il progresso rappresenta la spinta verso l'innovazione e il futuro.

La ricerca di equilibrio tra questi due poli può plasmare le dinamiche sociali e la cultura di un'epoca.

Un esempio concreto di come questo equilibrio si manifesta nella società è il dibattito sulla conservazione del patrimonio storico e l'adozione delle nuove tecnologie. La conservazione del patrimonio storico, come edifici antichi o tradizioni culturali, può essere alimentata dalla nostalgia per il passato. Questa preservazione è importante poiché ci collega alle nostre radici e ci permette di comprendere meglio la nostra storia. Il progresso tecnologico spinge anche verso l'innovazione e l'adozione di nuove tecnologie per migliorare la qualità della vita e affrontare sfide contemporanee. Trovare un equilibrio tra la conservazione del patrimonio storico e l'adozione delle nuove tecnologie è una sfida costante.

Un altro aspetto da considerare è come l'equilibrio tra nostalgia e progresso influenzi il settore dell'istruzione. La nostalgia per i metodi tradizionali di insegnamento e apprendimento può portare all'adozione di tecniche didattiche obsolete. D'altro canto, l'adesione cieca al progresso tecnologico nell'istruzione può portare a un'educazione sterilizzata e distante, priva di cuore e di connessione emotiva. Trovare l'equilibrio tra il meglio del passato e l'innovazione del presente è fondamentale per creare un sistema educativo efficace e significativo.

Trovare un equilibrio tra nostalgia e progresso non è sempre una sfida semplice. Le forze che spingono in direzioni opposte possono portare a conflitti culturali e sociali. L'adozione acritica di nuove tecnologie può portare alla perdita di tradizioni e valori culturali importanti, mentre una riflessione eccessiva sul passato può ostacolare il progresso e l'adattamento alle esigenze del mondo moderno.

Il concetto di equilibrio tra nostalgia e progresso è altamente soggettivo e varia da individuo a individuo e da cultura a cultura. Quello che per una persona rappresenta un equilibrio può sembrare un eccesso per un'altra. La sfida sta nel riconoscere e rispettare le diverse prospettive e necessità, consentendo a ciascuno di trovare il proprio punto di equilibrio.

L'equilibrio tra nostalgia e progresso è una sfida significativa che influisce sulla nostra psicologia individuale e sulle dinamiche sociali. A livello psicologico, questo equilibrio ci permette di trarre forza dal passato senza restare intrappolati in esso, contribuendo al benessere emotivo e alla crescita personale. A livello sociologico, determina come una cultura o una comunità gestisce il cambiamento e il passato, modellando la sua identità e il suo futuro. E'importante riconoscere che questo equilibrio è soggettivo e varia da persona a persona e da cultura a cultura. La ricerca di equilibrio tra nostalgia e progresso è una sfida in continua evoluzione, ma può contribuire a una vita più equilibrata e significativa. In un mondo in costante mutamento, trovare un punto di ancoraggio tra il passato e il futuro è un'abilità preziosa.

Arte, cultura Pop e nostalgia

L'arte e la cultura pop hanno sempre avuto un ruolo significativo nella promozione della nostalgia. Sia attraverso film, serie TV, opere musicali o altre espressioni artistiche, queste forme di espressione spesso attingono a sentimenti nostalgici per catturare l'immaginazione del pubblico. Esploriamo come l'arte e la cultura pop influenzano e amplificano la nostalgia, con un'attenzione particolare agli impatti psicologici e sociologici di questo fenomeno.

A livello psicologico, l'arte e la cultura pop svolgono un ruolo importante nel permettere alle persone di connettersi emotivamente con il passato. I film e le serie TV spesso utilizzano scenografie e costumi accurati per immergere lo spettatore in un'ambientazione storica o in una specifica epoca. Questo livello di dettaglio crea un'esperienza coinvolgente che permette al pubblico di immergersi nei momenti del passato e di sviluppare una connessione emotiva con i personaggi e le storie.

La musica, in particolare, ha il potere di evocare emozioni e ricordi legati al passato. Le canzoni che hanno segnato un'epoca o che sono state colonna sonora di momenti significativi della vita di una persona possono scatenare una potente risposta emotiva. L'ascolto di una canzone associata a un momento felice del passato può portare a una sensazione di nostalgia e di collegamento con quei ricordi.

L'arte e la cultura pop offrono una finestra su mondi passati e stili di vita. Le opere d'arte che ritraggono scene di vita quotidiana in un'epoca specifica, come i quadri impressionisti che raffigurano la Parigi del XIX secolo, possono far rivivere quel periodo nella mente dello spettatore. Queste rappresentazioni visive consentono alle persone di immergersi nel passato e di sperimentare una sorta di viaggio nel tempo.

Dal punto di vista sociologico, l'arte e la cultura pop sono potenti strumenti per la creazione di una cultura della nostalgia condivisa. I film, le serie TV e la musica spesso attingono a elementi culturali, stili di vita e tendenze delle epoche passate, creando così un terreno comune su cui le persone possono connettersi. Ad esempio, una serie TV che evoca la moda e la musica degli anni '80 può raccogliere un pubblico di fan che condivide un'affinità per quella specifica epoca.

L'arte e la cultura pop spesso sfruttano la nostalgia per ricreare o reinterpretare i momenti del passato in un contesto contemporaneo. I remake di serie TV o i revival di band musicali degli anni passati sono esempi di come l'arte popolare riporti in vita elementi del passato per un pubblico moderno. Questi progetti possono suscitare l'entusiasmo di chi ha vissuto l'epoca originale e allo stesso tempo introdurre nuove generazioni a quel patrimonio culturale.

L'idealizzazione del passato attraverso l'arte e la cultura pop può portare a una visione distorta e semplificata delle epoche passate. Ad esempio, una serie TV che ritrae gli anni '50 potrebbe concentrarsi sull'abbigliamento elegante e sulle dinamiche familiari stereotipate, ignorando le tensioni sociali e le disuguaglianze dell'epoca. Questa idealizzazione può portare a una percezione distorta del passato, in cui le sfumature e le complessità vengono spesso trascurate. L'uso della nostalgia nell'arte e nella cultura pop può portare a un'overdose di retro. L'iper-produzione di remake, revival e opere che attingono al passato può ridurre l'originalità e l'innovazione nell'ambito culturale. Questo eccesso di nostalgia può portare a una sorta di stagnazione artistica in cui le idee nuove faticano a emergere. L'arte e la cultura pop svolgono un ruolo significativo nella promozione della nostalgia, consentendo alle persone di connettersi emotivamente con il passato attraverso film, musica, serie TV e altre forme di espressione artistica. Queste opere offrono un'immersione emotiva nel passato, consentendo alle persone di riconnettersi con i ricordi e le emozioni legate a periodi storici specifici. A livello sociologico, l'arte e la cultura pop creano una cultura della nostalgia condivisa, in cui le persone possono connettersi attraverso l'affinità per epoche passate e elementi culturali. L'arte e la cultura pop possono arricchire la nostra comprensione del passato e arricchire la nostra esperienza culturale, ma è fondamentale trovare un equilibrio tra il richiamo del passato e l'innovazione del presente. In un mondo in cui le espressioni artistiche influenzano profondamente la cultura e la società, la nostalgia rimane un tema rilevante che merita riflessione e discussione continua.

Turismo nostalgico

L'industria del turismo è un terreno fertile per l'espressione della nostalgia. Offrendo viaggi e esperienze che richiamano periodi passati e luoghi storici, questa industria capitalizza sulla nostalgia in modi che attingono alle emozioni umane più profonde. Attraverso una lente psicologica e sociologica, esaminiamo come la nostalgia sia utilizzata nell'industria del turismo, compresi i suoi impatti sulle persone e sulla società.

Dal punto di vista psicologico, il turismo nostalgico può avere un profondo impatto sulle emozioni e sui ricordi delle persone. Viaggiare in luoghi storici o in destinazioni che evocano periodi passati consente alle persone di rivivere momenti di nostalgia e di connettersi con il patrimonio culturale. Visitare un castello medievale in Europa o esplorare un villaggio tradizionale in Giappone può far emergere ricordi di letture d'infanzia o di antiche tradizioni familiari.

Questi viaggi nostalgici spesso offrono un senso di connessione emotiva con il passato, un'opportunità di camminare sulle orme di coloro che sono venuti prima di noi. Questa immersione nelle culture e nelle tradizioni storiche può portare a una comprensione più profonda del passato e a una maggiore consapevolezza della storia.

Il turismo nostalgico può anche essere un'occasione per le persone di riconnettersi con i loro ricordi personali. Visite a luoghi in cui hanno trascorso le vacanze in famiglia o a destinazioni che evocano l'infanzia possono scatenare ricordi felici e un senso di appartenenza al passato. Queste esperienze possono essere particolarmente significative per le persone che desiderano riscoprire i luoghi dei loro ricordi.

A livello sociologico, l'industria del turismo nostalgico può plasmare le dinamiche sociali in diverse maniere. In primo luogo, l'attrazione per le destinazioni nostalgiche può creare un senso di comunità tra i viaggiatori. Le persone condividono interessi simili per determinati periodi storici o culture, creando una rete di connessioni sociali. I gruppi di viaggi organizzati o i forum online dedicati al turismo nostalgico sono esempi di come le persone possano connettersi e condividere esperienze.

Il turismo nostalgico può anche influenzare il modo in cui le culture e le destinazioni promuovono se stesse. Molte città e regioni cercano di capitalizzare sulla loro storia e sul loro patrimonio culturale per attirare visitatori. Questa promozione può contribuire al ripristino delle aree in declino e alla preservazione del patrimonio culturale.

Un esempio notevole è il turismo legato alla seconda guerra mondiale. Molti siti storici legati a questo periodo, come i campi di battaglia o i musei della guerra, attirano visitatori da tutto il mondo. Questi siti contribuiscono non solo a preservare la memoria di quegli eventi, ma anche a educare le generazioni future sulla storia. E' fondamentale trattare questi siti storici con rispetto e sensibilità, evitando di sfruttare in modo insensibile la tragedia o la sofferenza umana.

Nell'ambito del turismo nostalgico, il concetto di "turismo dark" è stato oggetto di dibattito. Si riferisce a visite a luoghi legati a eventi tragici, come campi di concentramento, siti di disastri o luoghi di omicidi famosi. Queste esperienze possono essere complesse dal punto di vista etico, poiché sollevano domande sulla commercializzazione della sofferenza umana. Quando gestite con rispetto e sensibilità, queste visite possono servire come opportunità educative importanti per comprendere la storia e riflettere sulle conseguenze degli eventi passati.

Mentre il turismo nostalgico offre molteplici opportunità di connessione con il passato, è importante considerare anche i rischi associati. La commercializzazione e l'eccessiva turisticizzazione delle destinazioni nostalgiche possono portare alla perdita dell'autenticità e alla distruzione delle esperienze culturali. il turismo nostalgico può spingere le destinazioni a concentrarsi esclusivamente su periodi storici specifici a scapito della diversità culturale e delle realtà contemporanee.

C'è il rischio che il turismo nostalgico possa promuovere una visione idealizzata del passato, evitando di affrontare aspetti negativi o complessi della storia. È fondamentale che il turismo nostalgico sia accompagnato da una narrativa equilibrata che rifletta la complessità delle epoche passate e delle culture.

L'industria del turismo sfrutta efficacemente la nostalgia per offrire esperienze che connettono le persone con il passato, stimolano ricordi e permettono loro di camminare sulle orme di coloro che sono venuti prima. A livello psicologico, queste esperienze possono essere profondamente emotive e significative per le persone, offrendo una connessione con il patrimonio culturale e con i ricordi personali. A livello sociologico, il turismo nostalgico può promuovere una cultura della nostalgia condivisa e plasmare le dinamiche sociali in diverse maniere. E' importante affrontare queste esperienze con sensibilità ed etica, evitando di sfruttare in modo insensibile la sofferenza umana e mantenendo un equilibrio tra autenticità e commercializzazione. Nel complesso, il turismo nostalgico è una forza rilevante nell'industria del turismo che merita una riflessione critica continua. In un mondo in cui il turismo è una parte importante della cultura e dell'economia globali, la nostalgia continua a plasmare le esperienze dei viaggiatori e a influenzare il modo in cui le destinazioni promuovono se stesse.

Futuro e passato

La nostalgia è un elemento centrale dell'esperienza umana, ma come influenzerà il nostro futuro nell'era digitale in costante evoluzione? A misura che la tecnologia continua a ridefinire la nostra vita quotidiana, i modi in cui percepiamo il passato e il modo in cui lo utilizziamo come punto di riferimento per il futuro stanno subendo profonde trasformazioni. Esploriamo come la nostalgia si manifesta nell'era digitale e quali sono i suoi impatti psicologici e sociologici in questa nuova frontiera. Dal punto di vista psicologico, l'era digitale ha introdotto nuove sfide e opportunità per la nostalgia. La tecnologia ha creato un archivio virtuale dei nostri ricordi, consentendo alle persone di registrare, condividere e rivisitare facilmente i momenti significativi della loro vita. Le foto e i video archiviati sui dispositivi digitali e sui social media fungono da trigger emotivi, facendo emergere ricordi e sentimenti legati al passato.

In un certo senso, l'era digitale ha amplificato il potere della nostalgia, poiché le persone possono rivivere i loro ricordi in qualsiasi momento. Questa costante esposizione ai ricordi può anche innescare una sorta di "nostalgia digitale", in cui le persone rimangono intrappolate nei ricordi al punto da impedire loro di vivere appieno il presente. La costante ricerca di momenti da catturare e condividere sui social media può influenzare la qualità dell'esperienza di vita, portando a una sorta di iper-nostalgia.

Allo stesso tempo, la tecnologia ha creato nuove opportunità per le persone di connettersi con il passato. Le piattaforme di condivisione di foto e video consentono alle famiglie e agli amici di restare in contatto, anche a distanza, e di condividere momenti speciali. Questa connessione digitale con il passato può svolgere un ruolo significativo nella preservazione delle tradizioni familiari e nella creazione di un senso di continuità attraverso le generazioni.

L'era digitale ha portato alla nascita di una cultura di rievocazione. Molte applicazioni e social media incoraggiano gli utenti a rivedere i momenti del passato, come il popolare "On This Day" di Facebook. Queste funzionalità consentono alle persone di fare un tuffo nei ricordi e di riflettere sul loro viaggio attraverso la vita.

A livello sociologico, l'era digitale ha cambiato la natura stessa della nostalgia condivisa. Le piattaforme digitali consentono alle persone di connettersi con altre che condividono interessi o esperienze simili, creando comunità online basate sulla nostalgia. Queste comunità possono riunire persone da tutto il mondo con una passione comune per un'epoca, una cultura o una serie TV specifica.

Un esempio di ciò è la crescente popolarità dei gruppi e dei forum online dedicati a argomenti specifici di nostalgia, come gli anni '80 o i giochi da tavolo vintage. Questi spazi digitali permettono alle persone di condividere ricordi, discutere delle loro esperienze e trovare una comunità di individui che comprende e apprezza la loro nostalgia.

La tecnologia digitale ha aperto la porta a una nostalgia globale. Le persone possono connettersi con il passato di culture e luoghi lontani attraverso video, musica e storie online. Questo amplia notevolmente l'orizzonte della nostalgia, consentendo alle persone di esplorare e comprendere meglio le esperienze di vita di altre persone in tutto il mondo.

Mentre le persone possono condividere esperienze e interessi simili in tutto il mondo, c'è il rischio che la cultura locale e le tradizioni possano essere sopraffatte dalla cultura globale. Questo solleva domande sulla perdita di autenticità e diversità culturale nell'era digitale.

Un altro impatto sociologico dell'era digitale è la creazione di una narrazione condivisa. Attraverso le piattaforme di social media, le persone condividono le proprie storie e esperienze quotidiane, creando un racconto collettivo dell'epoca in cui vivono. Questa narrazione condivisa riflette le preoccupazioni, le aspirazioni e le sfide della società, e può essere un mezzo potente per l'attivismo e il cambiamento sociale.

L'era digitale ha anche aperto nuove opportunità per la conservazione e la promozione del patrimonio culturale. Le istituzioni culturali, come i musei e le biblioteche, utilizzano la tecnologia per digitalizzare e conservare opere d'arte, manoscritti storici e altri oggetti culturali. Questo permette a un pubblico globale di accedere a queste risorse, preservando al contempo il patrimonio culturale per le generazioni future.

L' era digitale presenta anche sfide significative per la conservazione del patrimonio culturale. La rapida evoluzione della tecnologia può portare alla perdita di dati digitali e di opere d'arte in formato digitale, se non vengono adottate misure di conservazione adeguate. la questione dell'accessibilità digitale può creare divari culturali, poiché non tutti hanno accesso a internet o alle risorse digitali.

L'era digitale sta ridefinendo la nostalgia in modi complessi e profondi. A livello psicologico, la tecnologia digitale ha amplificato la capacità delle persone di connettersi con il passato, ma può anche portare a un'iper-nostalgia e a una perdita dell'attenzione al presente. A livello sociologico, l'era digitale ha creato nuove forme di comunità basate sulla nostalgia e ha ampliato l'orizzonte della nostalgia globale. Nel complesso, la nostalgia rimane una forza potente nell'era digitale, che continua a influenzare il modo in cui percepiamo il passato e lo utilizziamo come punto di riferimento per il futuro. Con una comprensione critica e consapevole di come la nostalgia si manifesta nell'era digitale, possiamo sfruttare appieno il suo potenziale positivo e affrontare le sfide che essa pone. In un mondo in costante evoluzione, la nostalgia rimane una parte essenziale dell'esperienza umana, pronta a influenzare il nostro futuro così come ha fatto nel passato.

CONNETTERSI, MA CON LA NATURA

Nella nostra epoca digitale, la tensione tra tecnologia e natura emerge come un tema centrale e complesso. L'avanzamento incessante della tecnologia ha trasformato profondamente la nostra relazione con il mondo naturale, portando a impatti psicologici e sociologici significativi. Questa tensione, presente nella vita di ogni individuo, influisce sul nostro benessere, sul nostro rapporto con l'ambiente circostante e sul nostro senso di appartenenza al pianeta Terra.

Un aspetto fondamentale di questa tensione è l'allontanamento progressivo delle persone dalla natura a causa dell'immersione sempre più profonda nel mondo digitale. La tecnologia, in particolare il mondo online e l'uso pervasivo di dispositivi digitali, ha creato un divario tra l'umanità e l'ambiente naturale. Le persone trascorrono sempre più tempo davanti a schermi, immersi in una realtà virtuale che a volte sembra distante da ciò che è reale e concreto. Questa crescente disconnessione dalla natura è evidente nelle abitudini quotidiane: il tempo una volta speso all'aperto, in luoghi naturali come parchi, boschi o giardini, è sempre più sostituito da ore passate di fronte a computer, smartphone e tablet. Questa trasformazione ha una serie di impatti significativi sia a livello individuale che collettivo.

Dal punto di vista psicologico, la disconnessione dalla natura ha portato a un aumento dello stress e dell'ansia. Numerose ricerche hanno dimostrato che la vita in un ambiente digitale costantemente connesso può generare sensazioni di isolamento e ansia. La frenetica attività online, con le notizie in continuo flusso e la pressione delle reti sociali, può rendere difficile trovare momenti di pace e tranquillità. In contrasto, trascorrere del tempo nella natura è stato dimostrato come un potente antidoto allo stress. La natura offre un rifugio dalla costante connessione digitale, con il suo ritmo più lento e la sua bellezza incontaminata che permettono alle menti stanche di rigenerarsi.

Il benessere mentale complessivo è anche influenzato da questa tensione tra tecnologia e natura. La dipendenza dalla tecnologia, in particolare dai dispositivi digitali, ha portato a una riduzione del tempo trascorso all'aria aperta, esponendo le persone a meno luce naturale e influenzando il loro ciclo sonno-veglia. Questo può avere effetti negativi sulla qualità del sonno e, a sua volta, sulla salute mentale. l'uso eccessivo dei social media e l'ossessione per l'immagine di sé online possono contribuire a problemi di autostima e all'insorgenza di depressione, specialmente tra i giovani.

Sul piano sociologico, la tensione tra tecnologia e natura ha dato origine a una società sempre più virtualizzata, in cui le relazioni umane spesso avvengono attraverso schermi. La comunicazione online è diventata predominante, e mentre offre benefici in termini di accesso a informazioni e connessioni globali, può anche creare un senso di distacco dalle relazioni faccia a faccia. La crescente prevalenza del lavoro remoto, sebbene offra flessibilità, può isolare i lavoratori dalla dimensione sociale del lavoro in ufficio e dai benefici della collaborazione fisica. la tecnologia ha aperto la porta all'iper-consumo, con la comodità degli acquisti online che spesso porta a uno spreco eccessivo e a una produzione di rifiuti digitale incontrollata.

Questa tensione tra tecnologia e natura non può essere esaminata esclusivamente dal punto di vista psicologico e sociologico. Ha anche implicazioni profonde sulla nostra relazione con l'ambiente e sulla sostenibilità. L'uso intensivo delle tecnologie digitali contribuisce all'inquinamento ambientale in vari modi: l'estrazione di risorse per la produzione di dispositivi elettronici, la produzione di rifiuti elettronici e l'energia consumata dai data center contribuiscono tutti all'impatto ambientale globale. Ma c'è anche un aspetto psicologico dell'inquinamento: la costante esposizione agli schermi, alla pubblicità e ai messaggi digitali può generare uno stress costante, contribuendo a quella che alcuni chiamano "inquinamento psicologico".

In questo contesto, è fondamentale considerare come la tecnologia può essere utilizzata in modo positivo per avvicinare l'umanità alla natura. App di identificazione di piante, webcam di animali selvatici e podcast sulla natura sono solo alcuni esempi di come la tecnologia può fungere da ponte tra il mondo digitale e quello naturale. Questi strumenti consentono alle persone di imparare di più sulla natura, di sviluppare una maggiore comprensione per l'ambiente circostante e di trovare modi innovativi per connettersi con il mondo naturale. In tal senso, la tecnologia può svolgere un ruolo importante nel promuovere la consapevolezza ambientale e la conservazione.

La tensione tra tecnologia e natura si riflette anche nella sfera artistica. La bellezza della natura ha ispirato artisti e creativi per secoli. Dalla pittura all'arte letteraria e musicale, la natura ha fornito un'infinità di spunti per esprimere emozioni e concetti artistici. La tecnologia, in questo contesto, offre nuove possibilità creative, consentendo agli artisti di sperimentare e comunicare in modi mia prima d'ora immaginati. L'arte digitale, la realtà virtuale e altre forme di espressione artistica digitale ampliano l'orizzonte creativo, consentendo all'arte di riflettere sia la bellezza della natura che la complessità del mondo tecnologico in cui viviamo.

La tensione tra tecnologia e natura ha anche un impatto sulla biodiversità e solleva questioni etiche importanti. La perdita di biodiversità è diventata una questione critica nell'era digitale. L'espansione delle infrastrutture digitali può distruggere habitat naturali e minacciare la vita selvatica. L'etica ambientale ci spinge a considerare il nostro impatto sulla natura e a cercare soluzioni sostenibili che consentano all'umanità e alla natura di coesistere in armonia.

Un concetto emergente in questo contesto è quello di "natura ibrida". Si tratta dell'idea che la tecnologia e la natura possono coesistere in armonia. Questo solleva domande profonde sul modo in cui possiamo bilanciare queste due dimensioni, sfruttando la tecnologia per migliorare la nostra comprensione e la nostra interazione con la natura, senza sacrificarla.

Guardando al futuro, è fondamentale riflettere sul rapporto tra l'umanità e l'ambiente. Come possiamo riconnetterci con la natura in un'epoca dominata dalla tecnologia? Come possiamo affrontare le sfide ambientali in modo sostenibile? La conservazione della natura emerge come un imperativo etico. Come custodi del pianeta, abbiamo la responsabilità di preservare la diversità della vita sulla Terra per le generazioni future. Questo impegno etico richiede azioni concrete volte a ridurre l'impatto ambientale e a promuovere uno stile di vita sostenibile.

La tensione tra tecnologia e natura è una questione complessa e multidimensionale che influisce sul nostro benessere psicologico, sulla nostra società, sull'ambiente e sull'arte. La tecnologia ha il potenziale sia di allontanarci dalla natura che di avvicinarci ad essa, e il nostro compito è trovare un equilibrio sostenibile. L'obiettivo dovrebbe essere quello di utilizzare la tecnologia per migliorare la nostra comprensione della natura, promuovere la conservazione e preservare il nostro pianeta per le generazioni future, riconnettendoci alla bellezza e all'importanza della natura nel contesto del mondo digitale in cui viviamo.

L'interazione umana con l'ambiente naturale ha dimostrato di avere un profondo impatto positivo sulla psicologia individuale e sulla società nel suo complesso.

Numerose ricerche scientifiche hanno stabilito un legame diretto tra il tempo trascorso nella natura e la riduzione dello stress e dell'ansia. Questi benefici psicologici hanno importanti ramificazioni per la salute mentale complessiva delle persone. La natura offre un rifugio in cui ci si può allontanare dalle tensioni e dalle preoccupazioni quotidiane. Quando ci immergiamo in un ambiente naturale, il nostro sistema nervoso trova un equilibrio, il ritmo cardiaco rallenta e la pressione sanguigna diminuisce. Il contatto con la natura offre un'opportunità di rilassamento profondo, una pausa ben necessaria nella frenetica quotidianità digitale.

Un altro aspetto significativo di questo beneficio psicologico è la sua capacità di ridurre l'ansia. La natura ci permette di scollegarci dai rumori costanti, dalle notizie allarmanti e dalle richieste incessanti della vita moderna. I suoni della natura, come il canto degli uccelli, il fruscio delle foglie o il dolce scorrere di un fiume, hanno dimostrato di avere un effetto calmante sulla mente umana. Questi suoni naturali attivano una risposta di rilassamento nel nostro cervello, contribuendo a ridurre i livelli di ansia.

La bellezza della natura ha dimostrato di avere un impatto positivo sulla salute mentale. La contemplazione di paesaggi naturali, dai tramonti infuocati alle cime maestose delle montagne, suscita un senso di meraviglia che può migliorare l'umore e la prospettiva. Questi momenti di bellezza naturale offrono opportunità di gratitudine e di apprezzamento, contribuendo a contrastare la negatività e lo stress che spesso accompagnano la vita digitale.

Oltre agli effetti diretti sulla psicologia individuale, il tempo trascorso nella natura ha un ruolo importante nella costruzione di legami sociali più forti e nell'arricchimento della vita comunitaria. La pratica di attività all'aperto, come escursioni, camminate in montagna o semplici picnic, favorisce l'interazione sociale. Le amicizie formate durante queste attività possono rafforzare il sostegno sociale e creare un senso di appartenenza. Queste connessioni sociali sono essenziali per la salute mentale e contribuiscono a mitigare il senso di isolamento che può derivare dall'iperconnettività digitale.

La presenza della natura in una comunità può anche promuovere uno stile di vita più attivo. Parchi, aree verdi e spazi aperti invitano le persone a muoversi, a esercitarsi e a godere di un'esperienza sensoriale completa. Questo non solo migliora la salute fisica, ma anche quella mentale. L'attività fisica all'aperto è nota per il suo impatto positivo sulla salute del cervello e per la sua capacità di alleviare il disagio psicologico.

La natura offre anche una sfida creativa per la mente umana. L'escursionismo, il birdwatching e altre attività all'aperto possono attivare la curiosità e l'interesse per il mondo naturale. Questo senso di scoperta può portare a una maggiore consapevolezza ambientale e a un desiderio di imparare di più sulla natura. Questa curiosità alimenta l'educazione e può portare a una maggiore consapevolezza delle questioni ambientali, contribuendo così a una maggiore responsabilità individuale e collettiva verso l'ambiente.

L'importanza della natura per la salute mentale è diventata particolarmente evidente negli ultimi anni, a seguito della crescente consapevolezza dei problemi di salute mentale nella società. L'ansia, la depressione e lo stress sono diventati sempre più comuni, e la natura offre un'importante risorsa per affrontare queste sfide. I medici e gli psicologi stanno sempre più prescrivendo il "tempo nella natura" come parte di un piano di trattamento per molte condizioni psicologiche.

La tensione tra tecnologia e natura diventa quindi ancor più evidente quando consideriamo questi impatti psicologici e sociologici. Mentre la tecnologia digitale ha contribuito a creare un mondo altamente connesso, ha anche reso più tangibili i benefici della natura. Gli individui e le comunità stanno cercando sempre più di equilibrare il tempo passato davanti agli schermi con il tempo trascorso all'aperto, riconoscendo che l'interazione con la natura è essenziale per la loro salute mentale e il loro benessere.

I benefici psicologici della natura vanno ben oltre la superficie, toccando aspetti profondi della nostra psicologia e della nostra società. La natura offre un'ancora di salvezza dallo stress e dall'ansia generati dalla vita digitale, promuovendo il rilassamento, la gratitudine e una migliore prospettiva sulla vita. favorisce la creazione di legami sociali, incoraggia uno stile di vita attivo e alimenta la curiosità per il mondo naturale. Questi benefici sono una testimonianza della necessità di bilanciare la tecnologia con la natura, al fine di garantire una vita equilibrata e sana per le generazioni future.

Il ruolo paradossale che la tecnologia stessa può svolgere come strumento di connessione alla natura. Mentre spesso associamo la tecnologia alla distanza dalla natura, è interessante notare che essa può anche servire a ridurre questa distanza e a rafforzare il nostro legame con l'ambiente naturale.

Uno dei modi in cui la tecnologia favorisce la connessione alla natura è attraverso le app di identificazione di piante e animali. Queste applicazioni consentono agli utenti di fotografare una pianta o un animale sconosciuto e ricevere informazioni dettagliate su di essi. Ciò apre la porta alla scoperta e all'apprendimento, incoraggiando le persone a esplorare il mondo naturale circostante. queste app promuovono la consapevolezza ambientale, poiché informano gli utenti su specie in via di estinzione o su piante rare, incoraggiando la partecipazione attiva alla conservazione.

Un altro esempio di come la tecnologia possa avvicinare le persone alla natura è rappresentato dalle webcam di animali selvatici. Queste telecamere installate in aree naturali consentono agli spettatori di osservare la vita degli animali in tempo reale, dalla comodità del proprio computer o dispositivo mobile. Questa esperienza offre un'opportunità unica di connettersi alla vita selvatica, specialmente per coloro che non hanno accesso diretto a parchi nazionali o riserve naturali. Le webcam di animali selvatici offrono un'istantanea della bellezza e della maestosità del mondo naturale, permettendo alle persone di sentirsi più vicine alla natura.

I podcast sulla natura sono un altro strumento tecnologico che favorisce la connessione alla natura. Questi programmi audio offrono una vasta gamma di contenuti sulla vita selvatica, sull'ecologia e sulla conservazione. Gli ascoltatori possono imparare di più sulla natura, sugli ecosistemi e sulle sfide ambientali, il che li rende più consapevoli e informati. i podcast sulla natura possono ispirare le persone a esplorare la natura di persona, incoraggiandole a intraprendere avventure all'aperto.

Un aspetto importante da considerare è come la tecnologia renda la natura più accessibile alle persone con disabilità o con limitazioni fisiche. Le applicazioni e le risorse digitali consentono a queste persone di esplorare la natura in modi che potrebbero altrimenti non essere possibili. Ad esempio, le app di escursionismo possono fornire indicazioni vocali e mappe accessibili, consentendo alle persone non vedenti di godere di escursioni in montagna o passeggiate nei parchi. Questo amplia il potenziale di connessione alla natura a una vasta gamma di individui, indipendentemente dalle loro capacità fisiche.

La tecnologia, offre un mezzo per documentare e condividere esperienze all'aperto. I social media e le piattaforme di condivisione di foto permettono alle persone di catturare i momenti speciali trascorsi in natura e di condividerli con gli altri. Questa condivisione può ispirare gli amici e i seguaci a esplorare a loro volta la natura, creando una sorta di effetto domino positivo. la condivisione di esperienze all'aperto può alimentare un senso di comunità tra gli amanti della natura, contribuendo così a costruire una rete di appassionati di natura che si sostengono a vicenda nella conservazione e nella promozione di uno stile di vita sostenibile.

D'altro canto, è importante notare che la tecnologia può anche portare a una sorta di "natura virtuale". Le esperienze virtuali, come i giochi di simulazione e la realtà virtuale, possono offrire un'alternativa digitale alla vera esperienza all'aperto. Sebbene possano essere coinvolgenti e offrire un senso di avventura, non possono sostituire completamente il valore e l'importanza dell'interazione diretta con la natura. La "natura virtuale" può portare a una disconnessione dalla realtà naturale, sottolineando ancora una volta la delicatezza dell'equilibrio tra tecnologia e natura.

In definitiva, la tecnologia possa essere un alleato nella nostra ricerca di connessione alla natura. Le app di identificazione, le webcam di animali selvatici, i podcast e altre risorse digitali aprono le porte dell'esplorazione e dell'apprendimento, consentendo alle persone di avvicinarsi alla bellezza e alla complessità della natura. La tecnologia rende la natura più accessibile a un pubblico più vasto, inclusi coloro che altrimenti potrebbero avere difficoltà ad esplorarla. La tecnologia può anche portare a una disconnessione dalla natura se non usata in modo equilibrato. Pertanto, è essenziale considerare attentamente come sfruttare al meglio la tecnologia per avvicinarci alla natura e per promuovere una maggiore consapevolezza ambientale e una connessione più profonda con il mondo naturale.

L'inquinamento digitale e l'inquinamento ambientale. Entrambi questi tipi di inquinamento, sebbene distinti, sono strettamente correlati e riflettono i profondi impatti psicologici e sociologici della nostra dipendenza dalla tecnologia digitale.

Cominciamo esaminando l'inquinamento digitale, un termine che si riferisce alla sovrabbondanza di informazioni e stimoli digitali a cui siamo costantemente esposti. Questo fenomeno è stato amplificato dall'accesso illimitato alla tecnologia digitale e ai social media. I dispositivi mobili, i social network e le notizie in tempo reale hanno creato una realtà in cui siamo costantemente connessi e bombardati da una quantità schiacciante di informazioni. Questo bombardamento costante di notizie, opinioni e stimoli visivi può portare a un aumento dello stress e dell'ansia, oltre che a una sensazione di sovraccarico cognitivo.

Le conseguenze psicologiche dell'inquinamento digitale sono evidenti. La costante esposizione a notizie negative e a contenuti controversi può causare una sensazione di impotenza e disperazione. Le discussioni polarizzate e le tensioni online possono influenzare il benessere psicologico, portando a sensazioni di rabbia, frustrazione e alienazione sociale. La dipendenza dai social media e dalla costante verifica dei dispositivi può portare a problemi di autostima, specialmente tra i giovani che spesso si confrontano con ideali irreali di vita e successo.

Un altro aspetto dell'inquinamento digitale è il suo impatto sul sonno. L'esposizione costante alla luce blu dei dispositivi digitali può interferire con i ritmi circadiani, rendendo più difficile il sonno di qualità. Questo a sua volta può contribuire a problemi di salute mentale come l'ansia e la depressione. la costante disponibilità di dispositivi digitali può portare a una diminuzione della quantità e della qualità del sonno, poiché le persone tendono a rimanere online fino a tarda notte, scoraggiando la regolazione naturale dei ritmi sonno-veglia.

L'inquinamento digitale ha anche implicazioni sociologiche importanti. La dipendenza da dispositivi digitali e social media può portare a un aumento dell'isolamento sociale. Le interazioni online possono sostituire quelle faccia a faccia, portando a un affievolimento dei legami sociali reali. L'interazione attraverso lo schermo può essere superficiale e priva di profondità emotiva, creando un senso di distacco e solitudine. Questo può avere un impatto sulla salute mentale, poiché la connessione umana è essenziale per il benessere individuale e la coesione sociale.

L'inquinamento ambientale è un altro aspetto cruciale di questa discussione. L'uso intensivo delle tecnologie digitali ha un impatto significativo sull'ambiente. La produzione di dispositivi elettronici richiede l'estrazione di risorse naturali, il consumo di energia elettrica e la generazione di rifiuti tossici. Questo ciclo di produzione e smaltimento ha conseguenze dirette sull'ambiente, contribuendo all'esaurimento delle risorse naturali e all'inquinamento.

Un aspetto dell'inquinamento ambientale che spesso passa inosservato è l'energia necessaria per alimentare i data center e i servizi cloud che supportano il mondo digitale. Questi data center richiedono enormi quantità di energia elettrica, spesso ottenuta da fonti non rinnovabili. Questo consumo energetico eccessivo contribuisce all'emissione di gas serra e al cambiamento climatico. Il cambiamento climatico a sua volta ha impatti significativi sulla salute mentale, attraverso eventi climatici estremi, la distruzione di habitat naturali e la diffusione di malattie legate al clima.

L'inquinamento digitale e l'inquinamento ambientale si intersecano in modi complessi. Mentre la tecnologia digitale ha contribuito a una maggiore consapevolezza ambientale attraverso la condivisione di informazioni e il monitoraggio ambientale, è anche una fonte di consumismo. La costante esposizione alla pubblicità online spinge al consumo e alla produzione elettronica, alimentando il ciclo di inquinamento ambientale.

Un aspetto cruciale di questa discussione è il modo in cui le persone percepiscono e affrontano l'inquinamento digitale e ambientale. La consapevolezza dei problemi ambientali può suscitare sentimenti di ansia e preoccupazione, contribuendo all'inquinamento psicologico. La consapevolezza dell'inquinamento digitale può anche portare le persone a cercare un equilibrio tra l'uso della tecnologia e il tempo trascorso nella natura.

La tecnologia può anche svolgere un ruolo positivo nella sensibilizzazione ambientale. Le immagini satellitari, ad esempio, hanno reso evidenti i cambiamenti climatici in corso, contribuendo a spingere all'azione e a sollecitare un maggiore coinvolgimento nella conservazione ambientale. La tecnologia può essere un veicolo per la sensibilizzazione e l'attivismo, collegando le persone a livello globale e consentendo loro di partecipare a iniziative ambientali.

La nostra costante esposizione alla tecnologia digitale può portare a uno stato di sovraccarico informativo, stress, ansia e isolamento sociale. la produzione e l'uso eccessivo di dispositivi elettronici contribuiscono all'inquinamento ambientale, con conseguenze dirette sulla salute mentale attraverso il cambiamento climatico e la consapevolezza dei problemi ambientali. La consapevolezza di questi problemi è fondamentale per affrontare la tensione tra tecnologia e natura e per promuovere uno stile di vita più sostenibile, equilibrando il nostro rapporto con la tecnologia digitale e l'ambiente naturale.

La biotecnologia rappresenta una delle frontiere più promettenti nell'ambito della conservazione ambientale e può contribuire in modo significativo al rafforzamento del nostro legame con la natura.

La biotecnologia è una disciplina che sfrutta gli organismi viventi o i loro sistemi per sviluppare o creare prodotti e processi che possano soddisfare le esigenze umane. Questa scienza ha il potenziale di rivoluzionare la produzione di cibo, la salute, il monitoraggio ambientale e molti altri settori. Uno dei modi principali in cui la biotecnologia può contribuire alla sostenibilità ambientale è attraverso la produzione di cibo sostenibile.

La produzione di cibo è una delle attività umane più impattanti sull'ambiente. L'agricoltura convenzionale richiede l'uso intensivo di pesticidi, l'abbattimento di foreste per fare spazio alle coltivazioni e l'impiego di enormi quantità di risorse idriche. La produzione di carne ha anch'essa un alto impatto ambientale, con la deforestazione per il pascolo e l'emissione di gas serra derivanti dall'allevamento di bestiame. La biotecnologia offre soluzioni innovative a questi problemi.

Una delle applicazioni più promettenti è la produzione di cibo a base di cellule. Questa tecnologia consente di coltivare carne e prodotti lattiero-caseari senza la necessità di allevare animali, riducendo così la pressione sull'ambiente e migliorando il benessere animale. la produzione di carne a base di cellule richiede meno terra e risorse idriche rispetto all'allevamento tradizionale, contribuendo alla conservazione degli habitat naturali.

La biotecnologia può anche migliorare la sostenibilità delle colture attraverso la modifica genetica. La creazione di piante resistenti alle malattie e alla siccità può aumentare la resa delle coltivazioni e ridurre la necessità di pesticidi e fertilizzanti chimici. Questo non solo preserva l'ambiente, ma riduce anche il rischio per la salute umana legato all'esposizione a sostanze chimiche nocive. la biotecnologia può migliorare il valore nutrizionale dei cibi, contribuendo a combattere la malnutrizione in molte parti del mondo.

Oltre alla produzione alimentare, la biotecnologia ha un ruolo cruciale nel monitoraggio ambientale. Le nuove tecnologie consentono di raccogliere dati sulla qualità dell'aria, dell'acqua e del suolo in modo più accurato ed efficiente. Questi dati possono essere utilizzati per monitorare le condizioni ambientali, identificare eventuali problemi e prendere misure correttive. Ad esempio, i sensori biotecnologici possono rilevare inquinanti in tempo reale, consentendo una risposta immediata alle emergenze ambientali.

Un altro campo di grande interesse è la biodegradabilità. La biotecnologia può contribuire allo sviluppo di materiali biodegradabili che riducono il problema dei rifiuti non biodegradabili che inquinano l'ambiente. Questi materiali possono essere utilizzati per produrre imballaggi, tessuti e prodotti industriali che si decompongono più facilmente, riducendo così la quantità di rifiuti solidi che finiscono in discarica.

La biotecnologia non è priva di pericoli e controversie. La modifica genetica delle colture e la produzione di alimenti a base di cellule hanno suscitato preoccupazioni riguardo alla sicurezza alimentare e all'impatto a lungo termine sull'ambiente. È essenziale che queste tecnologie siano regolamentate in modo rigoroso per garantire che siano sicure ed etiche. la biotecnologia solleva questioni etiche e filosofiche sulla manipolazione degli organismi viventi e sulla nostra responsabilità nei confronti della natura.

Da un punto di vista psicologico, la biotecnologia offre la speranza di un futuro in cui l'umanità può vivere in armonia con l'ambiente naturale. La consapevolezza di queste innovazioni può ispirare fiducia nel fatto che le soluzioni tecnologiche possono contribuire a risolvere le sfide ambientali che affrontiamo. L biotecnologia può anche suscitare preoccupazioni e ansie riguardo a possibili conseguenze non intenzionali o a utilizzi impropri. È fondamentale che la società discuta apertamente e in modo informato su questi sviluppi tecnologici al fine di garantire un utilizzo etico e responsabile della biotecnologia.

Dal punto di vista sociologico, la biotecnologia solleva questioni sul potere e sulla distribuzione delle risorse. Chi detiene il controllo sulla produzione di cibo a base di cellule o sulla modifica genetica delle colture? Come queste tecnologie saranno accessibili alle popolazioni svantaggiate o ai paesi in via di sviluppo? Queste domande sollevano questioni di giustizia sociale e accesso equo alle risorse, che sono essenziali per promuovere la sostenibilità a livello globale.

Questa disciplina offre soluzioni innovative per la produzione alimentare, il monitoraggio ambientale, la riduzione dei rifiuti e molto altro. E' importante riconoscere le sfide e le preoccupazioni associate a queste tecnologie, inclusi problemi di sicurezza alimentare, questioni etiche e considerazioni di giustizia sociale. La biotecnologia rappresenta un potente strumento che può rafforzare il nostro legame con la natura, ma è essenziale affrontarla con attenzione e responsabilità al fine di garantire un futuro sostenibile per il nostro pianeta.

La bellezza della natura è stata una fonte inesauribile di ispirazione per gli artisti di ogni epoca e rappresenta un aspetto straordinario di come la natura e la tecnologia possano convergere in un dialogo creativo e profondo.

L'arte, in tutte le sue forme, ha da sempre attinto dalla natura come fonte primaria di ispirazione. La pittura, la letteratura, la musica e altre espressioni artistiche hanno catturato l'essenza della natura in modi unici e straordinari. L'arte può essere vista come un tentativo umano di tradurre l'ineffabile bellezza e complessità del mondo naturale in un linguaggio comprensibile e accessibile.

La pittura è uno dei modi più antichi e diretti in cui l'arte cattura la bellezza della natura. I paesaggi sono stati un tema ricorrente nella storia dell'arte, da Claude Monet e le sue ninfee a Thomas Cole e le sue visioni epiche dei paesaggi americani. La pittura offre l'opportunità di esplorare la profondità, i colori e la varietà della natura in modo estremamente dettagliato e contemplativo. Ogni pennellata può catturare la luce su una foglia o la sfumatura di un cielo all'alba.

La letteratura è un altro mezzo in cui la natura è stata celebrata e esplorata. Scrittori come Henry David Thoreau, autore di "Walden", o Mary Oliver con le sue poesie sulla natura, hanno catturato la magia della vita all'aperto attraverso le parole. La letteratura può dar vita a paesaggi e creature, portando il lettore in mondi naturali lontani e trasmettendo una profonda connessione con la natura stessa.

La musica, ha una capacità straordinaria di evocare emozioni e immagini legate alla natura. Compositori come Ludwig van Beethoven, con la sua "Sinfonia Pastorale", hanno trasportato gli ascoltatori in campi e boschi attraverso note e melodie. La musica può catturare il suono del vento tra gli alberi, il canto degli uccelli al mattino e il fragore di un fiume in piena.

L'arte visiva, la letteratura e la musica, possono agire come una sorta di ponte tra l'esperienza diretta della natura e il mondo digitale. Le fotografie di paesaggi naturali, i romanzi e le poesie sulle bellezze naturali e le registrazioni audio della vita all'aperto possono essere condivisi e consumati attraverso i mezzi digitali. Questa condivisione consente a un pubblico globale di connettersi con la natura, anche se si trovano lontani dai luoghi raffigurati.

L'arte può anche svolgere un ruolo fondamentale nella sensibilizzazione ambientale. Le opere d'arte che rappresentano la bellezza della natura possono ispirare una maggiore consapevolezza e cura dell'ambiente. Gli artisti spesso affrontano temi ambientali, come il cambiamento climatico, la perdita di biodiversità e la conservazione, attraverso le loro opere, sollecitando la riflessione e l'azione.

Dal punto di vista psicologico, l'arte offre un'opportunità unica di connettersi con la natura e di sperimentare una sorta di riconciliazione tra il mondo digitale e il mondo naturale. La creazione artistica permette di esplorare la bellezza della natura in modo contemplativo e riflessivo, offrendo uno spazio per la calma e la meditazione. In un'epoca in cui siamo spesso immersi nel caos e nella frenesia del mondo digitale, l'arte può agire come un rifugio che ci riporta alla quiete e all'armonia della natura.

Sul piano sociologico, l'arte può promuovere un senso di comunità e condivisione. Le mostre d'arte, i concerti e le letture possono radunare le persone per condividere l'esperienza estetica e la contemplazione della natura. l'arte può servire da catalizzatore per il dialogo e il dibattito sulla natura e sulla nostra relazione con essa. Gli artisti possono contribuire a plasmare le conversazioni sulla conservazione ambientale e stimolare il cambiamento sociale attraverso le loro opere.

L' arte non è una panacea per tutti i problemi ambientali. Mentre può suscitare ispirazione e sensibilizzazione, non può sostituire azioni concrete volte alla conservazione dell'ambiente. È fondamentale che l'arte sia affiancata da iniziative pratiche per preservare la natura e affrontare le sfide ambientali.

L'arte è stata una fonte di ispirazione senza tempo, catturando la bellezza della natura in modi unici e stimolanti. L'arte offre la possibilità di connettersi con la natura, di stimolare la riflessione e l'azione ambientale e di promuovere un senso di comunità. L'arte, per quanto potente, non è l'unica risposta ai problemi ambientali. È solo uno dei molti modi in cui possiamo rafforzare il nostro legame con la natura e promuovere uno stile di vita sostenibile, bilanciando con saggezza il mondo digitale con la bellezza intrinseca del mondo naturale.

La tecnologia, in particolare le immagini satellitari e altre innovazioni digitali, offre strumenti potenti per educare il pubblico sui problemi ambientali e spingere all'azione.

Le immagini satellitari rappresentano uno dei mezzi più efficaci per comunicare i cambiamenti ambientali. Queste fotografie dalla prospettiva dello spazio catturano il pianeta in tutta la sua bellezza e complessità, ma anche nella sua fragilità. Le immagini satellitari possono mostrare il cambiamento climatico in atto, dalla riduzione del ghiaccio polare all'innalzamento del livello del mare. Possono documentare la deforestazione, l'espansione urbana e la scomparsa degli habitat naturali. Queste immagini offrono una prospettiva a volo d'uccello della Terra, permettendo alle persone di vedere l'impatto delle attività umane sull'ambiente.

Queste immagini non solo informano il pubblico sui problemi ambientali, ma possono anche suscitare una profonda empatia e connessione con la natura. Vedere le foreste amazzoniche in fiamme o i ghiacciai che si ritirano può provocare una risposta emotiva nei telespettatori, spingendoli a riflettere sulle conseguenze delle azioni umane sull'ambiente. Queste immagini agiscono come potenti strumenti di persuasione, spingendo le persone a sostenere misure di conservazione e azioni volte a ridurre l'impatto ambientale.

Le immagini satellitari possono essere utilizzate per scopi scientifici. La sorveglianza continua del pianeta attraverso satelliti permette di raccogliere dati ambientali essenziali. Questi dati sono fondamentali per la ricerca sul cambiamento climatico, la gestione delle risorse naturali e la conservazione della biodiversità. La tecnologia satellitare consente di monitorare la deforestazione, la qualità dell'aria, la salute degli oceani e molti altri aspetti dell'ambiente. Questi dati scientifici sono una base fondamentale per la presa di decisioni informate e l'adozione di politiche ambientali efficaci.

Un altro strumento di sensibilizzazione ambientale è rappresentato dai podcast sulla natura. Questi programmi audio offrono un modo coinvolgente per apprendere e riflettere sul mondo naturale. Attraverso interviste, storie e suoni registrati, i podcast possono avvicinare il pubblico a temi ambientali complessi in modo accessibile e coinvolgente. Possono esplorare la biodiversità, il cambiamento climatico, la conservazione degli ecosistemi e molto altro.

Un aspetto importante dei podcast sulla natura è la loro capacità di creare una connessione emotiva tra l'ascoltatore e la natura. L'uso di registrazioni audio può trasportare l'ascoltatore in luoghi lontani e farlo sentire immerso in ambienti naturali. Questo tipo di immersione sensoriale può generare una sensazione di appartenenza alla natura e una maggiore preoccupazione per la sua conservazione. i podcast possono offrire un senso di comunità, creando spazi di discussione e condivisione tra gli ascoltatori interessati alla natura e all'ambiente.

Dall'altro lato, i podcast possono anche sollevare questioni etiche e sociali legate all'ambiente. Possono esplorare il ruolo dell'umanità nella conservazione della natura, il nostro impatto sull'ambiente e le responsabilità che ne derivano. Queste discussioni possono spingere le persone a riflettere sulle loro azioni quotidiane e a cercare modi per contribuire alla sostenibilità ambientale.

La tecnologia non è solo un mezzo per la sensibilizzazione ambientale, ma può anche contribuire all'inquinamento digitale di cui abbiamo parlato in precedenza. L'uso eccessivo dei dispositivi digitali per accedere a immagini satellitari o ascoltare podcast può portare a una costante esposizione agli schermi, con impatti psicologici negativi come lo stress e la disconnessione dalla natura. È quindi essenziale bilanciare l'uso della tecnologia per la sensibilizzazione ambientale con il tempo trascorso in ambienti naturali.

Sul piano psicologico, la sensibilizzazione ambientale attraverso la tecnologia può avere effetti positivi e negativi.

Da un lato, l'esposizione a immagini e storie sulla natura può suscitare empatia e ispirare azioni volte a proteggere l'ambiente. Dall'altro lato, la costante connessione digitale può portare a una sensazione di sovraccarico informativo e stress. È importante che le persone gestiscano in modo consapevole il loro tempo online e cercano un equilibrio tra l'uso della tecnologia per scopi educativi e il tempo trascorso in ambienti naturali.

Dal punto di vista sociologico, la sensibilizzazione ambientale attraverso la tecnologia può favorire una maggiore partecipazione e attivismo ambientale. Le informazioni accessibili online e attraverso i podcast possono mobilitare le persone, incoraggiandole a partecipare a iniziative di conservazione e a sostenere politiche ambientali. la tecnologia consente una maggiore connessione tra individui interessati all'ambiente, favorendo la creazione di comunità di attivisti e sostenitori.

Le immagini satellitari, i podcast sulla natura e altre risorse digitali possono educare il pubblico sui problemi ambientali, suscitare empatia e ispirare azioni positive. L'uso eccessivo della tecnologia può portare a problemi psicologici e all'inquinamento digitale. Pertanto, è fondamentale trovare un equilibrio tra l'uso della tecnologia per scopi educativi e il tempo trascorso nella natura, per promuovere uno stile di vita sostenibile e bilanciato.

La biodiversità, ossia la varietà di forme di vita sulla Terra, è un aspetto fondamentale dell'equilibrio ecologico e della salute del pianeta. La rapida perdita di biodiversità è un segnale allarmante dell'impatto dell'umanità sull'ambiente.

La biodiversità è una delle caratteristiche distintive del nostro pianeta. La Terra ospita una straordinaria varietà di specie, dagli esseri umani ai più piccoli microrganismi, dagli animali terrestri ai pesci negli abissi oceanici. Questa diversità è essenziale per il funzionamento degli ecosistemi e per la nostra stessa sopravvivenza. Le specie vegetali e animali sono interconnesse in complesse reti ecologiche, e la perdita di una specie può avere effetti a catena su altre specie e sull'ambiente in generale.

La perdita di biodiversità è una conseguenza diretta dell'attività umana. La deforestazione, l'inquinamento, l'urbanizzazione e la caccia eccessiva sono solo alcune delle minacce che mettono in pericolo le specie animali e vegetali. La crescita demografica e l'espansione delle attività industriali hanno intensificato la pressione sull'ambiente naturale. La perdita di habitat è una delle principali cause di estinzione delle specie, con conseguenze devastanti per gli ecosistemi e per la biodiversità stessa.

La perdita di biodiversità non è solo un problema ecologico, ma ha anche profonde implicazioni psicologiche. La biodiversità rappresenta la ricchezza della vita sulla Terra e la sua perdita può generare senso di lutto e preoccupazione per il futuro. Gli esseri umani sono strettamente connessi con la natura, e la perdita di specie e habitat può minare il nostro senso di appartenenza al mondo naturale. Questo può portare a sentimenti di impotenza e ansia riguardo al futuro del pianeta. La perdita di biodiversità ha conseguenze dirette sulla nostra qualità di vita. Molte delle specie vegetali e animali in via di estinzione svolgono ruoli cruciali negli ecosistemi, come la pollinizzazione delle colture o il controllo delle popolazioni di insetti nocivi. La perdita di queste specie può avere impatti significativi sull'agricoltura, la sicurezza alimentare e la salute umana. la biodiversità offre una vasta gamma di risorse genetiche utili per l'alimentazione, la medicina e altre applicazioni umane.

L'etica ambientale sottolinea l'importanza di considerare il valore intrinseco delle altre forme di vita sulla Terra. Questo approccio ci invita a riconoscere che gli esseri umani non sono l'unico obiettivo morale nell'universo, ma condividono il pianeta con una miriade di altre specie, ciascuna con un proprio valore intrinseco. La perdita di biodiversità è una violazione di questa prospettiva etica, in quanto comporta la distruzione di forme di vita che hanno un valore intrinseco indipendentemente dalla loro utilità per gli esseri umani.

Dall'altro lato, l'etica ambientale sottolinea anche la nostra responsabilità nei confronti delle generazioni future. La perdita di biodiversità e il cambiamento climatico sono problemi a lungo termine che avranno conseguenze durature per il pianeta. Queste questioni sollevano questioni etiche sulla nostra responsabilità di preservare l'ambiente per le generazioni future. Come custodi del pianeta, abbiamo il dovere etico di cercare soluzioni per frenare la perdita di biodiversità e mitigare il cambiamento climatico.

Dal punto di vista psicologico, l'etica ambientale può generare una profonda riflessione sul nostro ruolo e le nostre responsabilità nei confronti dell'ambiente. Può spingere le persone a rivalutare le loro azioni quotidiane e a cercare modi per ridurre il proprio impatto sull'ambiente. Può anche generare senso di colpa e impotenza se non accompagnata da azioni concrete.

Sul piano sociologico, l'etica ambientale può contribuire a plasmare le norme sociali e le politiche pubbliche. La sensibilizzazione riguardo alla perdita di biodiversità e all'importanza della conservazione può influenzare le decisioni governative e portare a misure di protezione ambientale più rigorose. può spingere le persone a sostenere organizzazioni ambientaliste e a partecipare a iniziative di conservazione.

La biodiversità è una risorsa preziosa che svolge un ruolo cruciale nell'equilibrio ecologico e nella nostra stessa esistenza. La sua rapida perdita ha implicazioni profonde sul piano psicologico, in quanto mina il nostro senso di appartenenza alla natura e genera preoccupazioni per il futuro. solleva questioni etiche sull'importanza di considerare il valore intrinseco delle altre forme di vita e sulla nostra responsabilità nei confronti delle generazioni future. L'etica ambientale può essere un faro per guidarci nel trovare soluzioni a questa sfida critica e per promuovere uno stile di vita sostenibile in armonia con il mondo naturale.

La "natura ibrida", un'idea che invita a una riflessione profonda sul rapporto tra tecnologia e natura. Questa visione si presenta come una prospettiva innovativa e stimolante in un'epoca in cui la tecnologia e la natura sembrano spesso in conflitto. Esploriamo come questa "natura ibrida" possa aprire nuove possibilità e sfide per la nostra comprensione del mondo.

La "natura ibrida" rappresenta un'evoluzione della nostra relazione con la natura, in cui la tecnologia non è più vista come estranea o antagonista, ma come un elemento integrante del mondo naturale. Questa prospettiva si basa sull'idea che la tecnologia può essere utilizzata in modo consapevole per rafforzare il nostro legame con la natura e promuovere uno stile di vita sostenibile.

Uno degli aspetti chiave della "natura ibrida" è l'uso della tecnologia per migliorare la nostra comprensione della natura stessa. Gli strumenti digitali, come le app di identificazione di piante o gli strumenti di monitoraggio ambientale, consentono alle persone di esplorare e comprendere meglio il mondo naturale. Queste risorse offrono una finestra sulla complessità degli ecosistemi, sui cicli stagionali, sul comportamento degli animali e sulle dinamiche climatiche.

Questa maggiore comprensione della natura può avere impatti psicologici significativi. La conoscenza approfondita della bellezza e della complessità della natura può generare un senso di meraviglia e rispetto. Può anche alimentare un desiderio di proteggere l'ambiente e di impegnarsi attivamente nella conservazione. La tecnologia diventa così uno strumento per rafforzare la nostra connessione emotiva con la natura, piuttosto che allontanarci da essa.

La "natura ibrida" ci invita a esplorare nuove forme di espressione artistica e creatività. L'arte digitale e la realtà virtuale offrono modi innovativi per rappresentare la natura e sperimentarla in modi nuovi. Ad esempio, le esperienze di realtà virtuale consentono alle persone di immergersi in scenari naturali, come una foresta pluviale o un fondale marino, senza dover viaggiare fisicamente in quei luoghi.

Questo apre nuove possibilità per l'arte e la creatività, consentendo agli artisti di esplorare la natura in modi mia prima d'ora concepiti.

La "natura ibrida" può anche portare a nuove forme di coinvolgimento sociale e di attivismo ambientale. La tecnologia digitale consente la creazione di comunità online di persone interessate alla natura e all'ambiente. Queste comunità possono condividere informazioni, organizzare azioni di sensibilizzazione e promuovere la conservazione. La tecnologia permette di raggiungere un pubblico globale, promuovendo una consapevolezza diffusa delle sfide ambientali.

La "natura ibrida" solleva anche domande importanti sulle sfide e le contraddizioni di questa relazione. Ad esempio, l'uso eccessivo della tecnologia, anche se mirato alla comprensione e alla conservazione della natura, può ancora portare a una disconnessione dalla realtà fisica. Le esperienze virtuali, se non bilanciate da un tempo trascorso all'aperto, possono isolare le persone dalla vera esperienza della natura.

L'uso intensivo della tecnologia nella conservazione può avere un impatto sulla privacy degli animali o sugli ecosistemi. La raccolta di dati attraverso droni o sensori può avere effetti collaterali non previsti sull'ambiente. Pertanto, è essenziale considerare attentamente l'eticità e l'efficacia di tali approcci.

La "natura ibrida" ci sfida anche a trovare un equilibrio tra l'uso della tecnologia e la nostra connessione diretta con la natura. Mentre la tecnologia può essere uno strumento prezioso, è importante non perdere di vista l'importanza di trascorrere del tempo in ambienti naturali, sperimentando la bellezza e la complessità della natura in prima persona. Questo bilancio tra il mondo digitale e la bellezza intrinseca del mondo naturale è essenziale per una visione completa e sostenibile della "natura ibrida."

Questa visione ci invita a esplorare nuove opportunità per la comprensione, l'arte, l'attivismo e la connessione emotiva con la natura. Tuttavia, richiede anche una riflessione critica sulla gestione etica e l'equilibrio tra il mondo digitale e la bellezza del mondo naturale. La "natura ibrida" rappresenta una sfida affascinante per il nostro tempo, in cui dobbiamo trovare modi per vivere in armonia con il mondo naturale e trarre vantaggio dalla tecnologia senza perdere di vista la nostra connessione con la terra che ci ospita.

In un'epoca dominata dalla tecnologia e dalle sfide ambientali, sorgono domande cruciali su come riconnetterci con la natura e affrontare tali sfide in modo sostenibile.

Il futuro dell'ambiente è una delle questioni più pressanti del nostro tempo. L'accelerazione del cambiamento climatico, la perdita di biodiversità e la crescente pressione antropica sugli ecosistemi richiedono azioni immediate. Il nostro rapporto con la natura, strettamente intrecciato con l'uso della tecnologia, gioca un ruolo chiave in questo contesto.

Una delle sfide più importanti è la necessità di riconnetterci con la natura. La tecnologia, pur offrendo opportunità di apprendimento e comprensione senza precedenti, può anche isolarci dal mondo naturale. La costante esposizione agli schermi, la vita urbana frenetica e la dipendenza dai dispositivi digitali possono allontanarci dalla bellezza e dalla complessità della natura circostante.

La disconnessione dalla natura ha impatti psicologici significativi. Molti studi suggeriscono che il tempo trascorso in ambienti naturali ha benefici per la salute mentale. La natura offre spazi di tranquillità e riflessione, riducendo lo stress, l'ansia e migliorando il benessere generale. La mancanza di contatto con la natura può portare a problemi come l'eco-ansia, un crescente senso di preoccupazione per il futuro ambientale.

La mancanza di connessione con la natura può contribuire all'indifferenza ambientale. Le persone tendono a preoccuparsi di ciò che conoscono e amano. Senza una vera connessione con l'ambiente naturale, è meno probabile che le persone si impegnino attivamente nella sua conservazione. La tecnologia, pur essendo uno strumento per la sensibilizzazione, può anche perpetuare questa disconnessione se non utilizzata in modo equilibrato.

Il futuro richiede quindi una riconnessione con la natura. Questo può essere facilitato dall'uso consapevole della tecnologia. Ad esempio, le app di escursionismo o le guide digitali alla natura possono incoraggiare le persone a esplorare parchi, riserve e luoghi naturali. L'uso della tecnologia come strumento educativo può accrescere la comprensione e la curiosità verso l'ambiente circostante.

Per questo è altrettanto importante promuovere un'esperienza diretta della natura. L'attività all'aperto, come l'escursionismo, il campeggio o la semplice passeggiata nel bosco, offre un'occasione per immergersi nella bellezza naturale e sperimentarne i benefici diretti. La tecnologia può fungere da ponte tra questi due mondi, offrendo informazioni e stimoli per esplorare la natura in prima persona.

Il futuro dell'ambiente richiede anche azioni concrete. La transizione verso un mondo più sostenibile è imperativa, e la tecnologia può svolgere un ruolo chiave in questo processo. Ad esempio, la biotecnologia offre soluzioni innovative per la produzione di cibo sostenibile. La coltivazione di colture resistenti alle condizioni climatiche estreme e il miglioramento della resa delle piante possono contribuire a garantire la sicurezza alimentare in un mondo in rapido cambiamento.

La tecnologia può essere utilizzata per il monitoraggio ambientale. La raccolta di dati ambientali attraverso sensori, droni e satelliti consente una comprensione più approfondita dei cambiamenti climatici e delle minacce all'ambiente. Questi dati forniscono basi scientifiche essenziali per la presa di decisioni informate e la formulazione di politiche ambientali.

L'ingegneria genetica delle piante e degli animali può sollevare preoccupazioni sulla sicurezza alimentare e sugli effetti collaterali non previsti. È essenziale garantire un'attenta valutazione degli impatti ambientali e sociali di queste tecnologie.

Il futuro dell'ambiente richiede   un impegno collettivo.
La sensibilizzazione ambientale, sostenuta dalla tecnologia,
può contribuire a mobilitare le persone e a promuovere
un'azione coordinata. La tecnologia consente la creazione di
reti di attivisti e la condivisione di informazioni e buone
pratiche. L'attivismo virtuale deve essere accompagnato da
azioni concrete, come la partecipazione a campagne di
conservazione, la riduzione dell'impronta ecologica personale
e il sostegno a politiche ambientali responsabili.
Il futuro dell'ambiente richiede infine una prospettiva a lungo
termine. Le sfide ambientali, come il cambiamento climatico
e la perdita di biodiversità, sono questioni che richiedono una
visione a lungo raggio e una responsabilità verso le generazioni
future. L'etica ambientale sottolinea il nostro dovere di
preservare la diversità della vita sulla Terra per le generazioni a
venire.
Nell'era digitale, la tecnologia offre strumenti potenti per
affrontare le sfide ambientali, ma è fondamentale utilizzarli
con saggezza. Il futuro richiede una "natura ibrida", in cui la
tecnologia e la natura coesistono in modo armonico. Questa
prospettiva invita a una riflessione profonda sul nostro ruolo
come custodi del pianeta e sulla necessità di bilanciare il
progresso tecnologico con la conservazione ambientale. Il
futuro dell'ambiente è una sfida e un'opportunità, e la scelta di
come affrontarla spetta a noi.
Questo non è solamente una questione pratica, ma rappresenta
un profondo impegno etico che richiede azioni concrete e
responsabili da parte di tutti noi. La preservazione della natura
non è solo un compito da affrontare, ma un dovere morale nei
confronti delle generazioni future e dell'intero pianeta.
Questo imperativo etico si basa su una prospettiva ecologica
che riconosce l'interconnessione di tutti gli esseri viventi
e dell'ambiente in cui viviamo. La Terra è un sistema
complesso in cui ogni forma di vita svolge un ruolo specifico,
contribuendo all'equilibrio ecologico e al benessere generale.
La perdita di una specie o la distruzione di un habitat ha

conseguenze che si propagano attraverso l'intera rete della vita. Pertanto, la conservazione della natura non è solo una questione di interesse umano, ma una responsabilità verso l'ecosistema terrestre nel suo complesso.

Questo imperativo etico richiede una trasformazione della nostra prospettiva sul pianeta. Dobbiamo spostarci da una visione antropocentrica, in cui l'umanità è al centro dell'universo, a una prospettiva ecocentrica che riconosce il valore intrinseco di ogni forma di vita e dell'ambiente in cui essa si sviluppa. Questo cambiamento di paradigma richiede una riconsiderazione profonda del nostro ruolo come specie dominante sulla Terra.

La conservazione dell'ambiente non è solo un'impostazione etica astratta, ma si traduce in azioni concrete. Queste azioni possono variare dalla creazione di parchi nazionali e riserve naturali alla protezione delle specie in via di estinzione e alla promozione di pratiche agricole sostenibili. Richiede anche uno sforzo collettivo per ridurre l'impatto dell'attività umana sull'ambiente attraverso la riduzione delle emissioni di gas serra, la gestione sostenibile delle risorse naturali e la promozione di un'economia circolare.

Dal punto di vista psicologico, l'imperativo etico della conservazione dell'ambiente può generare un senso di responsabilità e un profondo legame emotivo con la natura. Riconoscere il valore intrinseco di tutte le forme di vita porta a una maggiore empatia per gli animali, le piante e gli ecosistemi. Questo può generare un senso di preoccupazione e di protezione nei confronti della natura.

In alcuni casi, può anche portare a sentimenti di impotenza e disperazione. Di fronte alle sfide ambientali sempre più gravi, molte persone possono sentirsi sopraffatte e impotenti. L'eco-ansia, una crescente preoccupazione per il futuro ambientale, è un fenomeno psicologico ben documentato. È essenziale trovare un equilibrio tra la consapevolezza delle sfide e la speranza per il futuro, incoraggiando azioni positive.

Dal punto di vista sociologico, l'imperativo etico della

conservazione dell'ambiente può plasmare le norme sociali e le politiche pubbliche. La sensibilizzazione ambientale, alimentata dalla preoccupazione etica per la natura, può influenzare le decisioni governative e portare a misure di protezione ambientale più rigorose. Le organizzazioni ambientaliste, supportate da un crescente consenso etico, possono svolgere un ruolo chiave nel promuovere la conservazione.

L'imperativo etico richiede un cambiamento nei comportamenti individuali. La riduzione dell'impronta ecologica personale diventa un atto di responsabilità verso l'ambiente. Questo può portare a scelte di vita più sostenibili, come la riduzione dei consumi, l'uso di energie rinnovabili e la partecipazione attiva alla conservazione.

Nel contesto dell'imperativo etico della conservazione, diventa evidente l'importanza dell'educazione ambientale. I programmi educativi che promuovono la comprensione della natura e il rispetto per l'ambiente sono essenziali. Questa formazione può inculcare valori etici legati alla conservazione e promuovere la responsabilità personale per l'ambiente.

L'arte e la cultura svolgono un ruolo significativo nel promuovere questo imperativo etico. L'arte, la letteratura e la musica spesso attingono alla bellezza e alla complessità della natura per esprimere emozioni e concetti artistici. Queste opere possono suscitare una connessione emotiva con la natura e promuovere un senso di meraviglia e rispetto.

La narrazione e la rappresentazione artistica delle sfide ambientali possono sensibilizzare il pubblico e spingerlo all'azione. Opere d'arte e storie che mettono in luce la bellezza e la fragilità dell'ambiente possono ispirare un senso di urgenza e una motivazione per la conservazione.

Questa prospettiva etica si basa sulla comprensione dell'interconnessione di tutte le forme di vita e sull'importanza di riconoscere il valore intrinseco della natura. Richiede azioni concrete, sia a livello individuale che collettivo, per proteggere la biodiversità e preservare gli ecosistemi terrestri.

Dal punto di vista psicologico, questa prospettiva può generare un profondo legame emotivo con la natura, ma può anche portare a sensi di impotenza. È essenziale trovare un equilibrio tra la preoccupazione etica e la speranza per il futuro. Dal punto di vista sociologico, l'imperativo etico può plasmare le norme sociali e le politiche pubbliche, promuovendo la sensibilizzazione ambientale e la conservazione.

L'arte e la cultura svolgono un ruolo chiave nel promuovere questa prospettiva etica, ispirando una connessione emotiva con la natura e sensibilizzando il pubblico. In definitiva, l'imperativo etico della conservazione ci spinge a considerare il nostro ruolo come custodi del pianeta e ci ricorda la responsabilità di preservare la diversità della vita sulla Terra per le generazioni future.

Nell'era digitale, le fondamenta dell'istruzione stanno subendo una trasformazione epocale. La tecnologia, con la sua capacità di connettere persone da ogni angolo del pianeta e l'accesso illimitato a una vasta gamma di risorse educative online, sta aprendo le porte a un nuovo paradigma educativo.

La connessione globale attraverso la tecnologia

L'importanza della tecnologia nell'ambito dell'istruzione non può essere sottovalutata. La capacità di connettersi globalmente attraverso strumenti digitali sta ridefinendo il concetto di apprendimento. Gli studenti, indipendentemente da dove si trovino, possono ora accedere a conoscenze provenienti da ogni angolo del mondo. Questa connettività globale sta abbattendo le barriere geografiche e culturali, aprendo le porte a un apprendimento senza confini. Nell'era digitale, un giovane studioso in un piccolo villaggio in Africa ha lo stesso accesso a risorse educative di alta qualità di un collega in una metropoli europea. Questo livellamento del campo di gioco rappresenta un progresso significativo verso la democratizzazione dell'istruzione.

L'istruzione come diritto universale

La trasformazione dell'istruzione in un diritto universale è un pilastro fondamentale dell'era digitale. La tecnologia ha sollevato l'istruzione al centro dell'attenzione globale, spingendo verso la consapevolezza dell'importanza di considerarla come un diritto fondamentale per tutti. Non dovrebbe essere un privilegio riservato a pochi, ma un'opportunità accessibile a chiunque desideri coltivare la propria mente. La tecnologia ci ha portato più vicino alla realizzazione di questo obiettivo. Attraverso la condivisione globale di conoscenze e risorse, l'istruzione sta diventando sempre più inclusiva. L'istruzione nell'era digitale sta diventando un'ancora di stabilità per coloro che desiderano migliorare le proprie vite e contribuire a una società più equa. Una delle caratteristiche più significative dell'istruzione nell'era digitale è l'accesso 24/7 alle risorse educative online. Le biblioteche digitali, i corsi interattivi, le lezioni online e i materiali didattici sono disponibili in qualsiasi momento e ovunque ci sia una connessione a internet. Questo apre un mondo di possibilità per gli studenti e gli apprendenti di ogni età. L'apprendimento non è più legato a orari prestabiliti o limitato all'orario di apertura di una biblioteca. Gli studenti possono adattare il loro apprendimento ai propri ritmi e orari, aumentando l'efficacia dell'istruzione. Questa flessibilità è particolarmente importante per chi lavora o ha impegni familiari e non può partecipare a lezioni tradizionali durante il giorno. L'accesso costante a risorse educative online è un passo in avanti nella creazione di un'istruzione più accessibile e centrata sugli studenti. Strumenti digitali come Zoom hanno dimostrato l'impatto rivoluzionario che la tecnologia può avere nell'istruzione. Queste piattaforme di videoconferenza e comunicazione online hanno reso possibile l'apprendimento e l'insegnamento a distanza in modo efficace ed efficiente. Gli insegnanti e gli studenti possono partecipare a lezioni, conferenze e incontri virtuali da qualsiasi parte del mondo. Questa interattività in tempo reale ha abbattuto le barriere fisiche e reso l'apprendimento accessibile a chiunque abbia una connessione a internet. La pandemia globale ha accelerato l'adozione di queste tecnologie, dimostrando quanto possano essere preziose. Strumenti come Zoom stanno cambiando la dinamica tradizionale dell'insegnamento, aprendo nuove possibilità per l'istruzione a distanza, la collaborazione globale e l'apprendimento collaborativo. Nel mondo digitale, l'educazione è senza confini geografici. Gli studenti non sono più limitati dalla vicinanza fisica delle istituzioni educative. Possono partecipare a corsi offerti da università in tutto il mondo o apprendere da esperti in una varietà di campi, indipendentemente dalla loro posizione geografica. Questa prospettiva rivoluzionaria sta trasformando l'apprendimento da un'esperienza localizzata a un'opportunità globale. L'idea di un'educazione senza limiti geografici sta spingendo gli studenti a esplorare nuovi orizzonti del sapere e a immergersi in culture diverse. Questa diversità nell'apprendimento è un'opportunità preziosa per sviluppare la comprensione interculturale e la consapevolezza globale. L'istruzione nell'era digitale è una forza trainante verso un futuro più luminoso. La connettività globale, l'accesso ininterrotto alle risorse educative online, l'adozione di strumenti digitali come Zoom e l'idea di un'educazione senza limiti geografici stanno rivoluzionando il modo in cui apprendiamo e insegniamo. L'istruzione sta diventando un diritto universale, accessibile a tutti, ovunque si trovino. Questa trasformazione è un potente veicolo per l'uguaglianza, l'innovazione e la crescita personale. Nell'era digitale, le porte dell'apprendimento sono spalancate, e il futuro dell'istruzione promette di essere più brillante che mia.

La personalizzazione dell'apprendimento

Nell'era digitale, la personalizzazione dell'apprendimento è diventata una realtà tangibile che sta rivoluzionando il panorama educativo. Questo approccio all'istruzione non è più una promessa distante ma una realtà che sta trasformando il modo in cui gli studenti affrontano il loro percorso di apprendimento.

La personalizzazione dell'apprendimento non riguarda una misura unica per tutti, ma piuttosto il riconoscimento delle differenze individuali e l'adattamento dell'istruzione per soddisfare le esigenze uniche di ciascuno studente. In questo contesto, la tecnologia gioca un ruolo fondamentale. La capacità di sfruttare strumenti digitali per valutare le abilità e le lacune degli studenti apre la porta a un apprendimento su misura.

Ad esempio, gli educatori possono utilizzare quiz interattivi, test di autovalutazione e programmi di monitoraggio dei progressi per valutare le abilità di ciascuno studente. Questi strumenti permettono di identificare i punti di forza e le debolezze individuali, consentendo agli insegnanti di sviluppare piani di studio su misura. Questa personalizzazione mirata assicura che gli studenti non solo ricevano l'attenzione di cui hanno bisogno, ma che anche affrontino le sfide in modo mirato.

La personalizzazione dell'apprendimento offre agli studenti un alto grado di controllo sulla loro esperienza educativa. La tecnologia permette agli studenti di impostare il proprio ritmo di studio, consentendo loro di avanzare rapidamente nelle aree in cui eccellono e di trascorrere più tempo su concetti più complessi. Questa flessibilità è particolarmente importante per gli studenti che potrebbero avere impegni lavorativi o familiari che limitano il tempo dedicato all'istruzione.

La tecnologia offre anche risorse educative personalizzate. Gli studenti possono accedere a contenuti su misura per il loro livello di competenza e i loro interessi. Ad esempio, se uno studente sta studiando matematica, può accedere a lezioni, esercizi e materiali didattici specifici per il livello di competenza e gli obiettivi di apprendimento. Questa personalizzazione delle risorse educative assicura che gli studenti ricevano l'istruzione più rilevante e coinvolgente possibile.

Un altro aspetto cruciale della personalizzazione dell'apprendimento è l'attenzione alle esigenze degli studenti con abilità speciali. La tecnologia assistiva sta aprendo nuove possibilità per questi studenti, consentendo loro di superare le sfide che potrebbero incontrare nell'apprendimento. Ad esempio, gli studenti con disabilità visive possono utilizzare lettori di schermo per accedere a testi scritti, mentre gli studenti con disabilità uditive possono beneficiare di sottotitoli o traduzioni in lingua dei segni. Questi strumenti digitali rendono l'istruzione più inclusiva e consentono a tutti gli studenti di partecipare appieno all'apprendimento.

La personalizzazione dell'apprendimento non si ferma alla creazione di piani di studio su misura. Include anche il monitoraggio costante dei progressi degli studenti. Gli educatori possono utilizzare dati e analisi per valutare il rendimento degli studenti e apportare le necessarie modifiche al piano di studio. Questo approccio basato sui dati consente di individuare le aree in cui gli studenti potrebbero aver bisogno di ulteriore supporto e di fornire interventi mirati.

La personalizzazione dell'apprendimento non riguarda solo gli studenti. Gli insegnanti possono beneficiare dell'uso della tecnologia per adattare il loro insegnamento alle esigenze specifiche della classe. Ad esempio, possono utilizzare piattaforme di gestione dell'apprendimento per distribuire materiali didattici, comunicare con gli studenti e valutare i compiti. Queste piattaforme semplificano l'organizzazione delle attività didattiche e consentono agli insegnanti di risparmiare tempo prezioso.

La personalizzazione dell'apprendimento ha un impatto positivo sulla motivazione degli studenti. Quando gli studenti si sentono coinvolti in un processo educativo che tiene conto delle loro esigenze e interessi, sono più motivati a partecipare attivamente. Questa motivazione può portare a risultati di apprendimento migliori e al mantenimento di una mentalità di apprendimento a vita. Gli studenti non vedono più l'apprendimento come un'attività passiva, ma come un'opportunità di crescita personale e professionale.

La personalizzazione dell'apprendimento è uno dei pilastri fondamentali dell'istruzione nell'era digitale. La tecnologia sta rendendo possibile l'adattamento dell'istruzione alle esigenze individuali degli studenti, aumentando la motivazione e l'efficacia dell'apprendimento. Questa personalizzazione non solo beneficia gli studenti, ma anche gli insegnanti e le istituzioni educative nel loro insieme. La tecnologia sta spianando la strada a un'istruzione più centrata sugli studenti, inclusiva ed efficace. Il futuro dell'istruzione nell'era digitale è personalizzato, coinvolgente e orientato ai risultati.

L'Apprendimento Online

Nell'era digitale, l'apprendimento online è emerso come una modalità educativa di crescente rilevanza, trasformando la nostra concezione tradizionale dell'istruzione. L'istruzione a distanza e l'accesso a una vasta gamma di corsi e risorse educative online hanno aperto nuove opportunità per studenti di tutte le età. L'apprendimento online rappresenta una modalità di istruzione in cui gli studenti possono partecipare a corsi e acquisire conoscenze attraverso internet. Questa modalità offre una serie di vantaggi unici. Uno dei principali vantaggi dell'apprendimento online è l'accessibilità. Gli studenti possono partecipare a corsi provenienti da tutto il mondo senza dover viaggiare fisicamente. Questo apre le porte a un'ampia gamma di opportunità educative per coloro che potrebbero trovarsi in aree geografiche remote o non avere accesso a istituzioni educative tradizionali.

Un altro vantaggio chiave dell'apprendimento online è la flessibilità. Gli studenti possono adattare gli orari di studio ai propri impegni personali e professionali. Questo è particolarmente rilevante per coloro che lavorano a tempo pieno o hanno responsabilità familiari. L'apprendimento online consente loro di perseguire l'istruzione senza dover abbandonare il lavoro o rinunciare al tempo trascorso con la famiglia. la flessibilità nell'orario di studio offre agli studenti la possibilità di avanzare nel percorso di apprendimento al proprio ritmo, concentrandosi maggiormente sulle aree che richiedono più attenzione e approfondimento.

Le piattaforme di apprendimento online offrono una vasta gamma di corsi e risorse educative. Dagli argomenti accademici ai corsi professionali e alle lezioni di sviluppo personale, c'è praticamente una classe online per qualsiasi argomento o interesse. Questo è un aspetto importante dell'istruzione nell'era digitale, poiché offre agli studenti l'opportunità di seguire le proprie passioni e interessi. Gli studenti possono persino ottenere certificati o laurearsi online, dimostrando il loro apprendimento e migliorando le loro prospettive di carriera.

Un elemento fondamentale dell'apprendimento online è la democratizzazione dell'istruzione. Le piattaforme online hanno abbattuto le barriere tradizionali dell'istruzione, rendendola più accessibile a un pubblico globale. Questa democratizzazione è particolarmente importante per coloro che non hanno accesso a istituzioni educative tradizionali o che potrebbero essere in situazioni economiche sfavorevoli. L'apprendimento online offre l'opportunità di coltivare la propria mente e acquisire competenze, indipendentemente dalla propria ubicazione geografica o dalla propria condizione sociale.

L'apprendimento online non è limitato a un'età specifica o a una fase della vita. Gli studenti di tutte le età possono beneficiare delle opportunità educative online. Ad esempio, i professionisti che desiderano acquisire nuove competenze o migliorare le proprie prospettive di carriera possono frequentare corsi online. Gli adulti che cercano di perseguire un interesse personale o di reinventarsi possono trovare corsi online su una vasta gamma di argomenti. Anche i giovani studenti possono trarre vantaggio dall'apprendimento online, specialmente in situazioni in cui l'istruzione tradizionale è interrotta o limitata.

L'apprendimento online ha dimostrato il suo valore in situazioni di crisi, come la pandemia globale di Covid-19. Con le scuole e le università chiuse in tutto il mondo, l'apprendimento online è diventato un mezzo essenziale per garantire che l'istruzione potesse continuare senza interruzioni significative. Gli educatori, gli studenti e le famiglie hanno dovuto adattarsi rapidamente a questa nuova modalità di apprendimento, dimostrando la sua flessibilità e rilevanza in situazioni di emergenza.

Un altro aspetto importante dell'apprendimento online è la possibilità di apprendere attraverso l'interazione e la collaborazione online. Le piattaforme di apprendimento online spesso includono forum, chat e strumenti di collaborazione che consentono agli studenti di comunicare tra loro e con gli insegnanti. Questa interazione online può riprodurre molte delle dinamiche di apprendimento presenti nelle aule tradizionali, promuovendo la partecipazione attiva e il dibattito. gli studenti possono condividere risorse, progetti e conoscenze, rendendo l'apprendimento un'esperienza più ricca.

L'apprendimento online rappresenta una componente essenziale dell'istruzione nell'era digitale. Questa modalità educativa offre accessibilità, flessibilità e una vasta gamma di opportunità di apprendimento. democratizza l'istruzione, offrendola a un pubblico globale e di tutte le età. L'apprendimento online è diventato un elemento chiave nell'assicurare che l'istruzione sia resiliente in situazioni di crisi. In un mondo sempre più connesso digitalmente, l'apprendimento online è una risorsa preziosa per chiunque desideri coltivare la propria mente e acquisire nuove competenze.

L'integrazione della tecnologia in classe

Nell'era digitale, l'integrazione della tecnologia in classe sta cambiando radicalmente la dinamica dell'insegnamento e dell'apprendimento. Gli educatori di tutto il mondo stanno scoprendo come sfruttare gli strumenti digitali per migliorare l'esperienza di apprendimento dei loro studenti.

Uno degli aspetti più evidenti dell'integrazione della tecnologia in classe è l'uso diffuso di dispositivi digitali. Tablet, laptop e dispositivi mobili sono diventati strumenti comuni nelle aule di tutto il mondo. Gli studenti utilizzano questi dispositivi per accedere a materiali didattici online, partecipare a lezioni virtuali e completare attività interattive. L'uso di dispositivi digitali in classe consente una maggiore flessibilità nell'apprendimento e l'accesso immediato a una vasta gamma di risorse educative.

Le applicazioni educative stanno diventando sempre più comuni. Gli educatori utilizzano app specifiche per insegnare concetti complessi in modo più interattivo e coinvolgente. Ad esempio, le app di matematica possono trasformare equazioni astratte in giochi interattivi, rendendo l'apprendimento divertente ed efficace. Queste app non sostituiscono l'insegnante, ma fungono da strumento complementare per arricchire l'esperienza di apprendimento degli studenti.

La tecnologia ha reso possibile la creazione di risorse multimediali di alta qualità. Video didattici, simulazioni e animazioni possono essere utilizzati per visualizzare concetti astratti e rendere l'apprendimento più tangibile. Questi elementi visivi aiutano gli studenti a comprendere meglio gli argomenti e a ricordarli più a lungo. la tecnologia ha aperto la porta a lezioni virtuali e conferenze online, che permettono agli studenti di partecipare a discussioni e apprendere da esperti di tutto il mondo.

L'integrazione della tecnologia in classe non riguarda solo gli strumenti, ma anche un cambiamento nella metodologia dell'insegnamento. Gli educatori stanno spesso adottando approcci più attivi e partecipativi, in cui gli studenti svolgono un ruolo centrale nel processo di apprendimento. Ad esempio, l'apprendimento basato su progetti è diventato una pratica comune, in cui gli studenti lavorano insieme per risolvere problemi del mondo reale. La tecnologia supporta questi approcci fornendo agli studenti gli strumenti per la ricerca, la collaborazione e la presentazione dei loro progetti.

L'integrazione della tecnologia in classe ha anche cambiato il modo in cui gli insegnanti forniscono feedback agli studenti. Le piattaforme online consentono agli insegnanti di valutare rapidamente il lavoro degli studenti e di fornire feedback istantaneo. Questa pratica non solo accelera il processo di valutazione, ma permette agli studenti di migliorare costantemente le proprie prestazioni. Gli insegnanti possono anche monitorare i progressi degli studenti nel tempo e adattare il proprio insegnamento in base alle esigenze individuali.

La tecnologia non è solo un mezzo per migliorare l'esperienza di apprendimento degli studenti, ma anche un modo per favorire l'inclusione. Gli strumenti di tecnologia assistiva, come i lettori di schermo e i traduttori di testo in lingua dei segni, possono aiutare gli studenti con disabilità a partecipare pienamente alle attività didattiche. L'integrazione della tecnologia in classe mira a garantire che tutti gli studenti abbiano pari accesso all'istruzione.

L'integrazione della tecnologia in classe prepara gli studenti per il futuro. In un mondo in cui la tecnologia è onnipresente, le competenze digitali sono essenziali. Gli studenti che imparano a utilizzare strumenti digitali in modo efficace sono meglio preparati per affrontare sfide future e sfruttare le opportunità professionali. l'integrazione della tecnologia in classe insegna anche abilità di pensiero critico, risoluzione dei problemi e creatività, che sono fondamentali per il successo nel mondo moderno.

In sintesi, l'integrazione della tecnologia in classe sta ridefinendo il modo in cui insegniamo e apprendiamo. Gli strumenti digitali, le app educative e le risorse multimediali stanno migliorando l'accesso all'istruzione, arricchendo l'esperienza di apprendimento degli studenti e preparandoli per il futuro. Questo cambiamento non è solo tecnologico, ma anche metodologico, con un focus crescente sull'apprendimento attivo e partecipativo. L'integrazione della tecnologia in classe rappresenta un passo avanti nell'assicurare che l'istruzione sia rilevante, inclusiva e prepari gli studenti per sfide e opportunità future.

La democrazia dell'apprendimento

L'era digitale ha portato con sé una rivoluzione nell'accesso all'istruzione e nella condivisione della conoscenza. La democrazia dell'apprendimento è un concetto fondamentale in questo contesto, poiché indica come la tecnologia abbia trasformato l'educazione in un bene accessibile a chiunque desideri imparare, condividere conoscenze e partecipare a comunità di apprendimento online. Esamineremo in dettaglio come la democrazia dell'apprendimento stia ridisegnando il panorama educativo, promuovendo l'uguaglianza e l'innovazione.

Un aspetto chiave della democrazia dell'apprendimento è l'accesso universale alla conoscenza. Grazie a internet, il sapere è ora a portata di clic per chiunque abbia una connessione. Questo significa che non ci sono più barriere geografiche o economiche che impediscono alle persone di imparare.

Anche coloro che vivono in aree remote o in comunità sottosviluppate possono accedere a risorse educative di alta qualità. Questa democratizzazione dell'istruzione è un passo significativo verso la riduzione delle disuguaglianze educative e l'apertura delle porte dell'apprendimento a un pubblico globale.

La democrazia dell'apprendimento si basa sulla condivisione della conoscenza. Le piattaforme online, come i forum, i blog, i social media e i siti web di condivisione di video, hanno reso possibile per chiunque condividere informazioni, competenze e esperienze. Questo fenomeno è particolarmente evidente nel caso delle piattaforme di apprendimento collaborativo, in cui gli studenti possono interagire, scambiare idee e costruire la conoscenza collettivamente. La condivisione della conoscenza consente una distribuzione più equa dell'istruzione e favorisce la collaborazione globale.

Un'altra caratteristica importante della democrazia dell'apprendimento è l'autoapprendimento. Gli individui possono assumere un ruolo attivo nel loro processo educativo, scegliendo ciò che desiderano apprendere e quando farlo. La tecnologia offre una vasta gamma di risorse e strumenti che consentono agli studenti di perseguire i propri interessi e obiettivi di apprendimento in modo autonomo. Questo approccio all'istruzione dà il potere agli studenti di sviluppare abilità di auto-regolamentazione, auto-motivazione e auto-direzione, competenze preziose in un mondo in rapida evoluzione.

La democrazia dell'apprendimento si estende oltre i confini dell'istruzione formale. Le comunità di apprendimento online stanno emergendo come luoghi in cui gli individui possono condividere conoscenze e collaborare su progetti comuni. Queste comunità sono spesso organizzate intorno a interessi specifici, dalla programmazione informatica all'arte, dalla cucina all'astronomia. Gli appassionati e gli esperti di tutto il mondo si riuniscono per apprendere e condividere, creando un ambiente di apprendimento globale.

La democrazia dell'apprendimento non è limitata alla dimensione individuale o collettiva, ma si estende anche all'innovazione educativa. Gli educatori e gli appassionati di tecnologia stanno costantemente sperimentando nuovi approcci all'istruzione, spinti dall'idea di migliorare l'apprendimento e rendere l'istruzione più coinvolgente. Questa cultura di sperimentazione ha portato a nuove metodologie educative, come il flipped classroom, in cui le lezioni tradizionali vengono sostituite da risorse online, mentre l'istruzione in classe si concentra sull'applicazione pratica del sapere. Questi approcci innovativi mirano a soddisfare le esigenze dei nuovi studenti digitali e a rendere l'apprendimento più centrato sugli studenti.

Un aspetto importante della democrazia dell'apprendimento è la valutazione e il riconoscimento del sapere. Le nuove modalità di apprendimento e l'accesso a una vasta gamma di risorse educative hanno sollevato la questione del riconoscimento delle competenze acquisite al di fuori dell'istruzione formale. Le organizzazioni stanno sviluppando strumenti e piattaforme per la valutazione delle competenze, consentendo agli individui di dimostrare ciò che sanno e ciò che sono in grado di fare. Questa evoluzione sta aprendo nuove possibilità per il riconoscimento dell'apprendimento informale e non formale, promuovendo l'apprendimento lungo tutto l'arco della vita.

In sintesi, la democrazia dell'apprendimento è una forza trasformatrice nell'istruzione nell'era digitale. Questa filosofia promuove l'accesso universale alla conoscenza, la condivisione della conoscenza, l'autoapprendimento e la collaborazione globale. La tecnologia gioca un ruolo chiave nel rendere possibile la democrazia dell'apprendimento, abbattendo barriere e aprendo le porte dell'istruzione a un pubblico globale. Questo cambiamento non riguarda solo l'istruzione formale, ma coinvolge anche comunità di apprendimento online e spinge l'innovazione educativa. La democrazia dell'apprendimento è una forza inclusiva e potente che sta trasformando il modo in cui apprendiamo e condividiamo la conoscenza.

Etica e morale tecnologica nello studio

Sebbene l'uso della tecnologia in classe offra molteplici vantaggi, presenta anche diverse sfide etiche che educatori, studenti e società nel suo complesso devono affrontare in modo responsabile.

Una delle principali preoccupazioni etiche legate all'uso della tecnologia in classe riguarda la privacy degli studenti. L'accesso a una vasta quantità di dati personali, raccolti attraverso l'uso di dispositivi digitali e piattaforme online, ha generato preoccupazioni sulla protezione dei dati degli studenti. Le istituzioni educative e le aziende tecnologiche devono garantire che i dati degli studenti siano adeguatamente protetti e utilizzati solo per scopi educativi legittimi. La cattiva gestione dei dati degli studenti potrebbe avere gravi conseguenze sulla loro privacy e sulla sicurezza.

L'accesso equo alle risorse educative è una questione fondamentale. Sebbene la tecnologia offra opportunità di apprendimento senza precedenti, esistono disuguaglianze nell'accesso alle risorse digitali. Non tutti gli studenti hanno a disposizione dispositivi o connessioni internet affidabili a casa. Questa mancanza di accesso può creare divari nell'apprendimento tra gli studenti e alimentare ulteriori disuguaglianze. Gli educatori devono essere consapevoli di queste disparità e lavorare per garantire che tutti gli studenti abbiano pari opportunità di beneficiare dell'apprendimento digitale.

Un'altra sfida etica riguarda l'uso responsabile delle tecnologie in classe. Mentre la tecnologia può migliorare l'apprendimento, può anche diventare una distrazione o addirittura un'opportunità per la frode accademica. Gli insegnanti devono trovare modi efficaci per monitorare l'uso dei dispositivi digitali in classe e promuovere comportamenti etici tra gli studenti. Allo stesso tempo, è essenziale educare gli studenti sull'importanza dell'uso responsabile della tecnologia e sulle conseguenze della cattiva condotta online.

La dipendenza dalla tecnologia è un'altra questione etica da considerare. Molti studenti trascorrono ore al giorno di fronte a schermi digitali, sia per scopi educativi che ricreativi. Questa dipendenza dalla tecnologia può avere un impatto sulla salute mentale e fisica degli studenti. Gli educatori devono trovare un equilibrio tra l'uso della tecnologia e altre attività che promuovano lo sviluppo di abilità sociali, fisiche e creative.

La tecnologia può presentare sfide etiche legate all'automazione e all'intelligenza artificiale. L'uso crescente di chatbot e algoritmi di apprendimento automatico nell'istruzione solleva domande sulla trasparenza e l'equità. Gli educatori e gli studenti devono comprendere come funzionano questi sistemi e quali implicazioni etiche possono avere. Ad esempio, l'uso di algoritmi per valutare il rendimento degli studenti può sollevare preoccupazioni sulla discriminazione e sulla mancanza di considerazione delle specifiche circostanze individuali.

L'etica dell'uso della tecnologia in classe riguarda anche la necessità di insegnare agli studenti abilità digitali e la consapevolezza delle implicazioni etiche delle tecnologie digitali. Gli studenti devono essere formati sull'importanza dell'etica online, del rispetto della privacy, della sicurezza informatica e della comprensione delle conseguenze delle proprie azioni digitali. Queste competenze sono fondamentali per navigare in un mondo digitale in continua evoluzione e per essere cittadini responsabili.

L'uso della tecnologia in classe apporta vantaggi significativi all'istruzione, ma comporta anche sfide etiche importanti. La privacy degli studenti, l'accesso equo alle risorse digitali, l'uso responsabile della tecnologia e la consapevolezza delle implicazioni etiche sono questioni cruciali da affrontare. Gli educatori, gli studenti e la società nel suo complesso devono essere consapevoli di queste sfide e lavorare insieme per garantire che l'integrazione della tecnologia nell'istruzione avvenga in modo etico e responsabile.

Il ruolo degli insegnanti nell'era digitale

L'era digitale ha portato cambiamenti significativi nel ruolo degli insegnanti. Mentre la tecnologia ha trasformato l'istruzione in molteplici modi, il ruolo dell'insegnante rimane centrale, ma si è evoluto per adattarsi a un mondo sempre più digitale. Gli insegnanti e gli educatori sono diventati guide, facilitatori e mentor nell'era digitale, affrontando sfide e sfruttando le opportunità offerte dalla tecnologia.

In passato, l'insegnante era spesso visto come l'unica fonte di conoscenza in classe. Gli studenti dipendevano in gran parte dagli insegnanti per l'accesso alle informazioni. Oggi, con l'avvento della tecnologia, l'accesso a una vasta gamma di risorse educative è diventato più accessibile. Gli insegnanti non sono più l'unica fonte di informazioni, ma svolgono il ruolo di guide nel processo di apprendimento. Questo significa che devono aiutare gli studenti a sviluppare abilità di ricerca e valutazione delle fonti, insegnando loro come navigare in modo critico nel mondo digitale.

Gli insegnanti nell'era digitale devono anche essere facilitatori dell'apprendimento. Le lezioni tradizionali in cui l'insegnante trasmette passivamente le informazioni sono sempre più sostituite da metodi più interattivi e partecipativi. Gli insegnanti incoraggiano gli studenti a esplorare, scoprire e apprendere in modo attivo. L'apprendimento basato su progetti, ad esempio, richiede agli studenti di assumere un ruolo attivo nella definizione dei propri obiettivi di apprendimento, nella ricerca di informazioni e nella presentazione dei risultati. Gli insegnanti fungono da facilitatori che forniscono supporto e guida durante questo processo.

Gli insegnanti svolgono il ruolo di mentor nell'era digitale. La tecnologia può essere un ambiente di apprendimento complesso, e gli studenti hanno bisogno di modelli di ruolo che li guidino nella navigazione di questo mondo digitale. Gli insegnanti non solo trasmettono conoscenze, ma anche aiutano gli studenti a sviluppare abilità di pensiero critico, risoluzione dei problemi e cittadinanza digitale responsabile. Questo ruolo di mentorato è fondamentale per aiutare gli studenti a comprendere le implicazioni etiche e sociali della tecnologia.

La tecnologia ha anche consentito una maggiore personalizzazione dell'apprendimento, ma ciò comporta sfide per gli insegnanti. Gli studenti possono accedere a contenuti online su misura per le loro esigenze individuali, ma gli insegnanti devono essere in grado di adattare il loro insegnamento a una classe con studenti che possono progredire a ritmi diversi. Questo richiede un'attenzione particolare all'individuazione delle esigenze degli studenti e alla creazione di piani di apprendimento personalizzati. Gli insegnanti nell'era digitale devono essere in grado di utilizzare dati e analisi per valutare il progresso degli studenti e adattare il loro insegnamento di conseguenza.

Un'altra sfida per gli insegnanti è l'uso etico della tecnologia in classe. Devono insegnare agli studenti a utilizzare la tecnologia in modo responsabile, rispettando la privacy degli altri e affrontando le questioni legate al cyberbullismo e alla sicurezza online. devono essere preparati a gestire situazioni in cui l'uso della tecnologia può essere una distrazione o addirittura un ostacolo all'apprendimento. Gli insegnanti devono trovare modi creativi per coinvolgere gli studenti nella tecnologia in modo costruttivo e per mantenere un ambiente di apprendimento concentrato.

L'adattabilità è una competenza chiave per gli insegnanti nell'era digitale. La tecnologia evolve rapidamente, e gli insegnanti devono essere disposti a imparare costantemente nuovi strumenti e approcci. La formazione professionale continua è fondamentale per consentire agli insegnanti di rimanere aggiornati sulle ultime tendenze ed evoluzioni nel campo dell'istruzione digitale. L'insegnamento nell'era digitale richiede flessibilità e apertura al cambiamento.

Gli insegnanti devono essere sostenitori dell'accesso equo alla tecnologia. Devono essere consapevoli delle disuguaglianze nell'accesso a dispositivi e connessioni internet tra gli studenti e lavorare per garantire che tutti abbiano pari opportunità di beneficiare della tecnologia nell'istruzione. Questo può comportare sforzi per garantire che le risorse digitali siano accessibili a tutti gli studenti, indipendentemente dalla loro situazione economica o geografica.

Il ruolo degli insegnanti nell'era digitale è cruciale e in continua evoluzione. Essi sono guide, facilitatori e mentori nell'apprendimento degli studenti, affrontando sfide etiche e sfruttando le opportunità offerte dalla tecnologia. Gli insegnanti devono essere preparati a un ambiente di apprendimento sempre più interattivo e personalizzato, e devono essere pronti ad adattarsi costantemente alle nuove sfide e opportunità che l'era digitale offre. Il loro ruolo rimane centrale nell'educare le nuove generazioni a navigare nel mondo digitale in modo responsabile e competente.

L'apprendimento a distanza nell'era post-pandemia

La pandemia di Covid-19 ha avuto un impatto significativo

sull'istruzione in tutto il mondo. L'apprendimento a distanza è diventato la norma per milioni di studenti, educatori e istituzioni educative. C'è da dire che mentre l'era della pandemia ha portato problemi e turbamenti, ha anche aperto nuove discussioni e possibilità per il futuro dell'apprendimentoa distanza.

Un cambiamento significativo che la pandemia ha portato all'apprendimento a distanza è stata l'accelerazione dell'adozione di tecnologie digitali nell'istruzione. Gli educatori e gli studenti sono stati costretti a familiarizzare con strumenti online, piattaforme di apprendimento, videoconferenze e applicazioni educative. Questa immersione forzata nel mondo digitale ha spinto molte istituzioni a investire in infrastrutture tecnologiche e formazione del personale, aprendo nuove possibilità per un apprendimento più integrato e interattivo.

Una delle sfide più evidenti dell'apprendimento a distanza è stata la questione dell'accesso equo. La pandemia ha evidenziato disuguaglianze nell'accesso a dispositivi, connessioni internet affidabili e spazi adatti per l'apprendimento. Gli studenti provenienti da famiglie a basso reddito o da comunità rurali hanno affrontato sfide particolarmente difficili nell'adattarsi all'apprendimento a distanza. Questa disuguaglianza ha portato a un dibattito sulla necessità di garantire un accesso universale alla tecnologia e alla connettività.

Un punto di discussione importante è stato il ruolo degli insegnanti nell'apprendimento a distanza. Gli educatori hanno dovuto adattare le loro metodologie e sviluppare nuove competenze per gestire le lezioni online. Molti insegnanti hanno sperimentato il cosiddetto "Zoom fatigue," ossia una stanchezza dovuta alle lunghe ore trascorse davanti a schermi. Questo ha sollevato domande sul benessere degli insegnanti e sulla necessità di fornire loro il supporto necessario per l'insegnamento online efficace.

Un altro aspetto significativo è stato il coinvolgimento degli studenti nell'apprendimento a distanza. Molti studenti hanno avuto difficoltà a rimanere motivati e concentrati durante le lezioni online. La mancanza di interazioni faccia a faccia e il distacco dagli ambienti di apprendimento tradizionali hanno influito sul loro coinvolgimento e sulla qualità complessiva dell'apprendimento. Questo solleva interrogativi sulla progettazione di esperienze di apprendimento online più coinvolgenti e sulla promozione di un maggiore coinvolgimento degli studenti.

Un'ulteriore considerazione è stata l'efficacia dell'apprendimento a distanza rispetto all'apprendimento in presenza. Mentre l'apprendimento a distanza ha dimostrato di essere una soluzione necessaria durante la pandemia, alcune ricerche indicano che il coinvolgimento e i risultati di apprendimento possono variare in base al formato dell'insegnamento. Questo ha portato a una riflessione su come ottimizzare l'uso dell'apprendimento a distanza in modo complementare all'apprendimento in presenza, creando esperienze di apprendimento ibride che sfruttano il meglio di entrambi i mondi.

La pandemia ha anche sollevato domande sulla valutazione e il riconoscimento del sapere acquisito durante l'apprendimento a distanza. Gli esami e le valutazioni online hanno generato preoccupazioni sulla possibilità di cheating (ovvero imbroglire) e sulla validità delle valutazioni. Resta il fatto che l'esperienza della pandemia ha spinto a una maggiore esplorazione di nuove metodologie di valutazione, come progetti basati su competenze, presentazioni e valutazioni continue, che mettono in risalto le abilità pratiche e la comprensione del contenuto.

Nel futuro dell'apprendimento nell'era post-pandemia, è probabile che l'apprendimento a distanza continuerà a svolgere un ruolo importante. Sarà fondamentale affrontare le lacune durante la pandemia e lavorare per migliorare l'equità nell'accesso alla tecnologia e alla connettività. Gli educatori dovranno continuare a sviluppare competenze nell'insegnamento online efficaci e nell'uso di strumenti digitali.

La pandemia ha accelerato l'adozione dell'apprendimento a distanza, portando con sé sfide e opportunità uniche. L'apprendimento a distanza continuerà a essere un elemento significativo del panorama educativo nell'era post-pandemia, e sarà essenziale affrontare le sfide dell'accesso equo, del coinvolgimento degli studenti, della formazione degli insegnanti e della valutazione. L'apprendimento nell'era post-pandemia sarà influenzato dalla nostra capacità di affrontare queste sfide in modo proattivo e di sfruttare le opportunità che l'apprendimento a distanza ha reso evidenti.

Il futuro dell'educazione

L'educazione sta vivendo una trasformazione epocale nell'era digitale, e il futuro dell'istruzione si prospetta entusiasmante e ricco di sfide.

Un elemento chiave del futuro dell'educazione è l'approfondimento dell'apprendimento personalizzato. Grazie alla tecnologia, gli educatori possono raccogliere dati dettagliati sul progresso degli studenti e adattare il curriculum alle loro esigenze specifiche. Questo significa che gli studenti non saranno più vincolati da un'unica velocità di apprendimento, ma potranno progredire a ritmi diversi. L'apprendimento personalizzato consente agli studenti di sviluppare le proprie abilità in modo più efficace, concentrandosi sulle aree in cui hanno bisogno di maggior supporto e avanzando rapidamente in quelle in cui eccellono.

Le nuove tecnologie, come la realtà virtuale e aumentata, cambieranno drasticamente l'ambiente di apprendimento. Gli studenti potranno immergersi in esperienze educative interattive, esplorando luoghi lontani, scoprendo fenomeni scientifici e partecipando a simulazioni realistiche. Questo tipo di apprendimento esperienziale può rendere i concetti astratti più tangibili e stimolanti, potenziando la comprensione e l'entusiasmo degli studenti.

Un altro sviluppo importante è la crescente enfasi sull'educazione basata sulle competenze. Oltre alla conoscenza dei fatti, gli studenti dovranno acquisire abilità pratiche come il pensiero critico, la risoluzione dei problemi, la comunicazione e la collaborazione. Queste competenze sono fondamentali per il successo nella società del futuro, in cui la capacità di adattarsi e apprendere in modo continuo è essenziale. Gli educatori si concentreranno sempre di più su come sviluppare queste abilità chiave nei loro studenti.

La collaborazione globale sarà una caratteristica distintiva del futuro dell'educazione. Gli studenti avranno l'opportunità di connettersi con coetanei da tutto il mondo, lavorando insieme su progetti ed esplorando diverse culture. Questa interazione globale promuoverà la comprensione interculturale, l'apertura mentale e la cittadinanza globale. In un mondo sempre più interconnesso, queste competenze diventano essenziali.

La flessibilità diventerà una caratteristica fondamentale del futuro dell'istruzione. La separazione rigida tra apprendimento formale e informale si affievolirà, consentendo agli studenti di apprendere in una varietà di contesti, da aule tradizionali a spazi informali, laboratori, biblioteche e online. Questo approccio più flessibile permetterà agli studenti di seguire le proprie passioni e di apprendere in modi che rispecchiano il loro stile individuale.

La valutazione dell'apprendimento subirà cambiamenti significativi. Le tradizionali prove scritte potrebbero cedere il passo a valutazioni basate su progetti, presentazioni e dimostrazioni pratiche delle competenze acquisite. Le valutazioni saranno incentrate sulla comprensione profonda e sull'applicazione pratica delle conoscenze e delle abilità.

La formazione degli insegnanti sarà fondamentale per garantire che il futuro dell'educazione sia di successo. Gli educatori dovranno sviluppare competenze nell'uso delle nuove tecnologie e nell'implementazione di metodologie didattiche innovative. la formazione continua diventerà una parte essenziale della carriera degli insegnanti, poiché dovranno rimanere aggiornati sulle ultime tendenze educative e tecnologiche.

La partnership tra istruzione e settore aziendale diventerà sempre più stretta. Le aziende avranno un ruolo attivo nella definizione dei curricula e nell'offerta di opportunità di apprendimento pratico. Gli studenti avranno l'opportunità di acquisire esperienze di lavoro nel mondo reale e di connettersi con professionisti del settore.

Un elemento cruciale del futuro dell'educazione sarà l'accento sulla cittadinanza digitale e sull'etica nell'uso della tecnologia. Gli studenti dovranno comprendere le implicazioni etiche delle tecnologie digitali, dalla privacy alla sicurezza informatica e alla disinformazione online. Saranno formati su come utilizzare la tecnologia in modo responsabile e consapevole.

Il futuro dell'educazione sarà caratterizzato da un impegno crescente nell'affrontare sfide globali come il cambiamento climatico, la disuguaglianza e la salute pubblica. Gli studenti saranno incoraggiati a esplorare soluzioni innovative per questi problemi e a diventare agenti di cambiamento nella società.

Il futuro dell'educazione si presenta come un mondo affascinante, ricco di opportunità e sfide. Gli sviluppi tecnologici, l'attenzione alle competenze, la flessibilità e la collaborazione globale definiranno il paesaggio educativo dei prossimi anni. Gli educatori e gli studenti dovranno essere pronti ad abbracciare il cambiamento e ad adattarsi a un mondo in evoluzione costante. L'educazione del futuro preparerà gli studenti non solo con conoscenze e abilità, ma anche con la capacità di affrontare le sfide del mondo moderno in modo responsabile, creativo e consapevole.

Nel mondo in cui viviamo, costantemente in evoluzione, ci troviamo di fronte a una sfida unica e affascinante: dobbiamo imparare a ballare con grazia tra il digitale e il reale. Questa danza è molto più di un semplice equilibrio tra le sfere online e offline della nostra esistenza; è un'arte sottile, una coreografia complessa che richiede pratica, attenzione e una profonda comprensione di chi siamo e del mondo che ci circonda.

Il digitale, con la sua crescente onnipresenza, ci offre opportunità straordinarie e ci mette di fronte a sfide senza precedenti. Dalla connettività globale alla possibilità di esplorare culture e conoscenze da tutto il mondo, il mondo digitale è un mondo di infinite possibilità. Questa stessa connettività ci espone anche a nuove forme di stress, distrazione e dipendenza. La costante sollecitazione delle notifiche, la pressione per mantenersi sempre connessi e la tentazione di immergersi in mondi virtuali possono mettere a dura prova la nostra capacità di trovare l'equilibrio tra il mondo digitale e la realtà tangibile.

Per trovare questo equilibrio, dobbiamo imparare a muoverci tra queste due realtà con la grazia di un ballerino, sempre consapevoli della melodia che guida la nostra vita. La danza tra il digitale e il reale non implica necessariamente una divisione netta tra le due sfere; al contrario, richiede una sinergia, una fusione armoniosa. Ciò significa essere in grado di sfruttare le opportunità che il mondo digitale offre senza perdere di vista l'importanza della vita reale.

Il digitale, per esempio, può arricchire la nostra esperienza umana. Grazie a internet, possiamo apprendere da maestri e menti brillanti in tutto il mondo. Possiamo esplorare culture e tradizioni diverse senza mia lasciare il nostro angolo del mondo. La connettività digitale ci consente di connetterci con persone che altrimenti non avremmo mia incontrato e di condividere le nostre idee e passioni con una vasta comunità globale. Questa è la bellezza del mondo digitale: l'apertura a un universo di possibilità che va ben oltre le limitazioni della nostra vita quotidiana.

Saper disconnettersi, spegnere il rumore digitale e ritornare alla tranquillità della vita reale è davvero fondamentale per il nostro benessere psico-fisico. Quando ci immergiamo troppo nel digitale, rischiamo di perdere di vista il mondo reale. Per apprezzare appieno la bellezza della vita offline, dobbiamo concederci pause, momenti di silenzio in cui possiamo contemplare il mondo e riflettere sui nostri pensieri più profondi.

Il silenzio è una risorsa preziosa che spesso trascuriamo nella frenesia digitale. È nel silenzio che troviamo la possibilità di riflettere su chi siamo, sui nostri sogni e sulle connessioni autentiche con gli altri. Nel rumore costante del digitale, questi pensieri e riflessioni rischiano di andare perduti. Il silenzio ci offre la possibilità di ascoltare il nostro mondo interiore, di esplorare i nostri desideri più profondi e di nutrire la nostra creatività.

Riflettere è una pratica che richiede tempo e pazienza. È un'arte antica che può sembrare estranea nella società moderna, ma è più importante che mia. Nella riflessione, scopriamo chi siamo veramente, al di là delle maschere che spesso indossiamo online. Questi momenti di introspezione ci permettono di esplorare i nostri sogni nascosti, le aspirazioni che forse abbiamo sepolto sotto il peso delle aspettative degli altri o delle pressioni digitali. Nella frenesia della comunicazione digitale, spesso tralasciamo la profondità delle nostre interazioni. Ciò che conta davvero non è il numero di amici o follower che abbiamo online, ma la qualità delle connessioni che creiamo. La riflessione ci aiuta a comprendere meglio noi stessi, il che, a sua volta, ci rende più capaci di comprendere gli altri e di stabilire legami significativi.

Un aspetto fondamentale della danza tra il digitale e il reale è la consapevolezza della fragilità dell'esistenza umana. Riconoscere la nostra vulnerabilità e la nostra finitezza ci spinge a valorizzare ogni momento. La vita è un dono prezioso, eppure spesso la prendiamo scontata. La distrazione digitale ci fa dimenticare quanto sia fragile la nostra esistenza e quanto sia importante dedicarci alle cose che davvero contano.

La fragilità dell'esistenza umana può spaventare, ma può anche ispirarci a vivere una vita piena di significato. Quando comprendiamo che il tempo è limitato, siamo spinti a concentrarci su ciò che davvero conta per noi. La famiglia, gli amici, l'amore, la creazione, il contributo alla società - questi sono i pilastri della nostra esistenza che meritano la nostra attenzione. La danza tra il digitale e il reale ci insegna a bilanciare queste priorità, a riconoscere l'importanza di essere presenti nei momenti chiave della nostra vita.

La resilienza umana è un alleato fondamentale in questa danza. La nostra capacità di adattarci alle sfide dell'era digitale, di apprendere dai nostri errori e di trovare il coraggio di cercare l'equilibrio è una dimostrazione straordinaria della forza della nostra specie. Siamo creature straordinariamente adattabili, capaci di superare ostacoli e di crescere attraverso le sfide.

La tecnologia, quando utilizzata con saggezza, può diventare uno strumento per il nostro benessere. Ci consente di connetterci con il mondo in modi che erano impensabili solo pochi decenni fa. Possiamo apprendere, creare, esplorare e scoprire in modi che arricchiscono la nostra vita. La tecnologia è un ponte che ci collega a nuovi orizzonti e opportunità, ma è importante usarla in modo ponderato, affinché non diventi un ostacolo alla nostra vita reale.

Riconnettersi con la natura è un passo essenziale nella ricerca dell'equilibrio. La natura è una fonte di ispirazione, bellezza e pace che può sfuggirci nella frenesia del mondo digitale. Quando immergiamo i nostri sensi nella natura, riscopriamo una connessione profonda con il mondo che ci circonda. Gli alberi, i fiori, il cielo aperto e i suoni della natura ci ricordano la semplicità e la bellezza dell'esistenza.

L'arte di vivere qui e ora è un insegnamento prezioso in questa danza. Vivere nel presente, assaporando ogni istante, è un antidoto alla costante ansia digitale. Quando ci immergiamo completamente nelle esperienze, siamo in grado di apprezzare la bellezza della vita. La gioia di un pasto ben preparato, la calma di una serata con gli amici, la felicità di un tramonto - queste sono le esperienze che ci nutrono veramente.

Il cammino verso una vita equilibrata è un viaggio senza fine. L'equilibrio non è una destinazione che possiamo raggiungere e dimenticare; è un processo continuo. Nel nostro cammino, continuiamo a imparare, a crescere e ad abbracciare la bellezza di essere umani in un mondo sempre più digitale.

In questo viaggio, possiamo scoprire la nostra vera essenza, la nostra connessione con gli altri e il significato profondo che rende la vita straordinaria. È un cammino di gioia, ispirazione e realizzazione. È un invito a ballare con grazia tra il digitale e il reale, a essere consapevoli di chi siamo e a godere appieno delle infinite sfumature dell'esistenza umana. La danza continua, e noi siamo pronti a seguirne il ritmo con umiltà e determinazione.

Nel silenzio, troviamo un'opportunità preziosa per la riflessione. È un'occasione per allontanarci dall'incessante rumore del mondo digitale e immergerci in un'esperienza più intima e personale. In questa epoca caratterizzata dalla costante connessione e dalla saturazione di informazioni, il silenzio rappresenta una risorsa preziosa che spesso trascuriamo.

Quando ci concediamo momenti di silenzio, apriamo una porta verso la contemplazione e l'autoesplorazione. È in questi momenti che possiamo rivolgere lo sguardo verso l'interno, esplorare i nostri pensieri più profondi e affrontare questioni che spesso rimangono sepolte nella frenesia della vita quotidiana.

La riflessione, a sua volta, è un'arte antica che ha il potere di metterci in contatto con noi stessi su un livello profondo. Ci offre l'opportunità di indagare sulle nostre aspirazioni, i nostri sogni, i desideri che potrebbero essere stati trascurati o nascosti sotto il peso delle aspettative degli altri. Nel silenzio e nella riflessione, abbiamo la possibilità di far emergere chi siamo veramente, al di là delle maschere che talvolta indossiamo per adattarci al mondo digitale.

Riflettere ci permette di creare uno spazio in cui possiamo esaminare le nostre azioni, valutare le scelte che facciamo e mettere in discussione i nostri comportamenti. È un'opportunità per chiederci se stiamo vivendo autenticamente o se siamo trascinati in una deriva digitale che ci allontana dalla nostra vera essenza.

La riflessione ci consente di esplorare le sfumature della nostra identità, le nostre convinzioni e i nostri valori. Ci aiuta a identificare cosa è veramente importante per noi e a stabilire priorità che rispecchino chi siamo. Spesso, nel frastuono digitale, le nostre priorità vengono distorte o influenzate da influenze esterne. La riflessione ci permette di riconnetterci con il nucleo del nostro essere, di abbracciare le nostre passioni e di sviluppare un senso più profondo di scopo nella vita.

Un altro aspetto cruciale della riflessione è la sua capacità di creare connessioni autentiche con gli altri. Nel mondo digitale, spesso siamo tentati di coltivare una presenza online che rifletta chi vogliamo essere piuttosto che chi siamo veramente. La cura dell'immagine online può portare a un distacco tra il nostro sé virtuale e il nostro sé autentico.

La riflessione ci permette di comprendere meglio noi stessi, il che, a sua volta, ci rende più capaci di comprendere gli altri. Quando sviluppiamo una comprensione più profonda di chi siamo e di cosa ci guida, siamo meglio in grado di stabilire connessioni autentiche con coloro che incontriamo. La capacità di essere autentici e vulnerabili nei nostri rapporti con gli altri può portare a relazioni più significative e soddisfacenti.

La riflessione può aiutarci a superare le sfide personali. Quando ci confrontiamo con momenti difficili o decisioni complesse, la riflessione ci offre un'opportunità per esaminare la situazione da diverse prospettive. Possiamo valutare le nostre opzioni in modo più ponderato, prendere decisioni più informate e affrontare le sfide con maggiore resilienza. La capacità di fermarsi e riflettere è spesso un antidoto efficace all'impulsività e all'ansia che possono derivare dall'iperconnessione digitale.

Ma il silenzio e la riflessione richiedono tempo e impegno. In un mondo in cui siamo costantemente bombardati da notifiche, messaggi e distrazioni, trovare spazi per la quiete può essere una sfida. I momenti di silenzio e di riflessione non devono essere necessariamente lunghi o complessi; anche brevi pause durante la giornata possono avere un impatto significativo sulla nostra salute mentale e sul nostro benessere. La pratica della meditazione, ad esempio, è un modo efficace per integrare il silenzio e la riflessione nella vita quotidiana. Anche una passeggiata tranquilla nella natura o alcuni minuti di solitudine in cui si scrivono i propri pensieri su un diario possono essere preziosi momenti di silenzio e riflessione. La chiave è trovare un approccio che funzioni per noi e farlo diventare una parte regolare della nostra routine.

È anche importante notare che il silenzio non significa necessariamente l'assenza di suoni. Può essere una quiete interiore, un momento in cui calmi la mente e ti immergi nei tuoi pensieri. È un'opportunità per rallentare e diventare consapevole dei tuoi pensieri, delle tue emozioni e delle tue sensazioni.

Il silenzio e la riflessione sono un antidoto prezioso all'iperconnessione digitale. Ci offrono l'opportunità di approfondire la comprensione di noi stessi, di esplorare le nostre passioni, di creare connessioni autentiche con gli altri e di affrontare le sfide con maggiore resilienza. Questa pratica richiede impegno e costanza, ma i benefici che offre alla nostra salute mentale e al nostro benessere sono inestimabili. In un mondo in cui il rumore digitale sembra inarrestabile, il silenzio e la riflessione ci permettono di riconnetterci con la nostra essenza e di trovare un equilibrio tra il digitale e il reale.

Riconoscere la fragilità dell'esistenza umana è un atto di profonda consapevolezza che ci mette in contatto con la nostra natura effimera e vulnerabile. È un'osservazione che ci riporta all'essenza stessa della vita e ci spinge a riflettere sulla straordinaria bellezza e complessità dell'esperienza umana.

La vita umana è intrinsecamente fragile, eppure spesso ci comportiamo come se fosse eterna. Prendiamo la vita stessa, la nostra salute e il nostro benessere come garantiti, come se fosse tutto scontato, dimenticando quanto sia preziosa e vulnerabile questa esistenza. Quando prendiamo coscienza della nostra fragilità, iniziamo a vedere ogni momento come un dono. La realizzazione che potremmo non avere il domani ci spinge a valorizzare il qui e ora, a godere di ogni attimo e a concentrarci sulle cose che davvero contano.

Questo riconoscimento della fragilità umana può avere un impatto profondo sulla nostra prospettiva e sulle nostre priorità. Impariamo a non dare niente per scontato, ad apprezzare le persone e le esperienze che arricchiscono la nostra vita. Questo non significa che dovremmo vivere costantemente con la paura della nostra stessa vulnerabilità, ma piuttosto che dovremmo vivere con gratitudine e consapevolezza.

La fragilità umana è una lezione umile, che ci ricorda che siamo tutti nella stessa barca. Nessuno è immortale, nessuno è immune alle sfide e alle difficoltà della vita. Questa comprensione ci rende più compassionevoli verso gli altri e ci spinge a costruire legami significativi. Capire che ciascuno di noi affronta le proprie battaglie nascoste e che la vita può cambiare in un istante ci rende più empatici e disposti a sostenere gli altri.

Nella consapevolezza della fragilità umana, riconosciamo anche l'importanza di dedicarci alle cose che davvero contano. La vita è una risorsa limitata, e come tale, dovremmo utilizzarla saggiamente. Le piccole preoccupazioni quotidiane che spesso ci assillano perdono di significato quando ci confrontiamo con la prospettiva della nostra esistenza finita. La fragilità ci spinge a concentrarci su ciò che ci riempie veramente di gioia e significato.

La morte, inevitabile parte della nostra fragilità, può spaventare, ma può anche servire come catalizzatore per una vita più significativa. Quando comprendiamo che la nostra esistenza è limitata nel tempo, iniziamo a valutare cosa vogliamo realizzare prima che sia troppo tardi. Questa prospettiva può spingerci a perseguire i nostri sogni con maggiore determinazione e a vivere con autenticità.

Ma la fragilità umana non riguarda solo la morte. Riguarda anche la vulnerabilità a malattie, incidenti, disastri naturali e altri imprevisti della vita. In queste circostanze, la resilienza umana è messa alla prova. E' proprio in questi momenti di difficoltà che emergono le qualità più nobili dell'umanità.

La resilienza umana è la capacità di affrontare le avversità con coraggio e determinazione. Ci insegna a imparare dai nostri errori, a superare le sfide e a trovare la forza di ricostruire. La fragilità umana non è un segno di debolezza, ma piuttosto un richiamo all'umanità condivisa. La vulnerabilità fa parte della condizione umana, e la resilienza è la risposta che ci consente di continuare ad andare avanti nonostante le difficoltà.

Quando affrontiamo le sfide con resilienza, scopriamo una forza interiore che forse non sapevamo di avere. Siamo in grado di superare ostacoli che sembravano insormontabili e di crescere attraverso l'esperienza. La resilienza ci insegna a non arrenderci di fronte alle difficoltà, ma a cercare soluzioni creative, a trovare il sostegno nella comunità e a trasformare le avversità in opportunità di crescita.

La fragilità dell'esistenza umana ci spinge anche a esplorare il significato profondo della vita. Ci spinge a cercare un senso più ampio delle nostre azioni e delle nostre scelte. Cosa rende davvero significativa la nostra vita? Quali sono i valori che guidano le nostre decisioni? Qual è il nostro contributo al benessere degli altri e del mondo?

Queste sono domande profonde che emergono quando riconosciamo la fragilità dell'esistenza umana. La ricerca di significato diventa un percorso personale, un viaggio interiore in cui esploriamo le nostre passioni, i nostri valori e le nostre aspirazioni. È un viaggio che ci porta a esaminare le nostre azioni quotidiane e a valutare se ci avvicinano o ci allontanano dalla realizzazione di una vita significativa.

La fragilità dell'esistenza umana è un aspetto fondamentale della nostra condizione. Riconoscere questa fragilità ci spinge a valorizzare ogni momento, a costruire legami significativi e a dedicarci alle cose che davvero contano. Ci insegna a vivere con gratitudine e consapevolezza, a cercare il significato profondo della vita e a affrontare le sfide con resilienza. La fragilità non è una debolezza, ma una parte intrinseca della nostra umanità che ci rende più compassionevoli, più empatici e più desiderosi di vivere autenticamente.

La nostra resilienza umana è una delle qualità più straordinarie che possediamo. È la nostra capacità di adattarci alle sfide dell'era digitale, di apprendere dai nostri errori e di trovare il coraggio di cercare l'equilibrio tra il mondo digitale e la vita reale. La resilienza non è solo una risposta alle avversità, ma anche un potente strumento per il nostro benessere e il nostro sviluppo personale.

Una delle sfide principali dell'era digitale è la costante esposizione a un flusso incessante di informazioni e stimoli. Le notifiche, i messaggi, i social media e le notizie in tempo reale possono creare una sensazione di costante pressione e distrazione. In questo ambiente digitale, la resilienza si manifesta nella nostra capacità di gestire questo sovraccarico di informazioni senza soccombere allo stress o alla confusione. La resilienza ci insegna a stabilire confini sani e a fare scelte consapevoli riguardo a come e quando consumiamo contenuti digitali. Impariamo a gestire le aspettative degli altri e a bilanciare il desiderio di essere connessi con la necessità di proteggere il nostro spazio mentale. Questa capacità di discernimento è fondamentale per mantenere un equilibrio sano tra il digitale e il reale.

Un altro aspetto chiave della resilienza è la capacità di apprendere dai nostri errori. Nell'era digitale, le possibilità di errore sono abbondanti. Possiamo inviare messaggi imbarazzanti, magari a destinatari sbagliati, condividere informazioni errate o cadere nella trappola dell'iperconnettività. Il mio consiglio è quello di anziché lasciarci sopraffare dalla vergogna o dalla paura di sbagliare, la resilienza ci spinge a vedere gli errori come opportunità di crescita.

Quando impariamo dai nostri errori digitali, sviluppiamo una maggiore consapevolezza di come navigare in modo più sicuro e saggio nel mondo digitale. Capiamo che il perfezionismo è irrealistico e che l'errore è una parte naturale del processo di apprendimento. Questa prospettiva ci libera dalla paura di sbagliare e ci incoraggia a esplorare il digitale in modo più aperto e creativo.

La resilienza ci insegna anche a trovare il coraggio di cercare l'equilibrio tra il digitale e il reale. Questo equilibrio non è sempre facile da trovare, ma è fondamentale per il nostro benessere. La paura di perdere opportunità online o di essere giudicati per la nostra assenza può rendere difficile staccarsi dal mondo digitale. La resilienza ci dà la forza di perseguire ciò che è davvero importante per noi, anche se ciò significa resistere alle pressioni digitali.

Il coraggio di cercare l'equilibrio è anche la volontà di abbracciare la vita reale con tutto il suo potenziale. Significa prendere decisioni intenzionali su come investiamo il nostro tempo e la nostra energia. La resilienza ci spinge a coltivare le relazioni, ad abbracciare nuove esperienze e a essere presenti in ogni momento, senza distrazioni digitali.

La tecnologia è un'arma a doppio taglio. Da un lato, ci offre opportunità straordinarie di connessione, apprendimento e creatività. Dall'altro, può diventare una fonte di stress, distrazione e dipendenza. La resilienza ci aiuta a sfruttare appieno i vantaggi della tecnologia mentre proteggiamo il nostro benessere.

Utilizzata con saggezza, la tecnologia può diventare uno strumento prezioso per il nostro benessere. Ci consente di connetterci con amici e familiari in tutto il mondo, di accedere a risorse educative, di esplorare nuovi orizzonti creativi e di gestire molte sfaccettature della vita in modo più efficiente. L'aspetto fondamentale è utilizzare la tecnologia con consapevolezza, evitando l'iper utilizzo e la dipendenza digitale.

La resilienza ci aiuta a sviluppare una relazione sana con la tecnologia. Impariamo a stabilire limiti chiari per il tempo trascorso online, a mantenere una mentalità critica nei confronti delle informazioni digitali e a essere consapevoli delle potenziali trappole della tecnologia, come la dipendenza dai social media o l'abuso di dispositivi. La resilienza ci aiuta anche a mantenere un equilibrio tra l'uso della tecnologia per scopi pratici e il suo impiego per il benessere mentale e l'enrichissemento personale.

La tecnologia, quando usata con saggezza, può anche servire come ponte tra il digitale e il reale. Ad esempio, le videochiamate ci consentono di rimanere in contatto con amici e familiari lontani, creando un senso di connessione anche quando siamo fisicamente distanti. Le applicazioni di meditazione guidata possono aiutarci a trovare momenti di silenzio e riflessione nella frenesia digitale. I dispositivi di monitoraggio del benessere possono aiutarci a seguire il nostro stato emotivo e fisico e a prendere decisioni più consapevoli riguardo alla nostra salute.

La resilienza umana è un alleato fondamentale nella ricerca dell'equilibrio tra il digitale e il reale. Ci aiuta a gestire il sovraccarico informativo, a imparare dai nostri errori e a trovare il coraggio di cercare l'equilibrio. La resilienza ci permette di abbracciare il potenziale positivo della tecnologia mentre proteggiamo il nostro benessere. È una qualità che ci aiuta a vivere in modo consapevole e a mantenere il controllo sulle nostre vite digitali, anziché essere governati da esse. Con la resilienza come guida, possiamo affrontare l'era digitale in modo equilibrato e saggio, godendo appieno dei benefici della tecnologia senza compromettere la nostra umanità.

Riconnettersi con la natura è un atto di riappropriazione della nostra essenza. È un richiamo alle radici dell'umanità e un ritorno alla fonte della vita stessa. Nel mondo digitale frenetico in cui viviamo, la natura offre un rifugio di pace, bellezza e semplicità che può essere un toccasana per la nostra mente, il nostro corpo e il nostro spirito.

La natura è una maestra silenziosa che ci insegna le lezioni più profonde sulla vita. In essa, scopriamo il ciclo eterno della nascita e della morte, la bellezza della crescita e del declino, l'interconnessione di ogni forma di vita. La natura ci ricorda che siamo parte di un sistema più grande, una rete intricata di relazioni tra tutte le creature e gli elementi del pianeta. Questa consapevolezza può cambiare la nostra prospettiva e ispirarci a vivere in armonia con il mondo che ci circonda.

Quando ci immergiamo nella natura, tutti i sensi vengono risvegliati. Vediamo la varietà di colori nelle foglie degli alberi, sentiamo il suono del vento tra le fronde, annusiamo il profumo delle piante e gustiamo il sapore dell'aria fresca. Questa esperienza multisensoriale ci riporta al presente, allontanando la mente dalle preoccupazioni digitali e riportandola all'essenza dell'esperienza.

La natura è anche una fonte inesauribile di ispirazione. Artisti, poeti, scrittori e pensatori di tutti i tempi hanno trovato nel paesaggio naturale una fonte di creatività. La bellezza della natura può stimolare la nostra immaginazione, risvegliare la nostra sensibilità estetica e alimentare la nostra espressione artistica. Osservare un tramonto infuocato, ascoltare il canto degli uccelli o camminare in un bosco silenzioso può essere un'esperienza profondamente ispiratrice.

La natura è anche una fonte inesauribile di tranquillità e pace. Quando ci troviamo in ambienti naturali, le preoccupazioni quotidiane e lo stress tendono a svanire. La mente diventa più calma, il respiro si fa più profondo e siamo avvolti da una sensazione di serenità. Questa pace interiore può essere un'ancora di stabilità nella frenesia del mondo digitale.

Un aspetto notevole della natura è la sua capacità di promuovere la consapevolezza e la presenza nel momento. Mentre camminiamo in un bosco o ammiriamo un paesaggio montano, siamo invitati a essere completamente presenti. La bellezza della natura ci cattura e ci richiama al qui e ora, allontanando i pensieri su ciò che è stato o ciò che potrebbe essere. Questa consapevolezza del momento presente è una pratica preziosa per trovare l'equilibrio tra il digitale e il reale.

Un altro beneficio di riconnettersi con la natura è la possibilità di esercitare il movimento e l'attività fisica. Camminare, correre, fare trekking o anche semplicemente sedersi all'aria aperta possono essere modi meravigliosi per mantenere il corpo in salute. L'attività fisica all'aperto è una pausa benefica rispetto alla vita sedentaria spesso associata all'uso eccessivo della tecnologia. l'esercizio all'aperto è spesso più piacevole e gratificante, poiché ci permette di godere della bellezza naturale circostante mentre ci prendiamo cura del nostro benessere fisico.

La natura può anche promuovere il senso di comunità e connessione sociale. Le escursioni in gruppo, i picnic all'aperto o altre attività all'aria aperta possono essere un'occasione per connettersi con gli altri in un ambiente non digitale. Questi momenti di condivisione possono rafforzare le relazioni, promuovere il senso di appartenenza e offrire un contrappeso alle interazioni virtuali.

Riconnettersi con la natura ci offre un'opportunità preziosa per prendersi cura dell'ambiente. La consapevolezza dell'importanza della natura ci spinge a diventare custodi del pianeta. Possiamo adottare comportamenti eco-sostenibili, ridurre il nostro impatto ambientale e sostenere la conservazione degli spazi naturali. Questo impegno per la sostenibilità è una dimostrazione pratica di gratitudine per la bellezza e la ricchezza della natura.

Riconnettersi con la natura è un passo essenziale nella ricerca dell'equilibrio tra il digitale e il reale. La natura offre pace, bellezza, ispirazione e una profonda connessione con il mondo che ci circonda. Ci invita a essere presenti nel momento, a esplorare i nostri sensi e a riscoprire la meraviglia dell'ambiente naturale. È un antidoto alla frenesia digitale che ci aiuta a mantenere la nostra salute mentale e fisica, a coltivare relazioni autentiche e a sostenere la conservazione dell'ambiente. La natura è un rifugio di serenità e ispirazione in un mondo sempre più digitale, un luogo in cui possiamo ritrovare l'equilibrio e la connessione con la nostra essenza più profonda.

L'arte di vivere qui e ora è un insegnamento millenario che trova nuova rilevanza nell'era digitale. Vivere nel presente, essere completamente immersi nell'esperienza del momento, è un atto di profonda consapevolezza che ci permette di abbracciare la bellezza della vita in tutte le sue sfumature. È un'arte che ci insegna a gustare ogni istante, a essere presenti per coloro che amiamo e a trovare la gioia nell'essenziale.

Vivere nel presente non è un concetto astratto, ma un atto di presenza mentale e fisica. È il contrario della mente divisa, che vagabonda tra il passato e il futuro, tra il mondo digitale e il reale. Vivere nel presente significa essere completamente presenti nella situazione in cui ci troviamo, immergersi nei dettagli, nei suoni, nei profumi e nelle sensazioni dell'esperienza.

L'arte di vivere qui e ora ci insegna che ogni momento ha un valore intrinseco. Non dobbiamo aspettare un'occasione speciale o un futuro migliore per iniziare a vivere appieno. Ogni istante, anche quelli che sembrano banali o quotidiani, può essere una fonte di gioia e ispirazione se lo accogliamo con apertura e gratitudine. Questa prospettiva ci invita a rallentare e a prestare attenzione ai dettagli spesso trascurati che rendono la vita straordinaria.

Vivere nel presente è un antidoto al senso di fretta e ansia che spesso caratterizza la nostra esperienza digitale. Nell'era del multitasking costante e delle notifiche ininterrotte, la mente è spesso divisa tra molte attività diverse. Questa dispersione mentale può causare stress, affaticamento e una sensazione di inquietudine e pressione costante.

La pratica della mindfulness è un potente strumento per sviluppare l'arte di vivere qui e ora. La mindfulness ci insegna a essere consapevoli dei nostri pensieri, emozioni e sensazioni fisiche senza giudizio. Ci incoraggia a portare l'attenzione al respiro e al momento presente. Questa pratica può essere applicata sia nei momenti di quiete, come la meditazione, sia nelle attività quotidiane, come mangiare, camminare o persino lavorare.

Quando applichiamo la mindfulness alla nostra esperienza digitale, diventiamo più consapevoli del modo in cui interagiamo con la tecnologia. Notiamo come ci sentiamo quando controlliamo continuamente lo smartphone o quanto tempo trascorriamo davanti al computer. Questa consapevolezza può aiutarci a ridurre l'uso eccessivo della tecnologia, a stabilire limiti chiari e a migliorare la qualità delle nostre interazioni digitali.

L'arte di vivere qui e ora è anche un insegnamento che ci spinge a connetterci più profondamente con gli altri. Quando siamo completamente presenti per coloro che amiamo, offriamo loro uno dei doni più preziosi: la nostra attenzione. Questa connessione autentica può rafforzare i legami familiari, migliorare le relazioni di coppia e nutrire le amicizie. Il tempo trascorso con gli altri diventa un'opportunità per condividere gioie e preoccupazioni, per sostenersi reciprocamente e per costruire ricordi significativi.

Nell'era digitale, la presenza mentale è spesso compromessa dalle distrazioni digitali. Quante volte ci è capitato di essere a cena con amici o familiari, ma la maggior parte delle persone era assorta nei propri dispositivi? Questa mancanza di presenza può creare un senso di isolamento e distacco anche quando si è fisicamente insieme. L'arte di vivere qui e ora ci invita a rompere questa abitudine e a riportare la connessione autentica nel nostro rapporto con gli altri.

La mindfulness può essere applicata anche alle interazioni digitali. Quando inviamo un messaggio a un amico o partecipiamo a una videochiamata, possiamo farlo con attenzione e consapevolezza. Ciò significa ascoltare veramente ciò che l'altra persona sta dicendo, rispondere con empatia e concentrarsi sulla qualità dell'interazione, anziché sulla quantità.

L'arte di vivere qui e ora ci insegna anche a essere grati per ciò che abbiamo. La gratitudine è un atteggiamento che ci spinge a riconoscere e apprezzare le piccole cose nella vita. Non dobbiamo aspettare una grande realizzazione o un successo straordinario per essere grati. Possiamo trovare gratitudine nel sorgere del sole al mattino, nel sorriso di un amico o nella calma di una serata tranquilla.

La pratica della gratitudine può essere applicata alla nostra esperienza digitale. Possiamo essere grati per le risorse e le opportunità che la tecnologia ci offre. Possiamo apprezzare la connessione con amici e familiari in tutto il mondo, l'accesso a conoscenze e risorse online e le possibilità di espressione creativa che la tecnologia ci offre.

L'arte di vivere qui e ora è anche un antidoto al consumismo digitale. Nell'era delle vendite online, delle pubblicità mirate e della cultura del "compra ora", è facile cadere nella trappola del consumo eccessivo. Quando si vive nel presente, si sviluppa una maggiore consapevolezza delle proprie esigenze e desideri. Ci rendiamo conto che la felicità non è determinata da quanti beni materiali possediamo, ma dalla qualità delle nostre esperienze e relazioni.

Vivere nel presente ci permette di essere selettivi nelle nostre scelte digitali. Possiamo valutare se una determinata app, sito web o servizio contribuisce al nostro benessere e alla nostra felicità. Invece di consumare passivamente contenuti digitali, possiamo scegliere consapevolmente come investiamo il nostro tempo online. Questa consapevolezza ci rende meno suscettibili alla manipolazione delle aziende e dei pubblicitari e ci dà il potere di plasmare la nostra esperienza digitale in modo più significativo.

L'arte di vivere qui e ora è una pratica preziosa per trovare l'equilibrio tra il digitale e il reale. Ci insegna a essere presenti nel momento, a godere della bellezza della vita quotidiana e a connetterci più profondamente con gli altri. La mindfulness, la gratitudine e la consapevolezza sono strumenti che possiamo applicare sia alla nostra esperienza offline che a quella online. Questa pratica ci permette di vivere in modo più consapevole, di approfondire le relazioni e di sperimentare una maggiore soddisfazione nella vita, riducendo allo stesso tempo l'ipnosi digitale e la corsa al consumo. Nell'arte di vivere qui e ora, troviamo una strada per trovare l'equilibrio tra il mondo digitale e la vita reale, e per abbracciare la bellezza della nostra esistenza in tutte le sue sfumature.

La tecnologia, quando utilizzata con saggezza, può diventare uno strumento per il benessere umano. È un potente mezzo di connessione, apprendimento, creazione e scoperta che può arricchire le nostre vite in modi sorprendenti e significativi. Per cogliere appieno i benefici della tecnologia e trovare un equilibrio tra il digitale e il reale, è essenziale adottare un approccio consapevole e riflessivo all'uso delle risorse digitali.

Uno dei modi in cui la tecnologia può contribuire al benessere umano è attraverso la connessione. Nel mondo digitale, siamo in grado di stabilire legami con persone di tutto il mondo in modi che erano inimmaginabili solo pochi decenni fa. Le reti sociali, le piattaforme di messaggistica e le videochiamate consentono di mantenere contatti con amici e familiari lontani e di stabilire nuove relazioni con individui con interessi simili in tutto il mondo.

La connessione digitale può anche essere un sostegno prezioso per coloro che affrontano sfide sociali o fisiche. Le comunità online offrono un luogo di accoglienza per persone che condividono esperienze simili, fornendo un senso di appartenenza e supporto emotivo. Ad esempio, le persone con malattie rare possono trovare sostegno in gruppi online, e le comunità di appassionati di hobby o interessi specifici si sono formate su piattaforme digitali, consentendo a individui con passioni comuni di connettersi e crescere insieme.

L'apprendimento è un altro aspetto chiave in cui la tecnologia può migliorare il benessere umano. L'accesso a una vasta quantità di informazioni, risorse educative e corsi online ha reso l'apprendimento più accessibile che mia. Le persone possono sviluppare nuove competenze, ampliare la propria conoscenza e migliorare la propria istruzione da qualsiasi luogo con una connessione internet. Questo è particolarmente significativo per coloro che non hanno accesso a istruzione o formazione tradizionali.

Le tecnologie di apprendimento assistite da computer, come l'intelligenza artificiale e l'apprendimento automatico, stanno trasformando la nostra capacità di personalizzare l'educazione e adattarla alle esigenze individuali. Gli strumenti di apprendimento online possono tracciare il progresso, identificare le lacune nella comprensione e offrire materiale supplementare per arricchire l'apprendimento. Questi sviluppi stanno rivoluzionando il modo in cui acquisiamo conoscenze e competenze, consentendo un apprendimento continuo e personalizzato.

La creatività è un'altra sfera in cui la tecnologia offre opportunità senza precedenti. Gli strumenti digitali per la creazione artistica, come il disegno digitale, l'editing video e la produzione musicale, hanno reso più accessibile la realizzazione di opere d'arte e contenuti creativi. Questi strumenti permettono a persone di tutte le età di esplorare e sviluppare le proprie abilità artistiche, di condividere le proprie creazioni con il mondo e persino di trasformare la passione per l'arte in una professione.

La tecnologia ha anche aperto nuove possibilità per la scoperta e l'esplorazione. Attraverso l'uso di applicazioni, siti web e strumenti digitali, è possibile esplorare virtualmente luoghi lontani, visitare musei e gallerie d'arte, imparare su culture diverse e scoprire la meraviglia del mondo naturale. Queste esperienze virtuali possono essere ispiranti e istruenti, consentendo alle persone di ampliare la propria prospettiva e acquisire una comprensione più profonda del mondo che ci circonda.

La tecnologia offre anche opportunità per il benessere fisico e mentale. Applicazioni e dispositivi di monitoraggio del benessere permettono alle persone di tenere traccia della loro attività fisica, della qualità del sonno e del benessere emotivo. Questi strumenti possono fornire dati preziosi per prendersi cura della propria salute e per apportare miglioramenti nel proprio stile di vita.

La tecnologia ha aperto nuove possibilità nel campo della salute mentale. Le applicazioni di meditazione guidata, la terapia online e i forum di supporto virtuale sono diventati strumenti importanti per il benessere psicologico. Queste risorse consentono alle persone di accedere a supporto emotivo, gestire lo stress e migliorare la propria salute mentale in modi che si adattano al loro stile di vita e alle loro esigenze.

L'uso eccessivo della tecnologia, la dipendenza da dispositivi digitali e il bombardamento costante di notifiche possono avere effetti negativi sulla salute mentale e sulle relazioni interpersonali. È importante trovare un equilibrio tra l'uso della tecnologia e il tempo trascorso offline per mantenere una buona salute mentale e relazionale.

Sviluppare una consapevolezza critica nei confronti delle informazioni digitali è di cruciale importanza. Nel mondo digitale, siamo sommersi da una vasta quantità di informazioni, molte delle quali possono essere inaccurate o fuorvianti. La capacità di valutare la qualità delle fonti, riconoscere le notizie false e discernere tra informazioni affidabili e non affidabili è una competenza fondamentale per navigare in modo sicuro e informato nel mondo digitale.

La privacy e la sicurezza online sono altre aree di preoccupazione. Con la crescente quantità di dati personali condivisi online, la protezione della privacy è diventata una questione critica. È importante adottare pratiche di sicurezza online, utilizzare password robuste e comprendere i rischi connessi all'utilizzo di servizi digitali.

Mentre la tecnologia offre possibilità straordinarie, è

essenziale bilanciarla con l'esperienza offline. La connessione faccia a faccia con gli altri, l'immersione nella natura, l'apprezzamento della bellezza del mondo reale e la consapevolezza del presente sono elementi irrinunciabili per il benessere umano.

La tecnologia offre una serie di strumenti straordinari che possono migliorare il benessere umano in molti modi. La connessione, l'apprendimento, la creatività, la scoperta e il benessere fisico e mentale possono beneficiare dell'uso consapevole della tecnologia. E' importante utilizzare la tecnologia in modo equilibrato, sviluppare una consapevolezza critica e proteggere la propria privacy e sicurezza online. La tecnologia dovrebbe essere un complemento alla nostra vita, arricchendo l'esperienza umana anziché sostituirla. Nell'era digitale, la saggezza nell'uso della tecnologia è essenziale per il nostro benessere e la nostra realizzazione.

Intraprendere il cammino verso una vita equilibrata richiede umiltà e determinazione. L'equilibrio non è una destinazione definita, ma un viaggio in cui continuiamo a imparare, crescere e abbracciare la bellezza di essere umani in un mondo sempre più digitale. È un cammino che ci permette di trovare la nostra vera essenza, la nostra connessione con gli altri e il significato profondo che rende la vita straordinaria. È un viaggio di gioia, ispirazione e realizzazione.

Il cammino verso una vita equilibrata inizia con la consapevolezza. È essenziale riconoscere il ruolo che la tecnologia gioca nella nostra vita e comprendere come essa influenzi il nostro benessere. Questa consapevolezza ci consente di valutare in modo critico il modo in cui utilizziamo la tecnologia, identificare i cambiamenti che vogliamo apportare e stabilire obiettivi realistici per raggiungere un equilibrio sano tra il digitale e il reale.

Un passo importante in questo percorso è la creazione di limiti chiari. La tecnologia è intrinsecamente progettata per catturare la nostra attenzione e trascinarci in un vortice di informazioni e distrazioni. Pertanto, è essenziale stabilire confini per il tempo trascorso online. Questi limiti possono riguardare il tempo trascorso sui social media, la quantità di notifiche ricevute o l'orario in cui spegniamo i dispositivi per la sera. Creare questi confini non è un atto di rinuncia, ma piuttosto una forma di autodisciplina che ci consente di mantenere il controllo sulla nostra esperienza digitale.

La tecnologia è un elemento integrante della nostra vita moderna e può offrire numerosi vantaggi. Quindi, invece di evitare completamente la tecnologia, possiamo imparare a utilizzarla in modo costruttivo. Ciò significa fare scelte consapevoli su come impieghiamo il nostro tempo online. Possiamo concentrarci su attività che arricchiscono la nostra vita, come imparare, creare, connetterci con gli altri e contribuire alla comunità online.

Il cammino verso una vita equilibrata ci invita anche a dedicare tempo al mondo reale. È importante riconoscere che il mondo digitale non è un sostituto adeguato del mondo reale. La connessione faccia a faccia con gli altri, la bellezza della natura, l'arte, la cultura e la semplice gioia di essere presenti nel momento sono esperienze irripetibili che arricchiscono la nostra esistenza. Pertanto, dobbiamo trovare il tempo per immergerci completamente nelle esperienze del mondo reale, per abbracciare la bellezza e la complessità della vita offline.

Il cammino verso una vita equilibrata implica anche lo sviluppo di competenze digitali. La tecnologia è in costante evoluzione, e la capacità di navigare in modo efficace nel mondo digitale è diventata una competenza chiave. Dobbiamo imparare a valutare criticamente le fonti di informazione online, proteggere la nostra privacy, riconoscere le minacce alla sicurezza e utilizzare gli strumenti digitali in modo responsabile ed etico. Queste competenze digitali non solo ci aiutano a evitare trappole e pericoli, ma ci permettono anche di massimizzare i benefici della tecnologia.

Il cammino verso una vita equilibrata richiede la capacità di gestire lo stress e le sfide digitali. La costante esposizione a notizie negative, conflitti online e il bisogno di tenere il passo con il flusso ininterrotto di informazioni possono causare stress e ansia. Pertanto, è importante sviluppare strategie di gestione dello stress che ci consentano di mantenere la calma e la chiarezza mentale nel mondo digitale.

La pratica della mindfulness è un'importante risorsa in questo contesto. La mindfulness ci insegna a essere presenti nel momento, a riconoscere le emozioni e a gestire lo stress in modo sano. Può aiutarci a staccare dalla frenesia digitale e a trovare equilibrio e pace interiori. La meditazione e la consapevolezza possono diventare strumenti preziosi per mitigare lo stress derivante dalla tecnologia.

Il cammino verso una vita equilibrata ci offre l'opportunità di coltivare relazioni autentiche. Le relazioni umane sono un pilastro fondamentale del benessere, e la tecnologia può svolgere un ruolo sia positivo che negativo in questo contesto. Le relazioni online possono essere significative e gratificanti, ma è importante bilanciarle con relazioni offline più profonde. Dedicare tempo alla famiglia, agli amici e alla comunità è un investimento prezioso nella nostra felicità e nel nostro equilibrio emotivo.

Il supporto sociale è una risorsa inestimabile per il benessere emotivo. La tecnologia può essere uno strumento per coltivare questo supporto, permettendo alle persone di rimanere connesse e di condividere esperienze e emozioni. Alcune relazioni online possono essere superficiali o tossiche, mentre altre possono essere profonde e significative. È importante investire tempo ed energia nelle relazioni che ci arricchiscono e ci sostengono.

Il cammino verso una vita equilibrata richiede un costante processo di adattamento. La tecnologia evolve costantemente, così come le nostre esigenze e priorità. Il bilanciamento tra il digitale e il reale non è una condizione statica, ma un equilibrio dinamico che richiede regolazioni continue. Dobbiamo essere flessibili e disposti a modificare le nostre abitudini e comportamenti in base alle sfide e alle opportunità che emergono nel mondo digitale.

Il cammino verso una vita equilibrata è un viaggio ricco di sfide e opportunità. Ci insegna a vivere con consapevolezza, a stabilire limiti, a trovare un equilibrio tra il mondo digitale e la vita reale, a sviluppare competenze digitali, a gestire lo stress e a coltivare relazioni autentiche. È un viaggio che ci permette di abbracciare la bellezza della nostra esistenza, di connetterci con gli altri in modo significativo e di scoprire il significato profondo che rende la vita straordinaria. Il cammino verso una vita equilibrata è un invito a vivere con saggezza e determinazione, a trovare gioia, ispirazione e realizzazione nella nostra relazione con il mondo digitale e con il mondo reale.

Il viaggio che abbiamo intrapreso attraverso questo libro ci ha condotto attraverso un paesaggio mutevole di riflessioni e introspezione, esplorando il delicato equilibrio tra il digitale e il reale, tra la tecnologia e la nostra essenza umana. A misura che ci addentriamo nel cuore di queste riflessioni, emergono tematiche profonde e sentimentali che illuminano il cambiamento radicale che le nostre vite umane hanno subito con l'evolversi della tecnologia.

Il progresso tecnologico è stato un acceleratore della storia umana, portando cambiamenti epocali nella nostra esistenza, nella nostra società e nella nostra comprensione del mondo. Il ritmo incessante di questo cambiamento ci ha costretti a riconsiderare chi siamo e come ci definiamo in un mondo sempre più dominato dalla tecnologia e dalle connessioni continue.

Il nostro rapporto con la tecnologia non è mia stato così complesso. Da un lato, ci ha dato accesso a un mondo di conoscenza, comunicazione e possibilità che erano inimmaginabili per le generazioni precedenti. Dall'altro, ci ha esposto a nuove sfide, tra cui la dipendenza digitale, l'alienazione, la perdita di privacy e la disumanizzazione.

Il cambiamento è la costante nella vita umana, ma la velocità e la portata del cambiamento tecnologico che abbiamo sperimentato nelle ultime decadi sono senza precedenti. Ciò solleva domande profonde sul nostro adattamento, sulla nostra resilienza e sulla nostra capacità di mantenere un senso di umanità in un mondo sempre più digitale.

Il cuore di questa questione risiede nella nostra capacità di trovare l'equilibrio tra il digitale e il reale, tra l'innovazione tecnologica e l'essenza umana. Questa ricerca dell'equilibrio non è un viaggio lineare, ma una danza continua tra il potere e la responsabilità. Abbiamo il potere di plasmare il futuro digitale, ma abbiamo anche la responsabilità di farlo in modo che serva veramente il nostro benessere e la nostra evoluzione.

Il digitale ha permesso una maggiore connessione tra le persone, abbattendo le barriere geografiche e culturali. Ma questa connessione digitale spesso ci allontana dalla connessione faccia a faccia, dalla semplice gioia di condividere uno sguardo o una risata con un amico, dalla bellezza del tocco e dall'emozione di una conversazione autentica.

La tecnologia ci ha dato accesso a un'infinità di informazioni, ma questa abbondanza di dati spesso si traduce in una mancanza di conoscenza approfondita. La superficialità delle notizie e delle interazioni online può lasciare una sensazione di insoddisfazione, come se ci mancasse la sostanza che solo l'approfondimento e la comprensione possono fornire.

La tecnologia ci ha dato la possibilità di creare e condividere in modo straordinario, ma ha anche creato aspettative irrealistiche e il bisogno di costante perfezione. Ciò può mettere una pressione eccessiva sulle nostre spalle, impedendoci di apprezzare il processo creativo e la bellezza delle imperfezioni.

La tecnologia ci ha aperto le porte alla scoperta del mondo, ma troppo spesso questa scoperta è superficiale. Mentre possiamo visitare virtualmente qualsiasi luogo, dobbiamo ricordare l'importanza di immergerci completamente nelle esperienze del mondo reale, di assaporare la cultura, l'arte, la natura e l'umanità in modo autentico.

La tecnologia ha apportato cambiamenti significativi anche

nella nostra comprensione del tempo e dello spazio. Il mondo digitale ci ha abituato all'istantaneità, all'accesso immediato e alla possibilità di comunicare con chiunque, ovunque, in ogni momento. Questo ha creato una cultura dell'impazienza, in cui aspettare o riflettere è diventato un lusso raro. Fermiamoci a riflettere, a respirare e ad immegerci nel qui e ora.

Nel contesto di questi cambiamenti, il nostro rapporto con il tempo si è evoluto. La fretta digitale ha portato a una perdita della pazienza e della capacità di attesa. Mentre i dispositivi digitali possono semplificare molte attività, dobbiamo essere consapevoli di come questi stessi dispositivi ci hanno portato a una mentalità di "tutto e subito". La riflessione, l'attesa e la pazienza sono diventati beni preziosi, e dobbiamo preservarli per mantenere la nostra umanità.

Allo stesso tempo, la tecnologia ci ha fatto percepire il mondo come un luogo più piccolo e interconnesso. Abbiamo accesso a voci e storie da tutto il mondo, cosa che può ampliare la nostra comprensione e la nostra empatia per le sfide globali. Questo senso di interconnessione può anche mettere in evidenza le disuguaglianze, le ingiustizie e le sofferenze in modi che possono risultare schiaccianti.

Il cambiamento tecnologico ha anche ridefinito il concetto di privacy. Le nostre vite sono sempre più esposte, le informazioni personali sono archiviate in modo digitale e condivise attraverso una miriade di servizi online. La protezione della privacy è diventata una preoccupazione critica, e dobbiamo essere vigili nel difendere il nostro diritto alla riservatezza in un mondo sempre più trasparente e connesso.

Mentre facciamo considerazioni su queste sfide e opportunità, dobbiamo ricordare che la tecnologia è uno strumento che riflette la nostra umanità. È una creazione dell'intelletto umano, una manifestazione del nostro desiderio di esplorare, connetterci, apprendere e creare. Il futuro digitale è una tela bianca che noi, come esseri umani, possiamo dipingere con i colori della saggezza, dell'etica e della consapevolezza.

Possiamo abbracciare la tecnologia come un mezzo per esplorare le profondità del nostro mondo interiore, per connetterci con gli altri in modi autentici e per risolvere le sfide globali che affrontiamo. Possiamo far sì che la tecnologia ci serva, anziché diventare suoi schiavi. Nel cuore di questo viaggio verso l'equilibrio tra il digitale e il reale, troviamo la possibilità di riscoprire e coltivare la bellezza delle relazioni umane, della connessione con la natura, dell'arte, della creatività e della contemplazione. Il mondo digitale può essere un mezzo per arricchire queste esperienze, ma dobbiamo essere i custodi di queste esperienze, pronti a difenderle e a valorizzarle nella loro interezza. In definitiva, il nostro rapporto con la tecnologia è un riflesso del nostro rapporto con noi stessi.

EPILOGO

La tecnologia può amplificare i nostri tratti positivi e i nostri difetti, ma è una lente attraverso la quale possiamo vedere chi siamo in modo più nitido. È un potente specchio che ci ricorda di essere umani, con tutti i nostri desideri, le nostre debolezze, le nostre aspirazioni e la nostra capacità di crescita. Il futuro è una pagina bianca, una storia ancora da scrivere.

La vita è un percorso in continua evoluzione. Il cambiamento è una parte intrinseca dell'esperienza umana che, oggi, è fatta anche di connessioni straordinarie, reali e digitali. La tecnologia può essere uno strumento prezioso in questo percorso, ma il cuore di questa esperienza è l'essenza umana, la capacità di amare, di crescere, di connettersi con gli altri e con la natura, di trovare significato e l'unicità in ogni momento.

La bellezza di questa vita, in tutte le sue sfumature, colori e profumi, è fuori dai monitor e display.

Basta alzare lo sguardo e lasciarsi avvolgere dalle emozioni di un abbraccio.

INFORMAZIONI SULL'AUTORE

Vincenzo Bello

Vincenzo Bello, Classe 1984, è uno scrittore appassionato, un curioso ricercatore ed un pensatore critico che ha dedicato gran parte della sua vita allo studio dello sport, della salute e del benessere psicofisico. Inoltre si è dedicato all'analisi della psicologia, sociologia e della società digitale moderna.

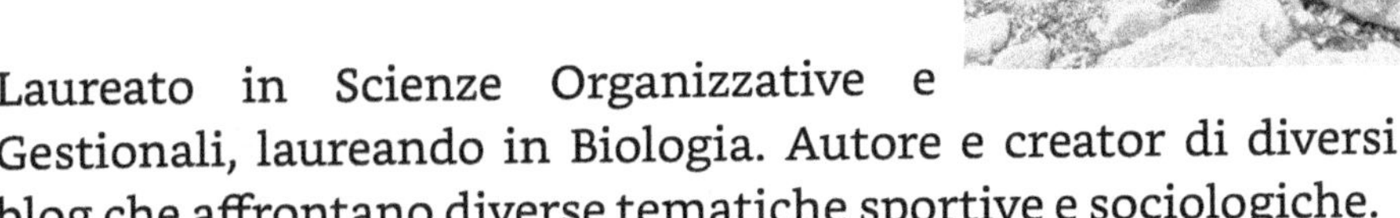

Laureato in Scienze Organizzative e Gestionali, laureando in Biologia. Autore e creator di diversi blog che affrontano diverse tematiche sportive e sociologiche.

Con questa opera si propone come saggista ed analista della evoluzione sociologica moderna indotta dalle innovazioni tecnologiche. Fa percepire come sta cambiando il modo di relazionarsi e comunicare dopo la rivoluzione digitale.

LIBRI DI QUESTO AUTORE

Ricordi Dal Passato: Le Verità Sepolte Nell'orfanotrofio Degli Orrori

La storia di Sofia e Luca, due giovani orfani che hanno trascorso gran parte della loro vita nell'ombra di un oscuro orfanotrofio noto come l'Ospedale degli Innocenti.

Preparatevi a essere trasportati in un mondo di misteri e rivelazioni, dove la forza dell'anima umana può superare ogni ostacolo. Un romanzo che rimarrà nei vostri cuori, spingendovi a lottare per la verità e l'etica, indipendentemente dalle sfide che la vita può presentare.

Sotto Il Velo Dei Social Network: Onlyfans, Etica E L'anima Digitale

Nel mondo digitale in continua evoluzione, dove la tecnologia si intreccia sempre più con la nostra vita quotidiana, esplorare l'impatto dei social network è diventato cruciale. "Sotto il velo dei Social Network" ti condurrà nel cuore di uno dei fenomeni più rilevanti della società contemporanea: OnlyFans.

Sotto il velo dei Social Network è una lettura coinvolgente che ti spingerà a riflettere sulle tue interazioni online, sulla percezione di te stesso e sulla tua connessione con il mondo digitale. Sia che tu sia un utente occasionale dei social network o un creatore di contenuti esperto, questo libro offre un'analisi approfondita e prospettive stimolanti su un argomento di vitale importanza nel mondo moderno.

Corso Completo Per Ciclista Moderno

Questo Corso Completo per bikers offre una panoramica che copre la tecnica ciclistica, la psicologia della performance, l'aerodinamica e la programmazione dell'allenamento. Con approfondimenti su interval training, forza, resistenza e recupero attivo, impara a costruire un piano efficace di allenamento. Adatto a ciclisti di ogni livello.